雅宋女子

時尚圖鑑

左丘萌 著

末春 繪

從素妝、冠飾到羅衣，
帶你重返風雅年代，
細觀兩宋女子的衣妝品味

序

本書是「中國妝束」系列的宋朝一冊，講述兩宋時代女性服飾的變遷。

今人對宋朝時常抱有一種刻板印象，認為當時風氣保守、禮教嚴苛，女性似乎總是生活在壓抑束縛之中，服飾也有別於唐朝的雍容開放，變得拘謹保守、一成不變。

實際上，時時更易的「新樣妝束」才是宋朝女性真實的生活態度——一方面是所謂「宮樣妝束」、「內家妝束」，如以往的時尚一般，新式首飾、服裝、妝容先從皇室內宮的后妃宮人處流行起來，再逐漸流傳、由四方仿效；另一方面，得益於當時社會的富庶繁華與高度商業化，市井女性也絕不會在衣飾上虧待自己，她們同樣可以時時推陳出新，甚至比之相對刻板滯後的宮廷反而有過之而無不及，可稱「時樣妝束」。於是，便有宋人詠唱道：「時樣宮妝一樣新」。

民間女子能夠效仿「宮樣」，宮廷女子也大可嘗新「時樣」，在如此背景下，若單一說這時候的服飾時尚是自上而下，或是自下而上，似乎都不夠完備。但無論高低士庶，宋朝女性都極其注重妝束的細節，善於將她們從日常生活、四季物候中提煉出的細微情致寄於衣飾之中。從整體來看，女性妝束造型式樣向著民間偏好的輕巧便利發展，但其裝飾風格依舊浸潤著宮廷貴族、文人士大夫的高雅之思。若想瞭解兩宋真實的社會風貌與審美傾向，妝束時尚是絕不能放過的部分。

本書嘗試以宋時諸家詩詞、筆記小說記載為核心文本線索，對照出土文物，以穿用衣物（服裝）、冠梳釵釧（首飾）、梳洗打扮（妝髮）三個部分，分別探尋瞭解當時佳人妝束流變的具體模樣與組合搭配。

如此強作解人，或許就像碎拆一座「七寶樓台」，會略顯繁瑣冗雜，令人失了讀文學甚至讀史的興味；但昔時昔人的細心體貼、玲瓏精巧處，裁入衣衫，綰在髮上，照進鏡中……真實宋朝女性的種種風姿神韻及其背後所承載的「心」的幽光，畢竟還是動人的。

想到前人成句「舊時天氣舊時衣」，遂敷衍作書題。

本書時代分期

兩宋歷時計三百餘年，大致以靖康元年／建炎元年（1127年）為界限，分為北宋和南宋。按照妝束風格演變的大體概況，本書各章節篇目將按照以下分期分別進行解說：

一、北宋：始於宋太祖建隆元年（960年)，終於宋欽宗靖康二年（1127年)，共一百六十八年，大致可分為前中後三期：

1. 北宋前期：宋太祖建隆元年（960年）~ 宋真宗乾興元年（1022年）：經歷太祖、太宗、真宗三朝。

2. 北宋中期：宋仁宗天聖元年（1023年）~ 宋哲宗元符三年（1100年）：經歷仁宗、英宗、神宗、哲宗四朝。

3. 北宋後期：宋徽宗建中靖國元年（1101年）~ 宋欽宗靖康二年（1127年）：經歷徽宗、欽宗二朝。

二、南宋：從高宗建炎元年（1127年）至帝昺祥興二年（1279年），共一百五十三年。本書分期不與各皇帝的執政期同步，參照宋金、宋元間的和戰情形，分為兩期：

1. 南宋前期：宋高宗建炎元年（1127）~ 宋理宗紹定六年（1233年）：本期為宋金兩國對峙階段，經歷了高宗、孝宗、光宗、寧宗朝，至理宗朝前期。

2. 南宋後期：宋理宗端平元年（1234年）~ 帝昺祥興二年（1279年）：本期為宋元兩國對峙階段，經歷理宗朝中後期、度宗、恭帝、端宗，以南宋降元結束。

三、此外還有一些時期的相關資料會在書中有所提及：

1. 宋之前的五代：從朱溫代唐至趙匡胤禪周，即後梁開平元年（907年）~ 後周顯德七年（960年），前後計五十四年。而與五代幾乎同時存在的，有十個相對較小的割據政權，其中最晚的北漢被滅於宋太宗太平興國四年（979年）。

2. 與宋同時並存或稍後的遼、西夏、金、蒙古、元朝。

與趙宋王朝並列的主要政權

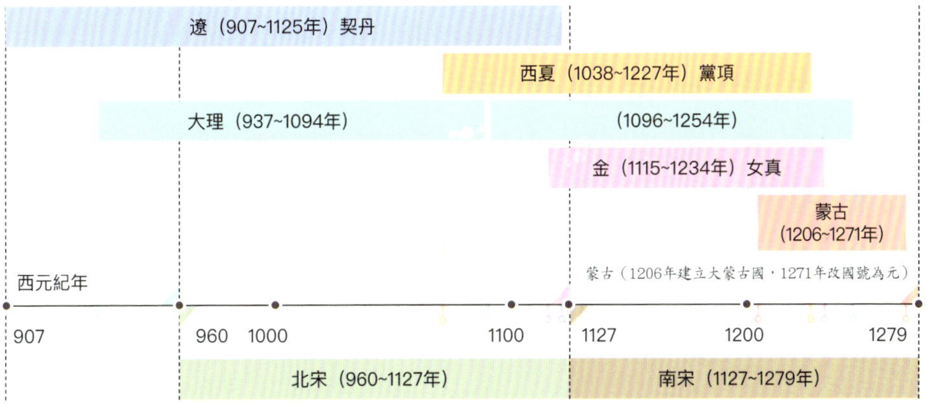

天上星河轉，人間簾幕垂。
涼生枕簟(ㄉㄧㄢˋ)淚痕滋。起解羅衣聊問、夜何其。
翠貼蓮蓬小，金銷藕葉稀。
舊時天氣舊時衣。只有情懷不似、舊家時。

——李清照〈南歌子〉

第一篇／穿用衣物

概說

開篇是李清照晚年所寫的詞作——衣上貼翠銷金的紋飾都已逐漸殘損脫落，雖還是舊時的天氣，還是舊時的衣衫，但歲月也如衣衫般變得陳舊，情懷也不像舊時了。易安居士[①]因身上解下的羅衣生出一番慨歎，今人再看宋代的衣衫，大約也會有類似的感觸。正是睹物才生情，這些衣物是昔日詞人追憶逝水年華、情之所寄的若干實證。

本篇將系統化、簡明地講解兩宋時期女性妝束的變遷。北宋部分的服飾流行變化有較為明顯的階層下移傾向，因此分別選取各階層的代表人物如花蕊夫人（宮廷貴族階層）、李清照（士大夫階層）、李師師（庶民階層）來設計展現當時的流行妝束形象，接下來結合具體的文獻與文物分別講述時尚變遷。

因宋代女性妝束風格在兩宋之交大體定型，隨後的兩章選取故事背景發生在南宋初年的《白蛇傳》、名妓嚴蕊來分別設計展現南宋服飾的風貌，再結合考古發掘出土的服飾實物直觀地展示當時的妝束細節。

為了便於更為順暢地閱讀本章，需先瞭解一些與服飾染織工藝密切相關的名詞。

①編按：易安居士為李清照的自號。

織造部

絹是一種經緯交織形成的平紋織物，組織細密。官府織機出產的絹名為「官機絹」；民間作為貢品繳納的稱為「戶絹」。

常見的「素紗」也是一種平紋織物，但經緯排列較「絹」更為疏鬆。以經過強捻、煮練的絲線來織造的紗表面有皺紋，稱「縠ㄏㄨˊ」或「縐紗」。此外，宋代將絞紗組織和平紋組織配合顯花的織物也稱作紗。這類紗的顯花方式有明暗兩類，當時有明花天淨紗、暗花牡丹紗、三法暗花紗等名目。

羅是經絲絞纏形成的特殊織物，又可根據組織的聚散差異織造出花紋。宋人極其喜愛以羅製衣。當時羅的種類極多，根據有無花紋，可分為「素羅」與「花羅」，織法也有二經絞、三經絞、四經絞等差異；在二經絞花羅裡，又有平紋和浮緯的差別，在三經絞花羅裡，則還有平紋、斜紋和隱紋的不同。根據產地的差異，當時有潤羅、婺ㄨˋ羅、越羅等名品。

綾綺

綾為一種單色提花絲織物，有平紋和斜紋兩類。據材質織法不同，有雙絲綾、紵絲綾、白熟綾、青絲綾等。綾不只用於裁剪衣衫，還被大量用在裝裱書畫上。元代陶宗儀《南村輟耕錄》中詳細羅列了宋代裝裱用綾的花色：碧鸞、白鸞、皂鸞、皂大花、碧花、姜牙、雲鸞、樗ㄕㄨ蒲、大花、雜花、盤雕、濤頭水波紋、仙紋、重蓮、雙雁、方棋、龜子、方穀紋、鸂ㄒㄧ鶒ㄔˋ、棗花、鑑花、疊勝、白花、回文、白鷺花。

綺的織造方式與綾相類，只是經緯會採用異色的彩絲來織造。

織錦

錦是先染絲後織造的多重組織的彩色織物。宋代織錦基本上是以圖案來命名，如宋時皇帝賜予臣僚的錦袍有天下樂暈錦、盤雕法錦、翠毛細錦、黃獅子錦等，此外還有倒仙牡丹、方勝宜男、盤球雲雁、方勝練鵲、寶照等名目，分別與官員的不同身分相關。

此外還有一些特殊的錦織物。如透背錦，是指正反兩面均有花紋的特殊雙面錦。織成錦，是按具體服裝款式所需來織造、無須再加裁剪的高級品。

緙絲

緙ㄎㄜˋ絲，又作「刻絲」，特點是通經斷緯，將本色經絲撐於木機之上，以手工把各色緯絲按花紋輪廓分塊織成平紋。花紋輪廓與垂直線相遇時留有斷痕，如同刀刻，因此得名。

宋代織物品類概覽

絹

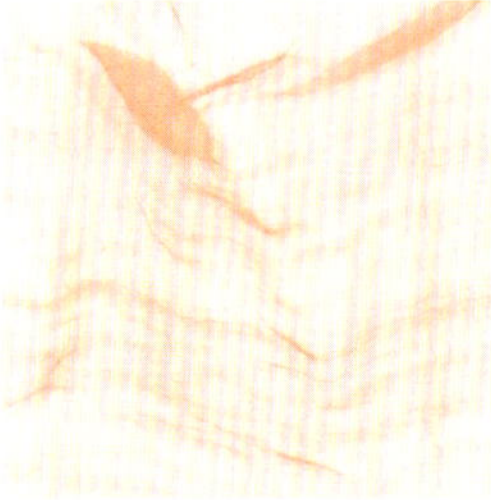
紗

花紗

素羅

花羅（三經絞）

花羅（四經絞）

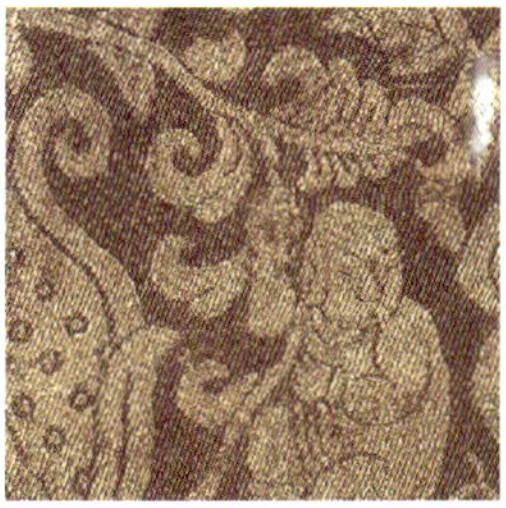
綾（斜紋地斜紋花）

綾（斜紋地斜紋）

綺

錦

緙絲

織成

印染繡部

染色

染料大部分來自植物的花葉、莖實或根皮。如染紅以紅花、茜草；染紫以紫草；染黃以梔子、柘木；染青藍以靛草；染綠以鼠李。白礬和綠礬是當時常用來固色的媒染劑，民間又多以草木灰代替。

對照北宋皇帝賜予高麗的絲綢類目，可知當時常見織物染色有明黃、藍黃、淺粉紅、深粉紅、杏黃、梔黃、淺色、梅紅、紫、雲碧等。此外，當時先後出現了霞樣、天水碧、油紫、太師青、茶褐、墨綠、黝紫、赤紫等特殊色彩。

染纈

絞纈（ㄒㄧㄝˊ），又名撮（ㄘㄨㄛ）纈、撮暈，即今日的扎染。用線扎結或縫釘織物，經水濕後放入染缸中浸染，被扎結或縫釘的部分不受染，待晾乾後拆去線結，就會顯出帶有暈染效果的花紋。

夾纈，是用兩塊刻成對稱花紋的花板將織物夾在其中，進行防染印花。宋代夾纈頗為流行，應與當時盛行的雕版印刷有關。

印花，大致分為兩類，一類是將染料塗在雕刻凸起花紋的花板上，再壓印在織物上；另一類是將鏤空花板壓在織物上，再在鏤空部分塗刷顏料。

繪製，包括線描、線描填彩和彩繪等方式，通常與其他裝飾工藝結合出現。

刺繡，以彩色絲線在織物上繡出各種紋飾。宋代較為流行的衣物紋飾繡法是平針繡，此外也有鎖繡、纏繡、打籽繡等。

宋代已出現了工藝成熟的雙面繡。

宋人極喜愛在絲綢上飾金，即便來自朝廷的禁令不斷，民間仍舊盛行不衰。參考大中祥符八年（1015年）五月朝廷頒布的詔書中，先後禁斷的絲綢飾金方法就有銷金、貼金、鏤金、間金、戧金、圈金、解金、剔金、撚金、陷金、明金、泥金、楞金、背金、影金、盤金、欄金、織撚金線等。按照加工方式，今天可大致還原的有箔金、粉金和線金三類。

箔金，是將黃金打造成極薄的箔片，剪成所需圖樣後黏貼在織物上（貼金），有的在貼金之後，還另行在上用彩線繡製花樣，底面金箔只隱約露出（影金）；或先在織物上用膠水印製花紋，再將金箔黏貼其上，最後除去多餘的部分（銷金）。

粉金，即將黃金研磨成金粉，調膠後作為顏料塗繪在織物表面（泥金）；或將調和金粉的顏料塗在花板上，再影印花紋在織物上（印金）。

線金，是用金線配合絲線進行織造或刺繡。

唐代印染繡工藝品類概覽

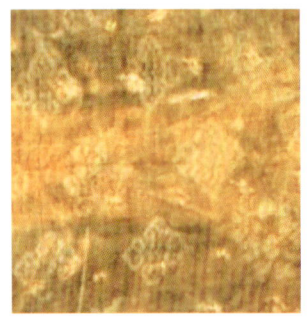

絞纈

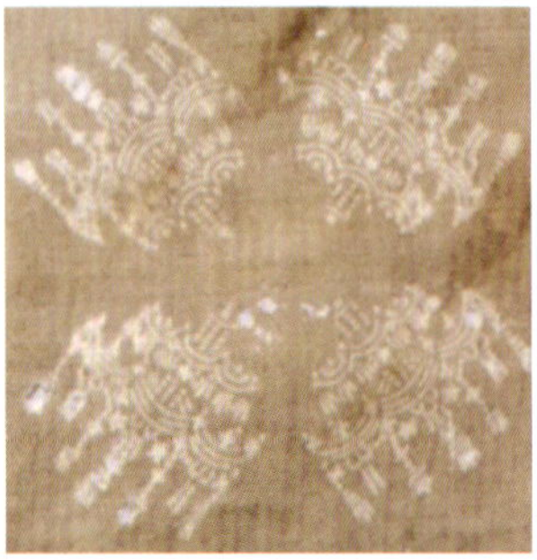

夾纈

刺繡（平針繡）

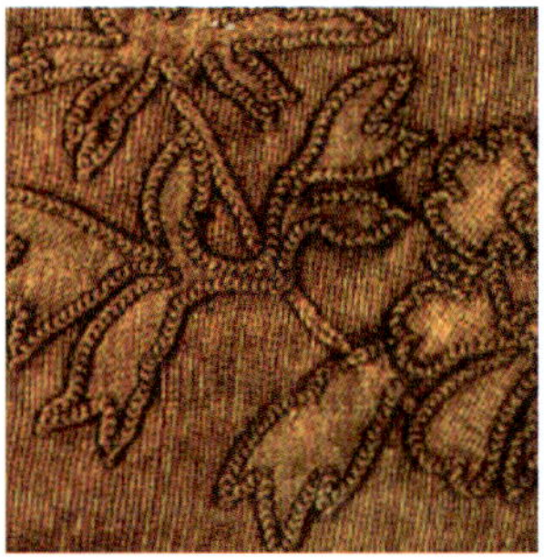

刺繡（辮線繡）

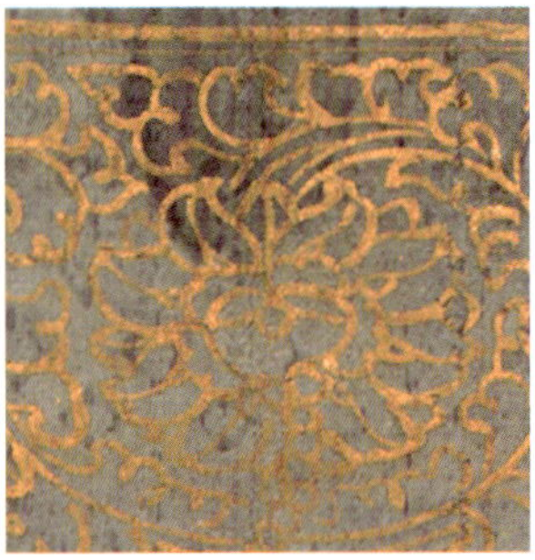

泥金

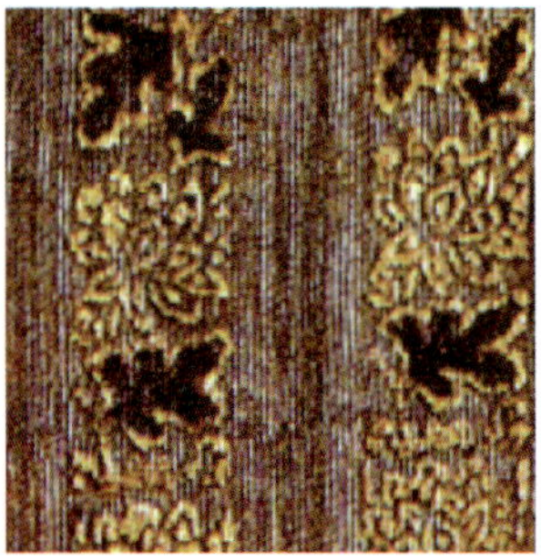

印金

印花

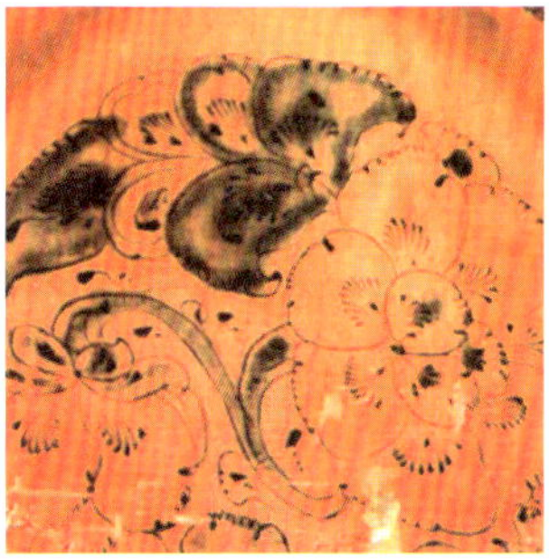

彩繪

影金

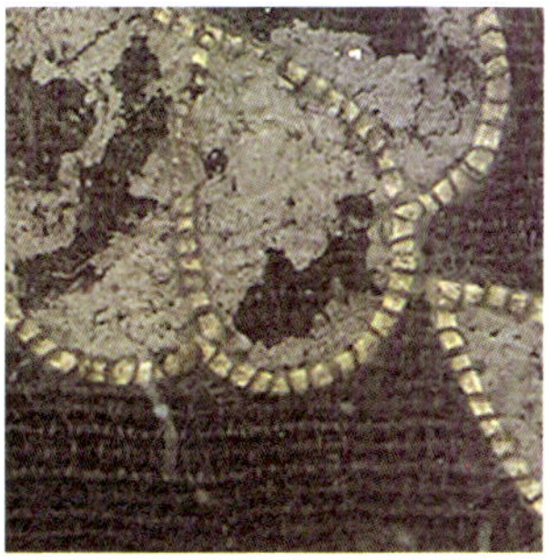

線金

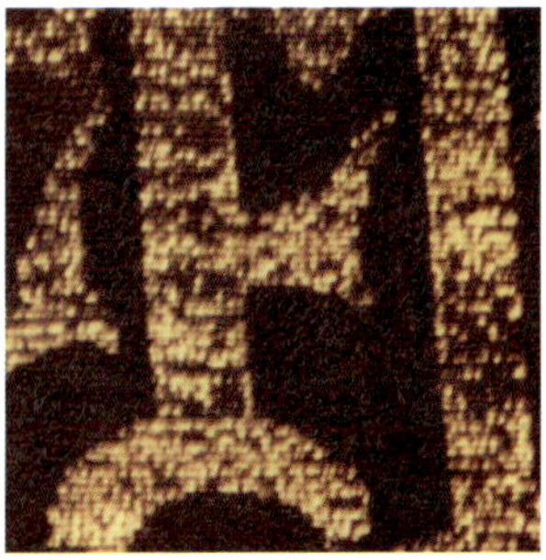

織金

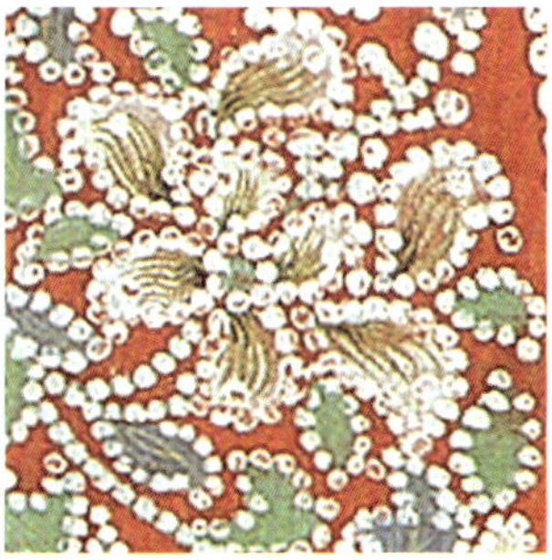

珠翠（宋畫繪製）

君王城上豎降旗，妾在深宮那得知。
十四萬人齊解甲，更無一個是男兒。
——花蕊夫人〈述國亡詩〉

五代宋初

且向花間留晚照

唐朝時，走在服飾時尚潮流最前端的，總是宮廷女性、貴族女性；可以說，那時的時尚是「貴族式的」，有一定等級秩序，呈現自上而下的傳播過程。隨著晚唐五代以來頻繁的戰亂與政權更迭[①]，舊有禮儀規制逐漸崩壞，貴族女性的衣飾妝容變得比過去更加放縱大膽。

動蕩亂世裡的時尚，是一種且顧眼前盡歡的麻醉劑；那些時興妝束出現的時間及場合，大多是在各割據政權亡國之前與之後，在宮廷貴胄或御用文人的酒色歡場。直至宋朝再度迎來「天下一統」後，這樣的前朝遺韻仍持續了很長時間。

正如當時詞集《花間集》序言中所述：「綺筵公子，繡幌佳人，遞葉葉之花箋，文抽麗錦；舉纖纖之玉指，拍按香檀。不無清絕之辭，用助妖嬈之態。」所謂詞，原是為歌筵酒席中演奏的流行曲調所配的唱詞，屬於眾王孫公子與騷人墨客的即興之作。它們背離了「詩」時代男性士人托「美人」以言己志的舊傳統，直以麗辭綺語敘寫男女情事。

①如時人陶谷在《清異錄》中感慨道：「五代五十年間，易姓告代，如翻鏊上餅。然官爵益濫，小人乘君子之器，富貴出於非意，視國家安危如秦越不相謀，故將相大臣得以竊享燕安。」

詞中女子的身分是模糊的，難以說清是哪一種社會角色，但詞的敘述語言和方式無疑還是「上流社會」的，詞中敘述妝束時尚的內容自然也與宮闈麗人、貴族淑媛相關。

雖然並非女性語言、女性書寫，也並非女性自我的生活體驗與悲歡憂樂，而是以男性口吻去敘寫、以男性眼光去凝視，被注視的女性反而是沉默、隱形的，只是作為賞玩與愛欲的對象而存在。但其中畢竟細緻鋪陳著女子的衣、女子的飾、一切與女子情思或形象相關的纏綿悱惻——所謂「綺羅香澤之態」，已然是「正統」史料所不屑記載的內容。然而五代時期女性妝束的具體形容，仍要借這些艷冶嬌媚、典麗精工的零珠碎玉來映照。

一、內衣：抹胸、寬袴（ㄎㄨˋ）與襜（ㄔㄢ）裙

一隻橫釵墜髻叢，靜眠珍簟起來慵，繡羅紅嫩抹酥胸。

羞斂細蛾魂暗斷，困迷無語思猶濃，小屏香靄碧山重。

——毛熙震〈浣溪沙〉

櫻花落盡階前月，象床愁倚薰籠。

遠似去年今日，恨還同。

雙鬟不整雲憔悴，淚沾紅抹胸。

何處相思苦，紗窗醉夢中。

——李煜〈謝新恩〉

以一塊長巾作為女性裹胸的內衣，古已有之，名為「袜ㄇㄛˋ」，俗稱「抹胸」。唐是流行長裙的時代，美人微露的雪胸之下繼以一圍長裙，身形也就得以盡掩在裙中；而抹胸隱在長裙之後，不會使人輕易得見。抹胸外露，是晚唐以來時裝呈現的新特色。

五代前蜀皇帝王建及其妻周皇后的成都永陵中曾出土一件女像，將抹胸的穿著形態表現得極分明——外罩的長裙上有一段寬緣裙頭，但在這段裙頭內仍舊露出弧月形的抹胸輪廓。研究者考證這尊女像為周皇后的寫真[1]，周皇后於前蜀光天元年（918年）去世，雕像應是在稍後的時間內做成。

成都雙流五代後蜀廣政二十七年（964年）墓[2]出土一件女侍俑，表現的抹胸形態依舊類似。因女俑未穿外罩長裙，得以看清她掩在衣袖下的抹胸，除了外露在上的弧形部分外，下端延長到了腹部，五代時人將其稱作「袜肚」或「腰巾」。因為抹胸外露，便值得使用顏色明麗、紋樣精緻的衣料來製作它。

當時人將其比附為古代帝王創制，雖不足憑信，但其中羅列的「腰彩」，正反映著五代宮廷女性以彩帛裁製抹胸的時尚；所謂「蹙金絲合勝袜

①張亞平，〈「前蜀后妃墓」應為前蜀周皇后墓〉[J]，《四川文物》，2003，(1)。

②成都文物考古研究所，雙流縣文物管理所，〈成都雙流籍田竹林村五代後蜀雙室合葬墓〉[J]，《成都考古發現》，2004。

▲

五代前蜀周皇后像

本書作者構擬上色

成都永陵博物館藏

◀

女侍俑

成都雙流墓出土／五代後蜀廣政二十七年（964年）

①五代・馬縞《中華古今注》卷中：「蓋文王所制也，謂之腰巾，但以繒為之，宮女以彩為之，名曰腰彩。至漢武帝，以四帶，名曰袜肚。至靈帝，賜宮人蹙金絲合勝袜肚，亦名齊襠。」

②北宋・程頤《家世舊事》：「伯叔殿直喜施而與人周……有儒生以講說醵錢，時家無所有，偶伯祖母有珠子裝抹胸，賣得十三千，盡以與之。」

肚」，是繡有金絲紋樣的奢侈款式。[1]援以圖像，五代後唐同光二年（924年）王處直墓壁畫中幾位侍女，均是上衣之外遮一片寬裝飾花片，再外又繫以異色的長裙。從裙側開衩看去，這塊外露的裝飾花片也延及腹部，或也可視為頂端裁作花形的外露裝飾型袜腹的式樣之一。

及至北宋，理學家程頤追憶家中舊事，仍記得早年自家伯祖母曾有一幅「珠子裝抹胸」，甚至可以賣出十三千錢的高價[2]。可知入宋之後，在抹胸上的裝飾之風仍未消歇。

瑟瑟羅裙金線縷，輕透鵝黄香畫袴。
垂交帶，盤鸚鵡，裊裊翠翹移玉步。
背人匀檀注，慢轉嬌波偷覷。
斂黛春情暗許，倚屏慵不語。

——顧夐〈應天長〉

繫裝飾型袜腹的侍女

王處直墓壁畫／五代後唐同光二年（924年）

鶯錦蟬縠馥麝臍，輕裾花草曉煙迷。
鸂鶒戰金紅掌墜，翠雲低。
星靨笑偎霞臉畔，蹙金開襜襯銀泥。
春思半和芳草嫩，碧萋萋。

——和凝〈山花子〉

寬大的「袴」，也是繼承自中晚唐的流行。有別於來自胡族為便於騎馬出行、褲腳收窄且合襠的褲裝，中原漢族的傳統褲裝搭配是內穿一件合襠的「褌ㄎㄨㄣ」，再外套一層只有兩個中空褲腿、不加褲襠的套褲「袴」；而大口袴的式樣源出潮濕悶熱的南方，不加收束的褲筒本是為便散熱透涼。在唐代安史之亂後，這種式樣卻逐漸被視為一種區別於胡服的典型漢式服裝，在中原甚至北方普及。

因穿著這種開襠寬袴會有露出褌的風險，便需要再繫一條長裙遮掩。晚唐五代以來動亂頗多，即便貴族女性也需頻繁出入往來，而身著褒博[①]的長裙終究不便行動，於是當時人想出一種折衷的辦法——在寬袴外加繫長度短於袴的蔽膝式短裙，亦即所謂「襜裙」。

這種襜裙有作兩片分別垂在身前與身後的式樣；也有作三片，一片居中位於身前，另兩片分置左右兩側。其具體形象見於五代後周顯德五年（958年）馮暉墓壁畫[②]與河南洛陽龍盛小學五代墓壁畫[③]，侍女所穿的大口寬褲之前均擋有一片弧形或花形的襜裙。

這般穿衣風尚甚至影響到了北方的遼國。如內蒙古巴林右旗友愛村遼墓[④]出土一幅繪於木構小帳門上的捧台盞侍女圖，其彩繪寬褲上仍有紅色的襜

①編按：寬大的衣服。褒衣博帶，寬衣闊帶，指古代儒生的服裝。

②咸陽市文物考古研究所，《五代馮暉墓》[M]，重慶：重慶出版社，2001。

③洛陽市文物考古研究院，〈洛陽龍盛小學五代壁畫墓發掘簡報〉[J]，《洛陽考古》，2013，(1)。

④巴林右旗博物館，〈內蒙古巴林右旗友愛遼墓〉[J]，《文物》，1996，(11)。

穿有寬褲與襜裙的侍女

馮暉墓壁畫／五代後周顯德五年（958年）

洛陽龍盛小學五代墓壁畫

內蒙古巴林右旗友愛村遼墓，木構小帳門彩繪

裙存在。內蒙古吐爾基山遼墓[1]更出土了一件襜裙的實物——寬寬的絹質裙腰上刺繡折枝花卉，在左側留有穿孔，兩對腰帶在正面交繫成兩個蝴蝶結，結上綴數個彩絲穗；裙身為羅面絹裡，正面兩側開片，垂下三個花瓣形垂片；此外，垂片上還用金、銀、彩線刺繡出多組對鳳團花紋飾。

至宋開寶九年（976年），宋太宗趙光義登基，大力倡導節儉，宮人便大多只繫用皂綢裁製、不加裝飾的襜裙了。傳說宋太宗之妻李皇后以金線裝飾襜裙，甚至引得太宗因其奢侈而大怒。[2]

①葛麗敏，《吐爾基山遼墓出土絲織品的保護及初步研究》，《文物保護研究新論：全國第十屆考古與文物保護化學學術研討會論文集》[M]，北京：文物出版社，2008。

②南宋．洪邁《容齋隨筆》：「聞太宗時，宮人唯繫皂綢襜，元德皇后嘗以金線緣襜，而怒其奢。」按：宋太宗趙光義於開寶九年（976年）登基，元德皇后李氏於太平興國二年（977年）去世，似可將本條記載限定於這段時期。

刺繡鳳紋羅面襜裙

內蒙古吐爾基山遼墓出土

五代女性的內衣層次

服飾：上繫紅抹胸，下著花纈紋寬袴，外繫紅襜裙。

1 抹胸：參考五代俑像推測。五代流行將露出的抹胸上端製作成弧形或花形。

2 寬袴：褲口鬆敞的闊腿褲。

3 襜：形為兩幅或三幅裙片不加縫合、僅在裙腰連接的「圍裙」，下端也可製為弧形或花形。在日常生活中，寬袴與襜搭配可直接作為外衣。但在更正式的場合，外部還需另繫長裙。

1 2

3

二、外衣：披衫、道裝與長裙

柳色披衫金縷鳳，纖手輕拈紅豆弄。

翠蛾雙斂正含情，桃花洞，瑤台夢，一片春愁誰與共。

——和凝〈天仙子〉

披袍窣地紅宮錦，鶯語時轉輕音。

碧羅冠子穩犀簪，鳳凰雙颭步搖金。

肌骨細勻紅玉軟，臉波微送春心。

嬌羞不肯入鴛衾，蘭膏光裡兩情深。

——和凝〈臨江仙〉

將上衣的下緣掖入裙下，是唐代女性穿衣的常見做法。但自晚唐開始，貴族女性流行起一種外罩式的對襟長衣，即法門寺地宮出土衣物帳上所謂的「披衫」（單層為衫）、「披襖」（夾層為襖）。其形態特徵頗規整，長身、直領、對襟、長袖，兩腋下開有衣衩。為了適於穿著，領緣兩邊加縫有繫帶，以便穿著時繫結，領口在身前形成狹長的「X」字形。

在繼續奉唐為正統的五代軍閥李克用陵墓中，就雕刻有多個穿著披衫的侍女形象。她們頭梳寬博聳起的髮髻，拱手於身前，披衫的衣袖並不算太寬大。

但到了十餘年後，在李克用之子、後唐莊宗李存勖統治的時代，女性的衣衫已隨著奢侈的世風變得愈加寬博，甚至引來莊宗的禁令。[①]不過莊宗自己也曾作〈陽台夢〉詞，細緻描述宮中美人的華麗衣裝：

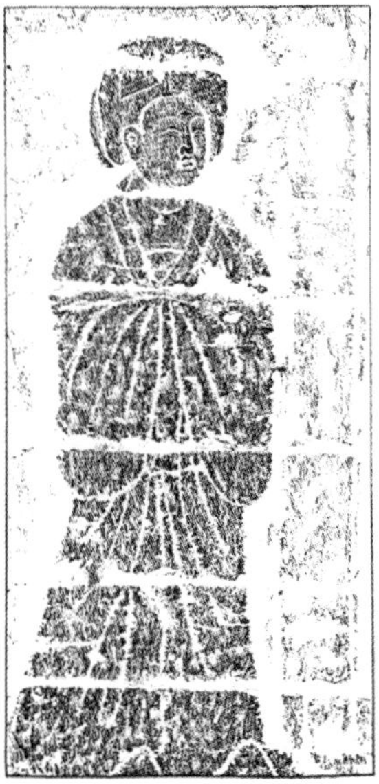

線刻侍女拓片

李克用墓出土／天祐五年（908年）

①《舊五代史》卷三十一「唐莊宗紀」同光二年（924年）詔書：「近年已來，婦女服飾，異常寬博，倍費縑綾。有力之家，不計卑賤，悉衣錦繡，宜令所在糾察。」

薄羅衫子金泥縫，困纖腰怯銖衣重。
笑迎移步小蘭叢，嚲ㄉㄨㄛˇ金翹玉鳳。
嬌多情脈脈，羞把同心撚弄。
楚天雲雨卻相和，又入陽台夢。

同時期的中原文物尚未見有確切的對照，但不妨將視線投向地處西陲的敦煌地區——後唐時期，敦煌地區瓜、沙二州正值歸義軍節度使曹議金執政，他奉中原王朝為正朔，多次遣使、遣僧往中原的洛陽城朝見天子；不少中原的文書、繪畫也因此來到敦煌，又於機緣巧合之下藏入敦煌石窟藏經洞中。

二十世紀初在敦煌藏經洞中發現的《引路菩薩圖》上，繪有一名高髻盛裝的貴婦人，髮式接近李克用墓侍女，衣裙則更寬博，反映的應即為後唐莊宗時代的妝束時尚。據此推想，這幅畫像甚至可能來自洛陽，是當時某位虔信佛法的宮廷貴婦的私人供養物，再由敦煌僧人攜歸。如此，由時裝為線索牽起「史」、「詞」與「畫」在此因緣際會，或許又能成就一段傳奇故事。

△

敦煌石窟出土《引路菩薩圖》中的貴婦人

英國大英博物館藏

少年艷質勝瓊英，早晚別三清。
蓮冠穩篸ㄗㄢ鈿篦ㄅㄧˋ橫，飄飄羅袖碧雲輕，畫難成。
遲遲少轉腰身裊，翠靨眉心小。
醮ㄐㄧㄠˋ壇風急杏枝香，此時恨不駕鸞皇，訪劉郎。

——顧敻〈虞美人〉

偏處西蜀的蜀國，此時也流行著寬衣大袖的服裝式樣。這裡的時尚與道裝相關——傳說前蜀後主王衍在位時，生活奢華，崇道怠政，宮人們為迎合其喜好，紛紛換上道裝，頭戴蓮花冠，身穿畫有雲霞的道服，更在面部以胭脂模擬出酒醉般的紅色，稱作「醉妝」。[1]風氣漸起，西蜀民間女性也紛紛效仿起這般妝束，甚至進一步影響到了中原。

後唐時人馬縞《中華古今注》中有一段針對女性「冠子」與搭配服飾的細緻記載，全引如下：

> 冠子者，秦始皇之制也。令三妃九嬪當暑戴芙蓉冠子，以碧羅為之，插五色通草蘇朵子，披淺黃叢羅衫，把雲母小扇子，靸蹲鳳頭履以侍從。令宮人當暑戴黃羅髻，蟬冠子，五花朵子，披淺黃銀泥飛雲帔，把五色羅小扇子，靸金泥飛頭鞋。至隋帝，於江都宮水精殿令宮人戴通天百葉冠子，插瑟瑟鈿朵，皆垂珠翠，披紫羅帔，把半月雉尾扇子，靸瑞鳩頭履子，謂之仙飛。其後改更實繁，不可具紀。

所謂「秦始皇」、「隋帝」云云，實際上都

①五代後唐．孫光憲《北夢瑣言》佚文：「蜀王……宮人皆衣道服，簪蓮花冠，施胭脂夾臉，號『醉妝』。」
又《舊五代史》卷一百三十六：「（王）衍襲偽位……（咸康元年，925年）秋九月，衍奉其母徐妃同遊於青城山，駐於上清宮。時宮人皆衣道服，頂金蓮花冠，衣畫雲霞，望之若神仙。及侍宴，酒酣，皆免冠而退，則其髻髽然。」

▼

五代佚名繪《簪花仕女圖》
遼寧省博物館藏

是難以憑信的附會之辭，或許可以視為當時中原人對於西蜀政權的揶揄。不過其中描述的種種衣飾名物，應當都是五代人所熟知的，展現著宮廷女性時裝的奢華與纖巧——她們頭上梳髻、戴花冠、簪各式人工花卉，身披輕薄羅衫，肩搭各色帔帛，手執扇涼的花樣小扇，腳上趿著裝飾有瑞鳥的鞋履。

夏季輕薄的羅衣，更是常常見於當時詞作：

薄羅衫子透肌膚，夏日初長板閣虛。
獨自憑闌無一事，水風涼處讀文書。

——花蕊夫人〈宮詞〉

相見休言有淚珠，酒闌重得敘歡娛，鳳屏鴛枕宿金鋪。

蘭麝細香聞喘息，綺羅纖縷見肌膚，此時還恨薄情無。

——歐陽炯〈浣溪沙〉

雲一緺，玉一梭。
澹澹衫兒薄薄羅，輕顰雙黛螺。
秋風多，雨相和。
簾外芭蕉三兩窠，夜長人奈何。

——李煜〈長相思〉

傳說南唐後主李煜的皇后周娥皇曾創制「高髻纖裳」和「首翹鬢朵」等時尚妝束[①]，引來後宮女子爭相效仿。今人熟知的一卷《簪花仕女圖》[②]，就極可能是這類南唐宮廷流行妝束的直觀展示——畫中的宮廷貴婦本身如同華麗人偶：峨髻高聳，博鬢蓬鬆，頭戴來自不同季節物候的折枝花朵，簪細金絲編結而成的結條釵，塗白的面上繪「北苑妝」[③]。穿輕薄紗羅的廣袖外衣，帔帛與長裙多作大撮暈纈彩繪團花。她們面上妝容穠麗到可以遮蓋真實面孔，胸以下的身軀也隱在了色澤穠麗的長裙之中，但在輕薄透體的披衫之下，卻大膽地露出了豐腴的臂膀。這是一種「隱」與「顯」糅合的妝束風格。

如何，遣情情更多。
永日水堂簾下，斂羞蛾。
六幅羅裙窣地，微行曳碧波。
看盡滿池疏雨，打團荷。

——孫光憲〈思帝鄉〉

掩映在寬大披衫之下的長裙，往往是以多片布幅拼接，裙腰處壓上褶皺，如層疊水波一般。裙褶極細密的款式，則有「百褶」、「千褶」之名。傳說五代後唐同光年間（923~926年），莊宗李存勖

①南宋·陸游《南唐書》卷十六：「後主昭惠國后周氏，小名娥皇……後主嗣位，立為后，寵嬖專房，創為高髻纖裳，及首翹鬢朵之妝，人皆效之。」

②《簪花仕女圖》曾被認為是唐代畫家周昉的作品，但前人已根據考古出土文物與文獻，考證其實際創作年代當在晚唐五代期間（極有可能是南唐）。

③五代宋初·陶谷《清異錄》：「江南晚季，建陽進茶油花子，大小形制各別，極可愛，宮嬪縷金於面，皆以淡妝，以此花餅施於額上，時號『北苑妝』。」

見晚霞可人，命宮中染院染出晚霞般顏色的紗料，製成千褶裙賜予宮嬪。民間也因此流行起類似的彩裙，稱作「拂拂嬌」。[①]

此時也產生了一些新裙式。一類如前引前蜀周皇后像上的裙裝式樣，因繫裙位置下移，裙腰也被進一步加寬，以適應露出的胸衣。甚至如《簪花仕女圖》中一般，將弧月形抹胸式樣移用在了長裙之上。

另一類裙裝，則吸收了襜裙的裝飾風格，裙不加褶，更在各幅間留出不縫合的開衩，是謂「散幅裙」。相傳這是後漢乾祐三年（950年）自立為武安節度使、楚王的周行逢在位時，荊湖地區婦人流行的裙裝式樣。[②]然而卒於後蜀廣政十三年（949年）的蜀國重臣趙廷隱墓中，同樣也出土了穿著「散幅裙」的女俑像。[③]這種裙裝側邊開衩，身前短，身後長，較宮廷式的曳地長裙更為便利，大概是當時民間較為普及的款式。

①五代宋初．陶谷《清異錄》：「同光年，上因暇日晚霽，登興平閣，見霞彩可人，命染院作霞樣紗，作千褶裙，分賜宮嬪。是後民間尚之，競為彩裙，號『拂拂嬌』。」

②南宋．曾慥《類說》引《荊湖近事》：「周行逢為武安節度使，婦人所著裙皆不縫，謂之散幅裙。或日裙之於身，以幅多為尚，周匝於身；今乃散開，是不周也。不周不縫，是姓與名俱去矣。夫幅者福也，福已破散，其能久乎？未幾行逢卒。」

③孫杰，等，〈成都十陵後蜀趙廷隱墓出土女樂俑服裝形制考辨〉[J]，《藝術設計研究》，2021，(3)。

伎樂女俑

趙廷隱墓出土

後蜀廣政十三年（949年）

◀ ▶

五代女性的外衣層次

服飾：

❶長裙：繫在寬袴與襜外的長裙。當時裙腰部位同樣流行加寬製作弧形或花型的款式。

❶

❷披衫：披垂在外的對襟衣。當時既有直袖款，也有大袖的款式。

❷

三、宋初簡奢波折

從五代到北宋前期，女性服裝的基本式樣變化不多；但從五代後周到北宋立國之初，幾位帝王都大力提倡節儉。

史載開寶五年（972年），宋太祖趙匡胤之女永慶公主出嫁後，一次入宮時穿一件貼繡鋪翠作裝飾的短衣，趙匡胤見到後，甚至吩咐女兒今後不要再在衣物上做類似的裝飾，進而鄭重告誡女兒，若公主穿衣如此奢華，就會引得後宮妃嬪、外戚貴眷紛紛效仿，以致民間也勞民傷財、逐利傷生。[①]上有帝王以身作則，又對皇親貴戚加以約束，眾士大夫公卿更以清節為高，亂世裡「且顧眼前歡」的奢侈衣飾風貌逐漸有所收斂。

去宋不遠的五代後周顯德五年（958年）馮暉墓[②]壁畫與石刻中的女性形象，大約正反映著這種儉約風尚帶來的復古時裝——披衫依舊長垂，袖式卻又從大袖回到稍窄的直袖。比起工藝繁複、造價高昂的錦繡衣料，時人更喜愛用更為簡易的印花或「撮纈」花樣為衣衫增色，其形態應如洛陽苗北村壁畫墓[③]所展現的一般。

然而到宋真宗朝咸平（998~1003年）、景德年間（1004~1007年），奢侈之風又逐漸刮起，上至士大夫之家，下至市井百姓，都為時風浸染，服裝再度變得奢華。[④]宋廷多次嚴令禁止民間奢侈僭越，然而奢侈的根源就在宮中貴近，上行下效，禁令對民間只可壓制一時，難以從根本上杜絕整體的潮流。甚至最終宋真宗自己也不得不承認「雖累加條約，終未禁止」[⑤]。

①北宋．楊億《楊文公談苑》：「魏咸信言，故魏國長公主（永慶公主）在太祖朝，嘗以貼繡鋪翠襦入宮中，太祖見之，謂主曰：『汝當以此與我，自今勿復為此飾。』主笑曰：『此所用翠羽幾何？』太祖曰：『不然，主家服此，宮闈戚里皆相效，京城翠羽價高，小民逐利，展轉販易，傷生寖廣，實汝之由。汝生長富貴，當念惜福，豈可造此惡業之端？』主慚謝。」

②咸陽市文物考古研究所，《五代馮暉墓》[M]，重慶：重慶出版社，2001。

③洛陽市文物考古研究院，〈洛陽苗北村壁畫墓發掘簡報〉[J]，洛陽考古，2013，(1)。

④南宋．王栐《燕翼詒謀錄》：「咸平、景德以後，粉飾太平，服用浸侈，不惟士大夫之家崇尚不已，市井閭里以華靡相勝，議者病之。」

⑤《續資治通鑑長編》大中祥符元年（1008年）二月：上語輔臣曰：「京師士庶，邇來漸事奢侈，衣服器玩，多鎔金為飾，雖累加條約，終未禁止。」

①贛州市博物館，《慈雲祥光：贛州慈雲寺塔發現北宋遺物》[M]，文物出版社，2019。

在山西繁峙西沿口大中祥符元年（1008年）墓中的壁畫上，人物仍是一派五代服飾風格：女墓主披衫長垂，肩搭帔帛；身側的侍女則以短衫搭配褲裝與襜裙。江西贛州慈雲寺塔出土的北宋繪畫殘片[1]中，也仍有多個大袖披衫搭配帔帛的盛裝貴婦人形象。

著直袖披衫與褶裙的樂伎

馮暉墓磚雕／五代後周顯德五年（958年）

身穿各式印花與纈纈披衫的侍女

洛陽苗北村壁畫墓出土

◀

北宋初年女性妝束形象

髮式、妝容與服飾均據同時期壁畫形象繪製。

服飾：內著抹胸與褲，外繫長裙著披衫，肩披披帛。

女墓主與侍女像

山西繁峙西沿口墓壁畫／大中祥符元年（1008年）

山西博物院藏

身穿大袖披衫與帔帛的貴婦人

北宋繪畫殘片／江西贛州慈雲寺塔出土

四、正裝：背子

在隋唐時代，背子是一件罩在上衣最外層的無袖或短袖對襟短衣，多以精美的繡羅或織錦製作；其中更有一種「緋羅蹙金飛鳳背子」，被當作宮廷女官朝服或貴族女子禮見長輩賓客的正式服裝。[①]

在陝西扶風法門寺地宮出土、唐代皇室為捧真身菩薩特製供奉的微縮衣物中，恰有一件半袖短身上衣，以緋羅為面，其上用金線繡出折枝花圖樣，每朵花蕊中釘一粒小紅寶石。這應是仿自當時貴族女性真實穿用的「背子」一類衣物。[②]

因晚唐五代時流行上衣的式樣由窄袖轉向寬博的大袖，搭配在最外層的背子也悄然改變了式樣。對照北宋人的記載[③]，可知當時背子的袖長仍較常用衣物更短，但衣身和袖寬都加以放大，以便搭配大袖衣穿用。

時代大約在930年前後的內蒙古寶山遼墓[④]中，出土有《楊貴妃教鸚鵡圖》壁畫，畫中美人均是雲髻抱面，髮上對插鑲金的寬梳，兩鬢飾金簪與半透明的鈿朵，身著大袖披衫。這實際上並非真實反映楊貴妃時代的盛唐風韻，而是來自與遼同時期

①五代·馬縞《中華古今注》：「背子，隋大業末，煬帝官人、百官妻母等，緋羅蹙金飛鳳背子，以為朝服及禮見賓客、舅姑之長服也。天寶年中，西川貢五色織成背子。」

②韓生，《法門寺文物圖飾》[M]，北京：文物出版社，2009。

③北宋·高承《事物紀原·大衣》引《實錄》：「大袖在背子下，身與衫子齊而袖大，以為禮服。」又《事物紀原·背子》詳細記其式樣：「……衫子上朝服如背子，其制袖短於衫，身與衫齊而大袖，今又長與裙齊，而袖才寬於衫，蓋自秦始也。」

④巫鴻、李清泉，《寶山遼墓：材料與釋讀》[M]，上海：上海書畫出版社，2013。

◀
蹙金緋羅背子
陝西法門寺唐代地宮出土

①贛州市博物館，《慈雲祥光：贛州慈雲寺塔發現北宋遺物》[M]，文物出版社，2019。

②根據地宮出土文字資料可知，其為北宋大中祥符四年（1011年）重修寺中真身舍利塔時所建。包括這件女衣在內的各種供奉施捨品，應是在該年施入。

的中原畫樣，展現的也是當時中原的時裝流行。其中的主角楊貴妃，便是在大袖衣外罩一件紅地球路紋半袖衣——這大概就是五代時期的背子式樣。

而江西贛州慈雲寺塔出土北宋繪畫殘片中，也依然有貴婦人在大袖衣外罩一件方格點紋的短袖背子。[1]由塔中同出文字資料可知，這些繪畫大約繪製於北宋前期的大中祥符年間（1008~1016年）。

於南京大報恩寺遺址、北宋大中祥符四年（1011年）所建的地宮中，恰好出土了一件可以與當時文字與圖形相對照的衣物[2]——上衣同樣以羅為面，上以泥金法繪製花卉與飛鳥紋飾，式樣極寬博。這原本大概是當時某位女性供養人的實用衣物。

《楊貴妃教鸚鵡圖》局部

內蒙古寶山2號遼墓出土

大袖外罩背子的貴婦人

北宋繪畫殘片／江西贛州慈雲寺塔出土

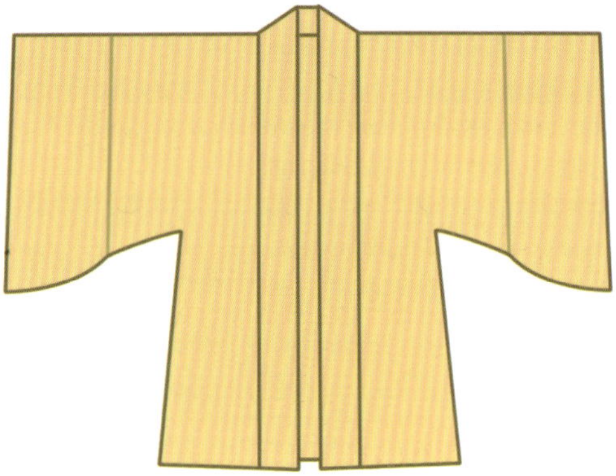

②

①

宋真宗朝女性妝束形象

髮式妝容：據同時期壁畫形象繪製。

服飾：因北宋前期未見整套服飾實物出土，這裡根據幾件零散的服裝，結合文獻記載進行組合。

①抹胸與長裙：穿在內層的衣物（還有不外露的褲裝）。

②黃羅大袖衫：參考文獻記載、安徽南陵宋墓出土大袖衫實物構擬推測。原文物袖形較為特殊，在近似背子的寬鬆衣袖再接一段大袖，應是維持宋代早期樣式、襯穿在背子內層的衣物。

❸

❸泥金緋羅背子：參考江蘇南京北宋長干寺地宮出土實物繪製。極寬博的對襟式外衣，裡襯為絹，衣面用緋色羅，上以泥金法繪製花鳥紋飾。

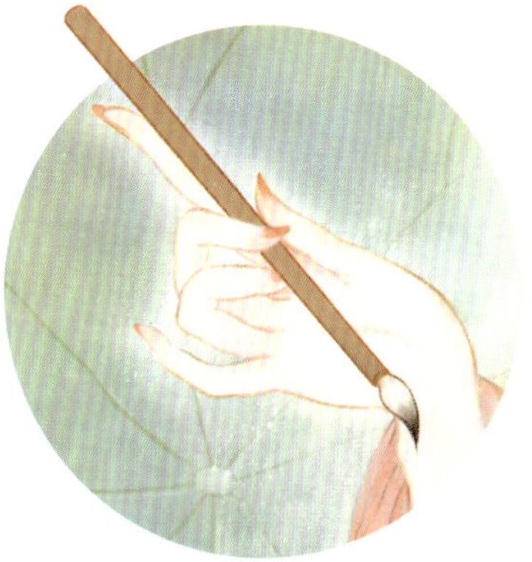

常記溪亭日暮，
沉醉不知歸路。
興盡晚回舟，
誤入藕花深處。
爭渡，爭渡，
驚起一灘鷗鷺。

——李清照〈如夢令〉

北宋中期

淡妝濃抹總相宜

趙宋一代立國後，朝堂政事的展開奠基於「革除五代之弊」。曾經崩壞的禮制、法度逐步重建，但整體又呈現出「寬仁」、「忠厚」的輕鬆氛圍。這種較為開放的時代背景，鼓勵著文人階層從過去的頹靡中振起、整合，逐漸形成了與君王「共治天下」的士大夫階層。[①]士大夫不只左右朝政，以天下興亡為己任，還縱情肆意，追求著世俗聲色。在如此風氣之下，大眾審美也總是以他們為導向。

一向由士人承擔的風雅，進而轉移到與士人密切相關的女性群體之上——她們可能是士大夫的妻母眷屬，也可能是士大夫所蓄養交遊的姬妾樂伎。究其背後的原因，大概有兩方面：一是男性士人的儒雅風流需要知意識趣、才情不俗的女子來妝點；二是女兒家自身也希望用士族的風雅來豐富生活。為時代所限，她們不能如男子那般建功立業，但在生活中得以處處比照士人趣味，詩詞歌賦、琴棋書畫、結社唱和，都與士人不殊。甚至可以說，她們形成了特殊的「士女」群體，呈現出男性士人官員

①相關研究請參見鄧小南，《祖宗之法：北宋前期政治述略》[M]，北京：生活·讀書·新知三聯書店，2006。

或幕僚若生為女子時會呈現的模樣。

彼時女郎的入時妝束，也總是以「士女」群體的好尚為標竿。儘管士大夫階層或文人群體對此少有正面的文字記載，但若干蛛絲馬跡仍會時時在宋人筆記或詞作中散逸出來。從中得以發現，妝束呈現出了一些有別於五代宋初的新氣象：種種時裝都不再如往昔那般被視為浪漫的「傳奇」或「傳說」，而是細細融入日常生活。女性妝束同樣也在「革除五代之弊」，逐漸捨棄了前朝種種浮誇的奢華奇巧，整體呈現出內斂含蓄、清雅秀美的風格。

一、仁宗朝（1022~1063年）

宋仁宗繼位後，「約己以先天下」，明確表現出節儉之念。他在景祐三年（1036年）八月下詔，對天下士庶之家的輿服式樣在制度上作了詳細規定[1]。但隨後，仁宗自己就屢屢違制，常給予自己的寵妃張氏超出常規的賞賜，對她在衣飾用度上的逾越也一再包容；只有在愛妃衣裝引起他人紛紛效仿時，仁宗才不得不稍加管束。

一次風波是關於張貴妃的珍珠首飾。慶曆年間（1041~1048年），宮中獲得一批來自廣州的珍珠，仁宗與後宮妃嬪一同觀賞。張貴妃頗有欲得之色，仁宗會意，將珍珠盡數賜予。眾妃嬪順勢也向仁宗求取，仁宗無奈，只得令人再去市面採買。一時間，京城珠價陡增。

為平抑珠價，敦促宮中不再崇尚珍珠，仁宗

①《續資治通鑑長編》景祐三年（1036年）八月。

與愛妃謀劃了一場表演：一日，恰逢宮中賞牡丹之時，張貴妃已將珍珠做成首飾，正向同輩誇耀，仁宗見狀假作嫌棄道：「滿頭白紛紛，更沒些忌諱！」張貴妃趕緊將珍珠首飾換下，仁宗這才顯露高興神色，就地取材，賜每位妃嬪各簪牡丹一朵。因宮中不再崇尚珍珠，民間自然珠價大減。[①]

此後，張貴妃依舊尋求在衣飾時尚上出風頭的機會。仍是在慶歷年間，適逢上元節臨近，張貴妃向在成都任職的官員文彥博示意需求新異花色的織錦，文彥博遂獻上「燈籠錦」。這是一種紅底上織出金色蓮花與燈籠的珍異織錦。上元節時，張貴妃身穿一身燈籠錦裁就的新衣亮相，果然引得仁宗注目，文彥博也借此贏得上位機遇。[②]

統治者自身就在不斷違制，朝廷對世間服飾的次次禁令也大多收效甚微，凡是人們喜愛的，總能得以流行推廣。如皇祐元年（1049年），京城女性效法宮中時尚，流行以白角製作的寬冠長梳為頭飾，甚至引來朝廷禁令和官員對民間戴用這類時尚首飾的女性大加刑責，可是百姓莫不對此嗤之以鼻，甚至編了歌謠來笑話禁令。[③]

直到嘉祐七年（1062年）時，司馬光在上疏中一針見血地提到，宮廷才是風俗的源頭，百姓庶民們也總是效法權貴近幸間的流行時尚；奢侈的時風一吹，從京師的士大夫，到遠方的軍民，自然衣物用度都崇尚起華而不實來。[④]

然而，無論是在宮廷還是民間，人們都在太平盛世裡沉浸太久，奢侈享樂的大勢已不能回轉。

雖然衣裝上的奢侈風尚時盛時衰，或顯或隱，但隨著仁宗朝以來針對禮儀服飾的相關規制不斷完

①北宋．胡仔《苕溪漁隱叢話》。

②北宋．梅堯臣《碧雲騢》。又梅堯臣〈書竄〉一詩詳述「燈籠錦」的式樣：「紅經緯金縷，排科鬥八七。比比雙蓮花，篝燈戴心出。」

③北宋．江休復《醴泉筆錄》：「錢明逸知開封府，時都下婦人白角冠闊四尺，梳一尺餘。禁官上疏禁之，重其罰，告者有賞。冠名曰垂肩，至有長三尺者，梳長亦逾尺。」又《續資治通鑑長編》皇祐元年十月：「……御史劉元瑜以為服妖，請禁止之，故有是詔。婦人多被刑責，大為識者所嗤，都下作歌詞以嘲之。」

④《續資治通鑑長編》嘉祐七年五月司馬光上疏：「宮掖者，風俗之源也；貴近者，眾庶之法也。故宮掖之所尚，則外必為之；貴近之所好，則下必效之，自然之勢也。是以內自京師士大夫，外及遠方之人，下及軍中士伍、畎畝農民，其服食器用比於數十年之前，畢華靡而不實矣。向之所有，今人見之皆以為鄙陋笑之矣。」

善，以往貴族女性流行的廣袖披衫的時裝逐漸被升格成為一種禮制化服裝，專用於隆重場合，不再出現於日常服飾之中。

一則宋人杜撰的神異故事，與當時時尚變遷有關。故事的主體，是講西蜀人張俞在路過驪山溫泉時，夢中與楊貴妃的一場艷遇[①]。故事本身雖只是文人的庸俗幻想，但作者大概是為了增加可信度，特別在故事中讓楊貴妃這位唐朝最大的時尚偶像關注起宋朝女性的穿戴潮流來。

楊貴妃問：「今之婦人首飾衣服如何？」來者答：「多用白角為冠，金珠為飾。民間多用兩川紅紫。」而接下來楊貴妃取出自己的舊衣作比較，則是「長裙大袍，鳳冠口銜珠翠玉翹，但金釵若今之常所用者也，他皆不同」。

故事中來者講述的宋朝婦人時裝，正對應仁宗朝的潮流——民間女性也頭戴白角與金珠製作的華麗冠飾，同時效仿當時的宮廷時尚先鋒張貴妃，喜愛用來自川蜀的紅紫色衣料裁製衣衫。

但故事中對楊貴妃舊衣的一番描述，實際上並非真正楊貴妃時代衣裝的真相，而是宋人所熟知的五代妝束。

在清宮舊藏的《宋宣祖后像》[②]上，便能看到所謂「廣袖大袍、鳳冠口銜珠翠玉翹」。這幅畫的源頭可能只是一幀時裝寫真，因像主身分逐漸尊崇，畫面經由北宋宮廷轉摹添改，才多出了反映等級的珠翠鳳冠和霞帔等飾物，一身時裝被升格為有著嚴密規制的禮裝。這種廣袖對襟的大袖衣，在宋人眼裡成為后妃命婦的常禮服或民間女性的大禮服，稱作「大衣」。

①北宋．劉斧《青瑣高議》中收入的秦醇〈溫泉記西蜀張俞遇太真〉。

②宣祖后即宋朝太祖與太宗之母，主要生活在五代時期。

△

宋宣祖后像

台北故宮博物院藏

綺袖時宜不甚寬，自拈刀尺勘雙鸞。
錦茵拂掠春宵靜，怯見飛蛾傍燭盤。

——張公庠〈宮詞〉

孔雀羅衫窄窄裁，珠襦微露鳳頭鞋。

——石延年〈句〉其七

▲

供養人像

金銀書《妙法蓮華經》局部／北宋慶歷四年（1044年）即墨市博物館藏

再來看當時士族階層女性的流行妝束，應如即墨市博物館藏北宋慶歷四年（1044年）金銀書《妙法蓮華經》寫卷上的供養人一般。這是當時果州西充縣抱戴里住民何子芝一家，為亡母楊氏抄寫製作的奉佛之物，各卷均畫有楊氏領首、何子芝夫婦隨後的供養人形象。婆媳二人均頭戴花冠，上身罩一件鬆闊的直袖短衫，兩襟在胸前由紐帶繫起，腰束曳地長裙，肩臂間繞有垂下的帔帛。

北宋至和二年（1055年）瑞昌縣君孫四娘子墓中，有多個侍奉在座椅之側的侍女木俑[①]，對照來看，侍女們的穿衣模式也和供養人大抵類似，內著抹胸，下繫長裙，外罩直袖短衫；相較奉佛的盛裝，只是少了帔帛，裙裝也更短些。

這類穿搭方式實際上仍延續著唐朝女性日常衣裝的組合方式，若楊貴妃真能見到，大概是不會如宋人所想像那般大感驚訝的。只是當時將上衣鬆敞在外、裙腰低繫甚至抹胸外露的穿法，是楊貴妃不曾見過的、晚唐五代以來的新風尚。

◀

侍女木俑

瑞昌縣君孫四娘子墓出土／北宋至和二年（1055年）

①蘇州博物館，〈江陰北宋「瑞昌縣君」孫四娘子墓〉[J]，《文物》，1982，(12)。

◀

宋仁宗朝女性妝束形象

髮式妝容與服飾據同時期文字記載與繪畫組合構擬。

髮式妝容：頭梳高髻，鬢插長梳，戴等肩冠。

服飾：身著直袖衫與長裙，手臂間披掛帔帛。

二、神宗朝（1068~1085年）

垂柳陰陰日初永，蔗漿酪粉金盤冷。
簾額低垂紫燕忙，蜜脾已滿黄蜂靜。
高樓睡起翠眉顰，枕破斜紅未肯勻。
玉腕半揎雲碧袖，樓前知有斷腸人。
——蘇軾〈木蘭花令·四時詞·夏〉

①蘇軾〈與蔡景繁書〉：「然雲藍小袖者，近輒生一子，想聞之一拊掌也。」

元豐四年（1081年），蘇軾被貶官前往黃州，愛姬朝雲相隨同去，該詞即蘇軾在黃州時為朝雲所作。紅顏知己寬解了蘇軾落魄的愁腸，至元豐六年（1083年），朝雲已為蘇軾誕下一子。蘇軾極高興，寫信告知友人，信中逕將朝雲稱作「雲藍小袖者」[1]，想必是因為友人見過朝雲，卻不曉其名，所以蘇軾以她當日所穿的衣衫來稱呼。

這種小袖正是當時出現的新式時裝，是一種兼顧貴族與庶民審美的「折衷主義」款式。它的衣身依舊延續著寬緩的制式，袖式卻頗見新意——袖根部分依舊鬆敞寬大，然而越向手延展便越漸收縮，至袖口處已變得頗為窄小。

之所以這般處理袖口，自是為了方便日常行動。這大概是士大夫官僚家庭中的女性吸納民間勞動女性服裝款式的創制。她們無法像養尊處優的貴族階層女性那樣完全脫離勞動，在持家生活中，時時仍有「深院無人剪刀響，應將白紵作春衣」、「象床素手熨寒衣，爍爍風燈動華屋」的勞作情景，但畢竟家境較平民百姓寬裕得多，用得起多餘的衣料，也有閒情在衣上加以裝飾。

如台北故宮博物院藏《韓熙載夜宴圖》殘卷，有研究者考證此作為後摹本①，畫面全不似原畫應屬的五代南唐背景。

其中女性人物身穿寬鬆的對襟開衩小袖短衫，衣式已呈現出蘇軾、朝雲時代的流行時裝風貌。推想當時摹繪的北宋畫師，大概不喜五代南唐的奢華穿衣方式，只是借用原本古畫的構圖，創作出「士大夫交遊、嬌姬美妾在側」這種更迎合時世風貌的圖景來。

①張朋川，〈《韓熙載夜宴圖》系列圖本的圖像比較：五議「韓熙載夜宴圖」圖像〉[J]，《南京藝術學院學報．美術與設計》，2010，(3)。

百疊漪漪風皺，六銖縱縱雲輕。
植立含風廣殿，微聞環佩搖聲。

——蘇軾〈夢中賦裙帶〉

《韓熙載夜宴圖》殘卷
台北故宮博物院藏

與北宋女性裙裝相關的一個著名典故，來源於蘇軾自己所記的兩次神異夢境。

嘉祐元年（1056年），蘇軾為參加科舉考試首次出川赴京，在途經唐華清宮舊址時，夢見唐玄宗命他為楊貴妃的裙裝賦詩，蘇軾當即作〈夢中賦裙帶〉詩一首，醒來便將詩記了下來。

多年以後，已經為官的蘇軾被貶杭州，卻又夢見神宗皇帝召他入宮作文章；蘇軾圓滿完成任務，在出宮之際，他斜眼往相送的宮人看去，發現她的裙帶上儼然是昔年自己為楊貴妃所題的詩句。[①]

詩中所謂「百疊」，是指裙上層疊的褶皺多；「六銖」，則以誇張的數字來形容用料極為輕薄，僅有六銖（約60克）重。這樣的款式，顯然是蘇軾時代的女裙式樣，不可能穿到真正的楊貴妃身上。它大概延續著五代後唐宮廷「千褶裙」的風貌，只是逐步向下普及開來，成為士族官僚日常也能見到的流行式樣「百疊裙」。

與五代時層疊裙裝的雍容華貴不同，此時的輕裙碎褶是為美人的弱柳腰肢而設，因此獨愛輕薄的紗羅材質。

這種式樣常常見於北宋詞家的吟詠：「血色輕羅碎褶裙」（張先〈南鄉子〉）、「幾褶湘裙煙縷細」（晏幾道〈浣溪沙〉）、「輕裙碎褶曉風微，弱柳腰肢穩稱衣」（李之儀〈寫裙帶〉）；甚至時人寫菊花的層疊花瓣，也要用這種時興的褶裙來比擬：「重重疊疊，娜裊裙千褶」（陳師道〈清平樂·官樣黃〉）。

①北宋·蘇軾《東坡志林》中兩見此詩，出自〈夢中作靴銘〉條與〈記夢賦詩〉條。

宋神宗朝女性妝束形象

髮式妝容與服飾據同時期文字記載與繪畫組合構擬。

髮式妝容：頭梳雲鬟

服飾：內著抹胸長裙，外搭一件或多件寬鬆的小袖式上衣，形成交疊錯落的形態。這類上衣是袖根寬鬆，袖口收小的款式，多為對襟式，但因裁剪寬鬆，兩領也可疊穿。

三、哲宗朝（1086~1100年）

在哲宗一朝，過去士族階層女子流行的小袖服裝樣式已受到逐步富裕崛起的市民階層青睞，迅速普及流行開來。河南白沙宋墓1號墓的壁畫上，對這類女衣形式多有展現。如《梳妝圖》壁畫中，居中女子揚舉手臂戴冠，正可展現衣袖寬鬆的袖根部分與收得極窄小的袖口部分。對照該墓題記與地券文字可知，墓主趙大翁葬於北宋元符二年（1099年），當屬沒有官職功名的富裕百姓階層。[①]

安徽南陵鐵拐宋墓出土的衣物中，恰有多件對襟短衫的實物，維持寬身闊袖的鬆緩樣式，袖口卻縮得頗小。墓主安康郡太君管氏為北宋名臣徐勣之母。她大約在徽宗朝崇寧年間（1102~1106年）去世，但這些衣裝並未追逐徽宗朝年輕女子流行的

①宿白，《白沙宋墓》[M]，北京：文物出版社，1957。

《梳妝圖》壁畫（摹本）
河南白沙宋墓1號墓出土

「時世妝束」，仍維持著她青年時代的舊樣，帶有一定前代的妝束風格。

此外尚需一提，北宋中期以來，以往女性流行的長披衫衣式逐漸和正裝「背子」合流，成為僅次於大袖的正式衣物。如神宗元豐四年（1081年）司馬光為士庶制定禮儀規制的《書儀》一書中，再次提及「背子」這種衣物，女性在笄禮[1]中便需穿用背子，服喪時也以背子作為僅次於大袖的正式衣物。[2]這種衣式的具體式樣，大概類似管氏墓中出土的一件半袖衣，它仍維持五代宋初的褒博寬大式樣，穿著時，下擺垂及腿部，而其袖展也進一步延長——這大概是因為原來背子是罩穿在大袖之外，隨著大袖升格為禮服，而背子作為次一等的正裝，內襯的衣物變作小袖衫子，背子的袖長可以不必為袖口展開的大袖讓步，於是得以進一步延長。

直到哲宗時代，背子仍具一定的正裝意味。史載向太后（宋神宗皇后）在其子宋哲宗晨昏定省時，必定要穿背子；如果只穿日常服裝而未及穿上背子，她就會道歉謝罪不已。有人問道：母親見兒子，何必這般謙恭？向太后卻認為，哲宗雖年幼，卻是國君，即便作為母親，也不宜用輕慢的禮儀見國君。[3]

①編按：古代女子年滿十五歲舉行的成年禮，自此開始盤髮插笄，以示成年，可婚嫁。

②北宋．司馬光《書儀》：「（笄禮）賓致祝詞後為之加冠、笄，贊者為之施首飾，賓揖笄者，適房，改服背子。（斬衰）用極粗生布為大袖及長裙，布頭須惡竹髮布蓋頭，粗麻履，眾妾以背子代大袖。（齊衰）婦人以布稍細者為背子及裙，露髻，生白絹為頭須蓋頭，著白履。」

③《宋會要輯稿．后妃一》：「哲宗晨昏定省，（向太后）乃必衣背子見之。一日偶供不逮，止服常服，乃遜謝不已。或曰：『母見子何過恭？』后曰：『子雖幼，君也；母雖尊，以慢禮見君，可乎？』」

▼

宋刻本《書儀》

中國國家圖書館藏

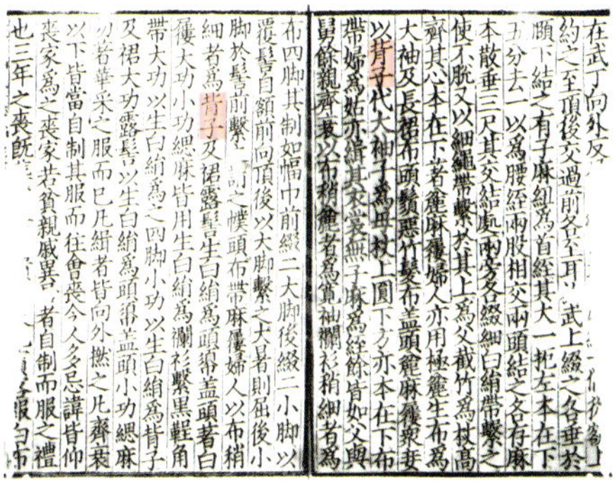

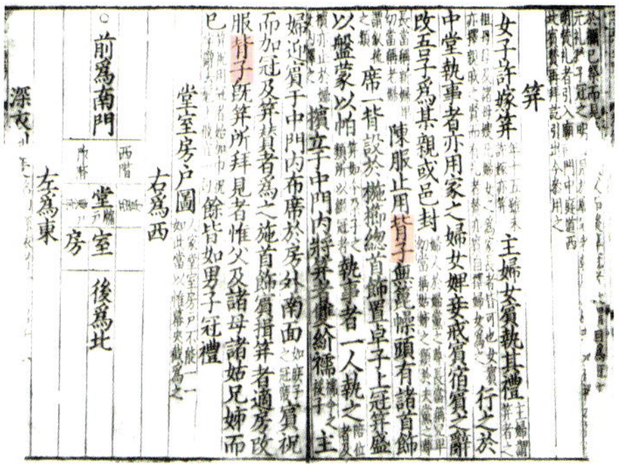

1

宋哲宗朝女性妝束形象

髮式與妝容：據時期壁畫、首飾實物組合推測。

服飾：安徽南陵鐵拐宋墓出土了完整成套的服飾實物。這裡在文物基礎上，參考同時期流行紋飾色彩進行設計繪製。

1 抹胸與褲裝：穿在最裡層的衣物。因外裙腰身較短，褲裝也偶爾會露出。

2 印花黃絹小袖：袖根寬鬆、袖口收窄、衣身兩側開衩的短上衣。這類小袖一般用作日常衣物，或襯穿在正式衣物下。

2

❹

❸

❸百疊裙：有細密褶皺的裙裝，裙腰收得很短，僅可圍身一周。

❹綠羅背子：極寬大的長外衣，衣身兩側開衩，看似半袖，實際穿著起來披垂在身，袖端也達到大約手腕部位。這類款式在北宋中後期已日漸普及，但仍是較正式的款式。

元祐八年（1093年）上元節，丞相呂惠卿的夫人參與宮中舉辦的宴會，出宮後向親友述說宮中情形，稱出席宴會的太皇太后高氏、太后向氏穿黃背子，衣無華彩；哲宗之母太妃朱氏則穿紅背子，上用珍珠作為裝飾。[①]可見這時背子仍被上層當作正式衣裝。

背子與日常服裝的差別在同時代文物中反映得頗為清晰。如河南方城金湯寨北宋紹聖甲戌年（1094年）范通直墓[②]出土的石雕女像，一位雙手袖於懷中的年長女性，頭戴冠，小袖衫外罩穿一件袖口更寬、下擺垂及足的背子；而另一位頭梳雙鬟的少女，則身著對襟短衣，攔腰繫一條褶裙。

揚州出土的一方「宋故邵府君夫人王氏之像」線刻畫像[③]，同樣將背子與衫子的差別展現得相當明確。侍奉在側的婢女穿小袖短衫，下繫褶裙；坐於椅上的主母王氏則在衣外罩了一件更為寬敞的背子。

①北宋·李廌《師友談記》。

②劉玉生，〈河南省方城縣出土宋代石俑〉[J]，《文物》，1983，(8)。

③吳雨窗，〈揚州出土的宋代石刻線畫〉[J]，《文物》，1958，(4)。

▼

石俑

范通直墓出土

北宋紹聖甲戌年（1094年）

河南博物院藏

▲

宋故邵府君夫人王氏之像

江蘇揚州出土／江蘇省博物館藏

但也是在哲宗朝，這種原被貴族女性作為正式服裝的背子，正逐漸失卻威儀，進一步下移成為民間女性的衣物。

在山西高平開化寺大雄寶殿殿內，保存有元祐七年（1092年）至紹聖三年（1096年）間繪製的壁畫，下部繪有多組當時女供養人的群像，榜題均為「邑婆某氏」，應當都是較為富裕的民間女性。她們所穿的背子領口開敞，從肩部披掛而下，有的更採用近乎透明的紗羅質地裁製而成，透出了內穿的衫子。

在哲宗朝後期，隨著背子愈加普及，甚至連底層樂伎都敢於大膽穿用。如在河南登封黑山溝村北宋紹聖四年（1097年）李守貴墓[①]壁畫中，就繪有兩名樂伎，吹笙者穿淺黃色背子，拍板者穿粉色背子；在山西平定姜家溝宋墓[②]壁畫中，一班樂伎更為齊整，也均穿有紅或白色背子。

①鄭州市文物考古研究所、登封市文物局，〈河南登封黑山溝宋代壁畫墓〉[J]，《文物》，2001，(10)。

②商彤流，袁盛慧，〈山西平定宋、金壁畫墓簡報〉[J]，《文物》，1996，(5)。

女供養人群像

北宋壁畫／山西高平開化寺大雄寶殿

◀

穿背子的眾樂伎

宋墓壁畫／山西平定姜家溝

①張耒《柯山集拾遺》卷九：「古者尊卑共朝，貴賤聚享，不問而知其官，不察而知其別，今也貴賤錯陳，上下共處，而冠服一概，雖略有所別，然不問不知其官，不察不知其別。」

當時大臣張耒在上書哲宗的〈衣冠篇〉一文中，不滿地描述了這種衣冠失等的情形——以往人們不用問，便能憑借衣冠辨認尊卑貴賤；如今上下貴賤冠服一概，哪怕略有細節不同，依舊是難以辨認身分了。①

▲

穿背子的眾樂伎

李守貴墓壁畫／河南登封黑山溝村，北宋紹聖四年（1097年）

紅藕香殘玉簟秋。輕解羅裳，獨上蘭舟。
雲中誰寄錦書來，雁字回時，月滿西樓。
花自飄零水自流。一種相思，兩處閒愁。
此情無計可消除，才下眉頭，卻上心頭。

——李清照〈一剪梅〉

這首詞是李清照與丈夫趙明誠新婚後的別曲之一。裳即是裙的雅稱，「輕解羅裳，獨上蘭舟」一句，或解釋為李清照解下因長度過長而不便的羅裳，或解釋為輕挽起羅裳，自然都是為登舟之便。

不過，若是對照當時的裙裝式樣來看，是不必作如此曲折補筆的——裙裝的基本功能，是繫在外層將內衣遮蓋。而北宋中期大約在宋神宗朝以來，女性就捨棄了往昔大口開襠的寬袴加外罩襜裙的內

①江鄰幾《醴泉筆錄》記司馬光言：「婦人不服寬袴與襜，制旋裙必前後開胯，以便乘驢。其風始於都下妓女，而士大夫家反慕之。曾不知恥辱如此。」

衣搭配，在出行時選用更為輕便、如男子所穿式樣的合襠直筒褲，外罩的裙也在前後增加開衩——之所以如此，據說是為了便於出行時兩腿分開騎在驢上。這種裙式不再具備遮掩內衣的功能，成了一層形式化的裝飾。

北宋名臣司馬光甚至就此大加抱怨，言稱這樣的服裝風潮起始於汴梁城中的妓女，士大夫家的女眷紛紛仿效，可謂傷風敗俗、不知羞恥。①雖文人對這一起始於市井的時尚頗為不屑，它卻在仕宦之家的女眷中迅速流行開來。

對照前引白沙宋墓壁畫《梳妝圖》中女子妝束來看，當時裙裝也有一種在世俗流行與道德規範之間的折衷穿法：在褲裝之外先圍繫一條較短且不加裝飾褶的實用裙裝，用於掩蓋褲裝不宜外露的褲襠部分；再在外部繫以裝飾性的流行裙式。後者仍是經典的褶裙式樣，實物仍可舉安康郡太君管氏墓出土的一例：裙腰下壓極細密的褶襉[ㄐㄧㄢˋ]，只是裙腰卻大大縮短，僅足夠繫腰，正是時人所謂「窄窄羅裙短短襦」（文同〈偶題〉）。暗減的裙腰，可將身形襯得更顯細瘦，於是當時又有「芳草裙腰一尺圍」（賀鑄〈攤破木蘭花〉）、「一尺裙腰瘦不禁」（賀鑄〈思越人〉）的誇張說法。

穿著這種窄裙時，需將裙腰從身後向前圍繫，使裙片兩端於身前相接，穿著時若靜立不動，則垂下的裙片恰好合圍身前；若是行步向前或身姿出現起伏變化，則裙片會向身後分開，自然留出了開衩。

再來看「輕解羅裳」一句——穿一身宋朝時裝的李清照，「獨上蘭舟」時由靜轉動的一瞬，使得長裙在身前「輕解」分開，原是自然而然的事。

四、帔帛的禮制化

宋人筆記《錢氏私志》有一則極風雅的傳說：中秋之夜，時任翰林學士的王珪正在值夜，被宋神宗召來禁中賜酒，神宗令左右宮嬪各取領巾、裙帶、團扇、手帕等物件求詩。王珪有求必應，揮筆不停，不僅盡出新意，更稱其所長：美貌者稱讚其容色，美目者則讚其眼波，令皇帝與妃嬪盡歡，妃嬪更紛紛摘下頭上珠花，作為學士的潤筆之費。①

在領巾上作詩題詞，是北宋文人樂見的風流舉止，當時又見有蘇軾〈題領巾絕句〉、黃庭堅〈如夢令·書趙伯充家上姬領巾〉等。領巾既能供書寫，自是有一定寬度的絹帛之屬。

若對照筆記文字來看，可進一步得知它是當時女裝配件「帔」在唐宋時的別稱。

唐代女性流行在裙衫之外披掛一條長帛製成的帔帛，質地輕薄，披掛於頸肩，縈繞在臂間，披拂而下。唐人筆記《酉陽雜俎》所記楊貴妃領巾上遺留熏香經年不散的傳說，仍為宋人熟知。宋初時《太平廣記》收錄一則「崔生」故事，也是講述書生娶天女為妻，天女擲下領巾變作五色虹橋，供愛人逃避術士追捕。關於領巾的想象雖然奇幻神異，但它仍是以衣裝的現實樣態為基礎。

領巾的風尚在北宋依舊延續了很長一段時間。及至神宗朝，也不只宮中仍存領巾制式。如四川新津元豐四年（1081年）王公夫婦墓中出土的一件女俑，即便是作戴冠穿背子的正式裝扮，也仍不忘再在肩上披掛一條長長的領巾。在神宗元豐七年

①宋·錢世昭《錢氏私志》：「岐公在翰苑時，中秋有月……上悅甚，令左右宮嬪各取領巾、裙帶、團扇、手帕求詩……來者應之，略不停綴，都不蹈襲前人，盡出一時新意。仍稱其所長，如美目者，必及盼睞，人人得其歡心，悉以進量。上云：『豈可虛辱？須與學士潤筆。』遂各取頭上珠花一朵，裝公幞頭。簪不盡者，置公服袖中，宮人旋取針線縫聯袖口。」

女俑

王公夫婦墓出土／四川新津元豐四年（1081年）

①煙台市博物館，〈山東萊州南五里村宋代壁畫墓發掘簡報〉[J]，《文物》，2016，(2)。

（1084年）的山東萊州南五里村宋墓[①]壁畫中，無論是備宴的廚娘還是演樂的樂伎，也都是上著衫、下繫裙、肩搭帔帛的形象。

宋人李元膺詞作中尤見領巾之風致——「屏帳腰支出洞房，花枝窣地領巾長。裙邊遮定鴛鴦小，只有金蓮步步香」（〈十憶·憶行〉），長長的領巾披垂在地，隨佳人步履輕移而顯現出靜美的韻味；而在清明時節姊妹相約盪鞦韆時，為防衣物礙事，也要「先緊繡羅裙，輕衫束領巾」，再登上鞦韆，「瑣繩金釧響，漸出花梢上。笑裡問高低，盤雲彈玉螭」（〈菩薩蠻〉）。

但隨著大袖被升格為禮服，以往與其搭配的領巾也勢必需要區分出一個更為禮制化的式樣。它在北宋中後期以「霞帔」之名出現，區別於輕薄飄逸的領巾，採用更厚重的錦繡織物裁作條帶，從後背披垂過肩，平展地垂在胸腹之前。為了使它不再揚起，底端往往還要再掛一個金玉質地的墜子來壓住。

備宴圖與散樂圖壁畫

山東萊州南五里村墓出土／宋元豐七年（1084年）

①區別似乎在於後者會在「霞帔」等第之前加差使，如「書省紅霞帔」、「管殿紫霞帔」等。見鄧小南，《掩映之間：宋代尚書內省管窺，朗潤學史叢稿》[M]，北京：中華書局，2010。

霞帔作為女性身分等級的標誌，因此在北宋中後期的宮廷中逐漸衍生出了「紅霞帔」、「紫霞帔」這樣的內宮女官名號。她們或是曾受皇帝寵幸，或是有特殊的職事差使①，區別於一般宮女，因此被賜以佩戴霞帔的特權。如山西太原晉祠聖母殿中的北宋塑像中，侍奉在聖母邑姜側的諸位宮人，大多是肩披形態輕鬆隨意的領巾；而大約塑造

肩披領巾的眾宮人像

山西晉祠聖母殿宋塑

①南宋．程大昌《演繁露》：「曾子固〈王回母金華縣君曾氏誌〉，夫人以夫恩封縣君，以兄曾公亮恩賜冠帔也。是得封者未遽得冠帔。」

②北宋．高承《事物紀原》：「今代帔有二等：霞帔非恩賜不得服，為婦人之命服；而直帔通用於民間也。唐制，士庶女子在室搭披帛，出適披帔子，以別出處之義。今仕族亦有循用者。」

於北宋熙寧九年（1076年）的山西晉城玉皇廟玉帝殿造像中，既有小宮人是肩披領巾的形象，又特有一尊手捧印璽的御前掌事宮人，肩披形態是更為正式的紅霞帔。

接下來，霞帔又進一步為官僚階層的女性命婦所使用，甚至一度必須由皇帝特別恩賜後才可以使用，並非所有命婦都有資格穿戴。如在當時文士曾鞏為親族中的金華縣君曾氏題寫的墓誌中，提及曾氏是憑借丈夫的身分才得到縣君封號，但隨後因兄長曾公亮的緣故，得到朝廷恩賜冠帔。[①]

再後來，霞帔已經成為命婦的常禮服構件之一，民間女子卻依舊沒有資格穿戴。於是，原先作為時裝的領巾也被她們逐漸升格為搭配禮服盛裝的「直帔」[②]，而逐漸退出了日常衣裝。

▲

肩披領巾與霞帔的宮人像

山西晉城玉皇廟玉帝殿宋塑

李師師·宣和裝束

並刀如水，吳鹽勝雪，纖指破新橙。
錦幄初溫，獸香不斷，相對坐調笙。
低聲問，向誰行宿？
城上已三更。
馬滑霜濃，不如休去，直是少人行。
——周邦彥〈少年遊〉

北宋後期

韻致衣裝
成語讖

疏眉秀目，看來依舊是，宣和妝束。
飛步盈盈姿媚巧，舉世知非凡俗。
宋室宗姬，秦王幼女，曾嫁欽慈族。
干戈浩蕩，事隨天地翻覆。
一笑邂逅相逢，勸人滿飲，旋旋吹橫竹。
流落天涯俱是客，何必平生相熟。
舊日黃華，如今憔悴，付與杯中醁。
興亡休問，為伊且盡船玉。

——宇文虛中〈念奴嬌〉

這一首〈念奴嬌〉詞，為降金宋臣宇文虛中所作。靖康之難後，大量北宋宗室女子淪為金人俘虜。時移事易，一位原先的宋臣，在金國遇著已淪為樂妓的宋室宗姬，見她還是一身舊式「宣和妝束」，不由生出一番慨歎來。

所謂「宣和妝束」，狹義上是指徽宗宣和年間（1119~1126年）流行的女子衣裝打扮式樣；廣義上卻不限於此，可以涵蓋北宋末徽宗朝二十餘年間的服飾時尚。因「宣和」是徽宗最後一個年號，時代風格最為成熟，所以這一時期的妝束時尚才以「宣和」籠統稱之。

北宋後期承平已久，「豐亨豫大」的盛世風光、都城富貴，總是少不得各式各樣的新鮮流行事物來妝點。隨著以「重商」為核心的思潮逐漸興起，時尚的接受者從貴胄、士族階層，進一步擴大到市民，以及更廣泛的社會大眾。繁華的都市生活更是促成了民間大量職業女性的出現，她們不必依附於男性，憑借自身習得的技藝就能獲得體面生活[1]。她們所喜愛的衣裝以簡明幹練、線條俐落為特色，其特點是日常化和大眾化，又兼顧各種潮流細節，時時變易更新。

在這些衣裝背後，是一種熱烈狂歡式的快時尚，代表著廣大市井民眾的生活趣味。在當時汴京居民口中，習慣用一個「韻」字來概括形容，諸如時興的詞曲稱「韻令」，時鮮的果品稱「韻梅」，時尚的衣料稱「韻纈」。對一個姿容標緻、妝束新巧入時的佳人，人們自然也會誇一聲「韻」[2]。流風進而影響到社會上層，可謂是達成了一種「民眾的勝利」——如當時李清照寫少女閨情，是「一面風情深有韻」（〈浣溪沙〉）；甚至當時太宰王黼ㄈㄨˇ奉敕為徽宗寵愛的安妃劉氏撰寫〈明節和文貴妃墓誌〉這樣的正式文章，也寫有「六宮稱之曰『韻』」一句，文人並不將其視為粗鄙的市井俗語。

然而，在接踵而至的戰亂之後，昔年佳人身上種種「韻」的衣裝，卻有了個難聽的名稱——「服妖」。所謂「服妖」，不過是歷來士大夫針對原本無辜的時裝強加附會，將它們視為引發戰爭變亂

①南宋．洪巽《暘谷漫錄》：「京都中下之戶，不重生男，每生女，則愛護如捧璧擎珠。甫長成，則隨其姿質，教以藝業，名目不一。有所謂身邊人、本事人、供過人、針線人、堂前人、雜劇人、拆洗人、琴童、棋童、廚娘，等級截乎不紊。就中廚娘最為下色，然非極富貴家不可用。」

②南宋．周煇《清波雜誌》：「蓋時以婦人有標緻者為『韻』。……宣和間，衣著曰『韻纈』，果實曰『韻梅』，詞曲曰『韻令』。」

的讖言、徵兆，來為靖康之難、北宋敗亡作出種種不足憑信的迷信解釋。亡國之因本不在幾件衣飾，之所以動輒得咎，不過是求體面的士大夫們自欺欺人、不願面對真正緣由，才怨及旁物的把戲；這是一種因「大事已不可問」才無可奈何、顧左右而言他的「事後反思」。

但也恰因隨後南宋文人以「服妖」之名，追述北宋故都汴梁城中女子衣裝的筆記文字頗為豐富，才讓後人得以細緻瞭解當時「宣和妝束」的真實模樣。

一、崇寧年間（1102~1106年）

徽宗登基前數年，女性妝束大體仍繼承宋哲宗時代風格。髮式流行「大鬢方額」[①]，將額髮修得平齊方正，兩鬢梳掠成寬大撐起的狀態。這種髮式見於河南登封箭溝宋墓壁畫[②]中，與之搭配的是頂寬扁的髮髻，俗稱「盤福龍」或「便眠覺」[③]，

「大鬢方額」的女性
河南登封箭溝宋墓壁畫

①南宋·袁褧《楓窗小牘》：「汴京閨閣，妝抹凡數變。崇寧間，少嘗記憶，作大鬢方額。」

②鄭州市文物考古研究所，《鄭州宋金壁畫墓》[M]，北京：科學出版社，2005。

③南宋·徐大焯《燼餘錄》乙編：「髮髻大而扁，曰『盤福龍』，亦曰『便眠覺』。」

髻外還可罩上同樣寬大的「團冠」。

對照安徽南陵安康郡太君管氏墓中出土的一班伎樂侍奉木雕女俑像[1]、時代稍後的河南登封唐莊宋墓壁畫[2]，可見此時搭配的上衣衣式大致繼承著前朝的小袖式樣，袖根仍顯得稍寬，在袖口收窄。但她們的髮髻與冠式已愈加向上發展，下裝樣式也隱隱透露出新時尚——裙裝愈加退化，或是簡易圍在身前，或是變作背後的拖尾，甚至有人直接解去了半掩的外罩裙裝，露出了內襯的褲裝全貌。

①單雙，〈安徽南陵鐵拐宋墓出土女樂木俑賞析〉[J]，《收藏家》，2021，(7)。

②鄭州市文物考古研究院，〈河南登封唐莊宋代壁畫墓發掘簡報〉[J]，《文物》，2012，(9)。

▼

侍女木雕

安康郡太君管氏墓／安徽南陵出土

備宴侍女圖

河南登封唐莊宋墓壁畫

這種外露的褲裝，實際上是穿在不能外露的褻衣「褌」上的雙層套褲，即「袴」與「襠」。

「袴」是在兩條獨立的褲管上接腰帶，襠部不加縫合，僅用以掩腿，亦即今人所謂「開襠褲」；其形態如河南白沙宋墓2號墓壁畫中衣架上所掛的一般。該墓時代稍晚於北宋元符二年（1099年）趙大翁墓，應處於徽宗朝初年。

與開襠褲搭配，還需穿一件用以遮襠的合襠褲，宋人稱其為「襠」，是在兩個褲管間加縫一條長方形襠，將褲腰縫合在一起，即今人所謂「合襠褲」。裡外兩層褲裝，大約是北宋後期以來女裝的固定搭配，宋人籠統稱其為「襠袴」。

衣架上的「袴」

河南白沙宋墓2號墓壁畫

宋徽宗朝崇寧年間女性妝束形象

髮式、妝容與服飾均據時期壁畫繪製。

服飾：上著窄袖短衫，內繫抹胸，下著襠褲。這是當時民間女性的常見打扮。

二、大觀年間（1107~1110年）

王燕雙雙撲鬢雲，碧紗衫子鬱金裙。

神仙宮裡驂ㄘㄢ鸞女，來侍長生大帝君。

——王安中〈進鄭貴妃詩〉

這是大觀年間的一次宮中燕飲[①]，依附徽宗寵臣蔡攸的文人王安中正在席上。當時徽宗寵妃鄭氏露面，她身上的新樣時裝首飾極為引人注目，蔡攸即吩咐作詩奉承，王安中進上該詩，讚美鄭妃衣飾時，又將其比作神女，藉機奉承信奉道教的徽宗為長生帝君，徽宗大喜[②]。此後，隨著鄭貴妃正位中宮、成為徽宗的第二任皇后，此詩也流傳出宮，傳為吉兆。鄭妃的新樣時裝，由詩筆寥寥文字勾勒描繪，終究難以看分明。但借助同時期的其他文字記載與文物形象，可以進一步猜想其樣態。

在崇寧、大觀之交，女性衣式出現的新趨勢是全面向緊窄化發展。[③]這種時尚起自民間女性，她們為方便日常勞作，往往將衣衫裁得短且瘦窄，袖形也一改以往士族階層女眷流行小袖衣的大袖根、小袖口式樣，整體都貼著手臂收得極窄。

這種式樣進而卻為更高的階層所欣賞仿效。如河南新密平陌北宋大觀二年（1108年）墓[④]的一幅對鏡梳妝圖中，一個身著家常衣裝的美人正坐於床帳下，床前又立一張擺放鏡台與梳妝用具的「梳洗床」——這是高足坐具初始在民間普及的時代，但士大夫之家的女眷仍視垂足坐在高足椅上為不雅，習慣採用更傳統的坐具「床」；於是士大夫家庭總是常備疊放在床

①編按：即宴飲，宴會飲酒。

②南宋．徐夢莘《三朝北盟會編》卷第五十四引〈幼老春秋〉，鄭氏在政和元年（1111年）被立為皇后。又北宋．張邦基《墨莊漫錄》引為政和七年（1117年）立春之時，王安中為後宮妃嬪所進的帖子詞，字句略有不同，為「玉燕翩翩入鬢雲，花風初掠縷金裙」。

③南宋．徐大焯《燼餘錄》乙編：「崇寧、大觀間，衣服相尚短窄。」

④鄭州市文物考古研究所、新密市博物館，〈河南新密市平陌宋代壁畫墓〉[J]，《文物》，1998，(12)。

▲

《對鏡梳妝圖》壁畫

河南新密平陌墓出土／北宋大觀二年（1108年）

①南宋·陸游《老學庵筆記》：「徐敦立言，往時士大夫家，婦女坐椅子、兀子，則人皆譏笑其無法度。梳洗床、火爐床家家有之，今猶有高鏡台，蓋施床則與人面適平也。」

上供擺設用品的小床，梳洗床即是其中之一。[①]

該圖中呈現出的是士族女性的生活態度，美人揚舉起手臂戴冠，恰可現出衫袖瘦窄的形態。為了將身形進一步襯得纖長秀麗，髮型妝面也已悄然改換新樣——收小的髮髻挽在頭頂，髮冠作瘦窄立起的「山口冠」，額髮中分，鬢髮也不再梳得隆起，而是沿面部輪廓盤挽出俐落的弧線。面部是不作太多粉飾的淡妝，眉式也畫得細窄。

甚至這時作為女性正裝的背子，也不再具備之前「袖短於衫」、「大袖」的特徵，窄窄長袖罩住手臂，不再露出內衫袖口，只是仍舊長身及足。如平陌宋墓另一幅《引路升仙圖》壁畫中，跟隨在引路仙人後盛裝打扮的女墓主身上所穿。又有山西晉祠聖母殿中的幾尊侍女造像，不同於其餘多位寬衫長裙、肩搭帔帛、作舊樣妝束，這幾尊大概是徽宗朝所補塑，改換了當時的時新妝束——無論是內搭的短衫子還是披垂在外的長背子，腰身部分都顯得極纖長瘦窄，衣袖也緊緊貼著手臂，不留任何寬鬆的餘地。

▼
《引路升仙圖》壁畫
河南新密平陌墓出土／北宋大觀二年（1108年）

◀

宋徽宗朝大觀年間女性妝束形象

髮式、妝容與服飾均據時期詩文記載、繪畫、雕塑組合繪製。頭梳特髻，身著碧紗衫子，繫鬱金長裙。

時裝宮人像

山西晉祠聖母殿宋塑

時尚雖然偏於庶民化，但並不妨礙它為宮廷貴胄所欣賞仿效。甚至當時後宮女性也暗中改換了窄衣——徽宗所寵愛的鄭貴妃，自然應是作這般妝束。甚至「官家」徽宗自言「家」事，在他親筆所寫的〈宮詞〉中，滿懷欣賞地讚美起這種時裝風潮：

窄衣偏稱小腰身，近歲妝梳百樣新。

舊日宮娃多竊笑，想應曾佔惜年春。

纖眉丹臉小腰肢，宜著時新峭窄衣。

頭上宮花妝翡翠，寶蟬珍蝶勢如飛。

新樣梳妝巧畫眉，窄衣纖體最相宜。

一時趨向多情逸，小閣幽窗靜弈棋。

三、政和年間（1111~1118年）

淺淡梳妝，愛學女真梳掠。艷容可畫，那精神怎貌？鮫綃映玉，鈿帶雙穿纓絡。歌音清麗，舞腰柔弱。

宴罷瑤池，御風跨皓鶴。鳳凰台上，有蕭郎共約。一面笑開，向月斜褰朱箔。東園無限，好花羞落。

——袁綯〈傳言玉女〉

政和年間，教坊判官袁綯為權臣蔡京撰寫〈傳言玉女〉一詞，蔡京又將該詞獻與徽宗。

徽宗見到第一句「淺淡梳妝，愛學女真梳掠」，頗覺不喜，提筆將「女真」二字改為「漢宮」。[1]這則徽宗改詞的故事，正牽涉著當時女性衣飾的重大變化，即來自北方異域的「女真妝」大為流行。

於髮式來看，宋女移用北方民族特色髮型[2]，流行起「急把垂肩」[3]，即直接束辮髮盤繞垂肩的式樣[4]。這大概同樣是基於民間勞動女性對便利的需求——辮髮要比盤綰髮髻更省時，維護打理起來也更省力。

於服裝而言，實際上款式的大要未變，時尚變易多體現在細節處。如女性間流行起一種來自契丹的特色服裝「釣墩」，亦即所謂連襪褲，無腰無襠，只是兩個連著襪的褲腿，以帶子繫掛於腰。這原是一種方便騎馬的式樣，成為宋朝女性喜愛的時尚單品後，大概風氣太過泛濫熱烈，甚至引來了朝廷的明令禁止[5]。

①元・陶宗儀《說郛》引南宋・朱弁《續骫骳說》：「政和中，袁綯為教坊判官，制撰文字。一日，為蔡京撰〈傳言玉女詞〉，有『淺淡梳妝，愛學女真梳掠』之語。上見之，索筆改『女真』二字為『漢宮』，而人莫解。蓋當時已與女真盟於海上矣，而中外未知，帝惡其語，故篡易之。」

②金・宇文懋昭《大金國志》：「金俗好衣白，辮髮垂肩，與契丹異，垂金環，留顱後髮，繫以色絲，富人用金珠飾。婦人辮髮盤髻，亦無冠。」

③南宋・袁褧《楓窗小牘》：「政宣之際，又尚急把垂肩。」

④宋末元初・城北遺民《燼餘錄》甲編：「道君時朝野詩歌皆成詩讖。……束髮垂腦，謂之『女真妝』。」

⑤《宋史・輿服志》：「（政和七年）是歲，又詔敢為契丹服若氈笠、釣墩之類者，以違御筆論。釣墩，今亦謂之襪袴，婦人之服也。」

穿釣墩的雜劇女藝人丁都賽
中國國家博物館藏

四、宣和年間（1119~1126年）

牡丹橫壓搔頭玉，眼尾秋江剪寒綠。
金翠冠梳抹且肩，正是宣和舊妝束。
腰肢一搦不勝衣，當時宜瘦不宜肥。
三千想見無顏色，偏有親題御制詩。
蔡攸恢復燕山府，曾索君王不曾許。
蕭條萬里去中原，偶見花枝淚如雨。
卻將換米向三韓，遂令流落在人間。
道君一顧曾傾國，今人休作等閒看。

——郝經〈題宣和內人圖〉

金元時期大儒郝經曾見著一張來自北宋宮廷畫院的《宣和內人圖》，畫上美人腰肢纖細，身著宣和年間的時裝，不由使他感慨起王朝盛衰及美人因戰亂流落的命運。

該畫雖未見流傳至今，但對照若干記載仍可發現，清宮舊藏一幅題為南宋末畫家錢選所繪的《招涼仕女圖》，實際上作者可能是北宋宮廷畫院的無名畫師，表現的也恰好是一對「宣和內人」：草叢山石之間，幾莖木香開著淺淺黃花，兩名女郎相攜並肩立於花石之側：一個戴半透明山口高冠，綠抹胸外罩一件短襟窄袖的白衫子，領內垂下紅綠二色衿帶直至腳邊，她正抬手移扇望向畫外人；另一個頭上同樣冠山高聳，外罩一方蓋頭將冠整個兒罩住，繫紅頭須、簪鳳釵，上身是紅抹胸、墨綠衫子，垂下白衿帶，下著襠袴，透過外層長褲的側邊開衩，還可以看到內層的褲管，開衩處繫有紅線纏繞的花結，她卻不看人，只

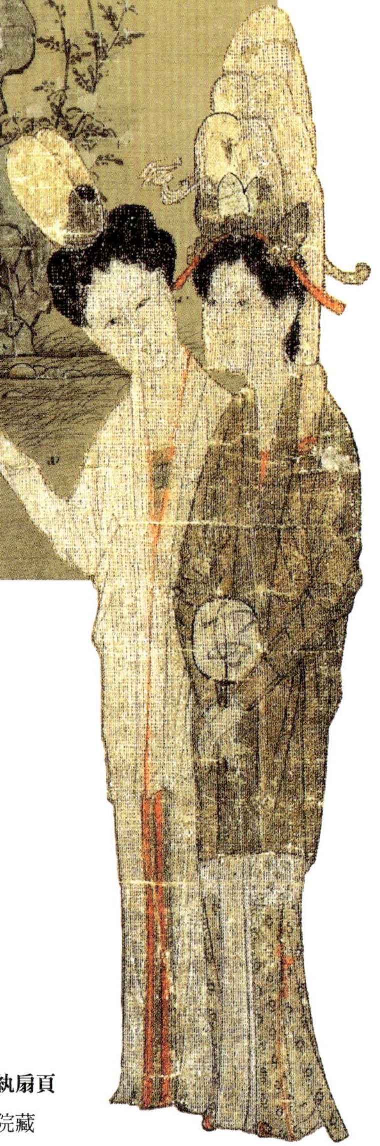

《招涼仕女圖》紈扇頁

台北故宮博物院藏

拿一柄草書「安」字的團扇在身前。

畫上兩位美人的身上，均是有文字紀錄可對照的宣和當世流行妝束。其中戴蓋頭的美人似乎身分較只戴冠的更尊貴些，如《東京夢華錄》中記北宋汴京城裡媒人的衣裝，上等媒人戴蓋頭，中等媒人戴冠子或包髻[①]；而她們所梳髮式，名為「雲尖巧額」，是將額髮分縷分層，依次盤繞在額邊作雲狀起伏；在鬢邊撐起金鳳，也是貴家的時興做法。至於當時小戶人家的女子，也能用剪紙來襯起頭髮。[②]

至於衣衫，當時無論是閨閣女子，還是鄉野婦人，都偏好更趨緊逼狹窄的式樣。上衣下擺左右前後四側雖有開衩，卻又加裝紐帶扣合，如四面城門闔上一般，因此得名「密四門」。甚至後來的南宋人因此認為，這是預示金軍圍困汴梁、京城四門緊閉的不祥徵兆。而下衣的外層褲裝「襠」，此時也在已變得緊窄的褲管兩側增加了開衩，以便穿脫，又進一步增加了兩層褲裝疊穿時的層次感。開衩上還加絲縧、綴帶或紐扣繫結，進一步繞出繁複的裝飾花結，這種式樣名為「便襠」或「任人便」。[③]

甚至美人身上的墨綠衣色，也可謂是「宣和經典色」。宋人對此有著深刻印象——南宋文學家樓鑰之母、封號同樣為安康郡太夫人的汪氏（名慧通，字正柔），生於北宋大觀四年，在汴京城中度過了她的少年時代，得以見到宣和、靖康年間的節俗好尚。據她所言，茶褐、墨綠等服飾染色，都出自北方塞外，在宣和年間因宋聯金滅遼，才逐步在都城中流行起來。[④]流行之風吹到南宋，在詞人筆下，仍有「墨綠衫兒窄窄裁，翠荷斜嚲領雲堆」的歌姬（黃機〈浣溪沙〉）。

①南宋．孟元老《東京夢華錄》：「其媒人有數等，上等戴蓋頭，著紫背子，說官親宮院恩澤；中等戴冠子、黃包髻，背子，或只繫裙，手把青涼傘兒，皆兩人同行。」

②南宋．袁褧《楓窗小牘》：「宣和以後，多梳雲尖巧額，鬢撐金鳳。小家至為剪紙襯髮。膏沐芳香，花靴弓履，窮極金翠。一袜一領費至千錢。」

③南宋．徐大焯《燼餘錄》乙編：「宣靖之際，內及閨閣，外及鄉僻，上衣逼窄稱其體，襞開四縫而扣之，曰『密四門』；小衣逼管開縫而扣之，曰『便襠』，亦曰『任人便』。」

④樓鑰《攻媿集》卷八五〈亡妣安康郡太夫人行狀〉：「後得《夢華錄》，覽之曰，是吾見聞之舊。且謂今之茶褐墨綠等服，皆出塞外，自開燕山，始有至東都者，深歎習俗之變也。」

當然，如此時裝大約依舊是先流行於市井，最終才傳開來。如河南洛陽偃師酒流溝宋墓出土的一組磚雕，分別刻了四位廚下侍女，線條俐落的衣裝搭配山口高冠、雲尖巧額、便襠花結等時尚細節，竟和宮廷畫院繪製的美人一致。

宋人筆記中還可見到當時汴京廚娘的具體情形。據洪巽《暘谷漫錄》中所記故事，當時一位地方官員久慕京城做派，請一位來自京城王府的廚娘操辦宴席，廚娘「更圍襖圍裙，銀索襻ㄆㄢˋ膊」，做幾樣家常菜，用度卻極奢侈，向主人家索求的賞錢也極多——這樣的職業女性，自然比深鎖宮中的內人們更有機會去感知時尚，也有本錢去講究衣飾穿戴。

▲

穿時裝的廚娘

偃師酒流溝宋墓磚刻拓片／河南洛陽

◀

穿時裝的女藝人

石函線刻／北宋宣和二年（1120年）

宋徽宗朝宣和年間女性妝束形象

髮式、妝容與服飾均據時期詩文記載、繪畫組合繪製。

服飾：頭戴山口冠，梳雲尖巧額，身著「密四門」墨綠衫子，下著「任人便」款式襠褲。

五、宣靖末年（1126~1127年）

篤耨清香步障遮，並桃冠子玉簪斜。
一時風物堪魂斷，機女猶挑韻字紗。
——劉子翬〈汴京紀事〉

宣和妝束發展到宣和末年，又是一變。

女郎頭上所戴山口高冠已成過去式，改為流行整體捲作桃形的圓冠。宮廷女性又移用道家修行者喜愛佩戴的道冠式樣，作出形如雙桃並列、面上塗漆的「並桃冠」[①]。織物也流行起桃的紋樣，被稱作「遍地桃」或「急地綾」。[②]因「桃」諧音「逃」，後來戰亂時百姓們遍地逃竄，被認為相應在此處。

諸多新裝款式也逐漸在汴京城中流行開來。當時無論士庶，均喜愛在腰上繫以鵝黃帛巾製作的腹圍，稱為「腰上黃」，它後來被認為諧音「邀上皇」，應在後來徽宗被金軍以「邀請」名義俘虜至青城宮金營之事。

一種名為「不制衿」的上衣樣式也自宮廷中傳出。其特徵是束身短小、身前兩條對襟直垂，不另加衣衿、紐帶束繫，穿著時任由兩襟鬆敞在身前，因此得名「不制衿」，後來被人諧音附會為「不制金」，應驗在金兵攻破汴梁滅亡北宋之時。[③]

不過，對照實際服裝款式來看，「不制衿」或許是一種早已出現的時尚，即便從長干寺大中祥符四年（1011年）所出的服裝實物算起，至徽宗之宣和，也已逾一個世紀；或可將宋人記載中這種北宋

①南宋．劉一止《苕溪集》〈雙桃驗服妖〉詩自注：「宣和宮女頭作冠，雙桃相並，謂之『並桃冠』，人以桃音逃，為今日之讖。」

②兩宋之交．趙令畤《侯鯖錄》：「宣和五、六年間，上方織綾，謂之遍地桃，又急地綾。漆冠子作二桃樣，謂之並桃。天下效之，香謂之佩香。至金人犯闕，無貴賤皆逃避，多為北賊虜去，亦此讖也。」南宋．陸游《老學庵筆記》卷九：「政和、宣和間，妖言至多。織文及纈帛有遍地桃，冠有並桃……議者謂：桃者，逃也。」

③南宋．岳珂《桯史》卷五〈宣和服妖〉：「宣和之季，京師士庶競以鵝黃為腹圍，謂之腰上黃；婦人便服不施衿紐，束身短制，謂之不制衿。始自宮掖，未幾而通國皆服之。明年，徽宗內禪，稱上皇，竟有青城之邀，而金虜亂華，卒於不能制也，斯亦服妖之比歟！」

末新時尚，視為人們對較高等的正裝「背子」的日常化移用——原本背子就是披罩在外，對襟在身前鬆敞開來，裝飾意義大過實際意義。它在哲宗朝之際已開始下移普及，到了徽宗宣和年間，已是人人都把背子當日常服裝來穿。[①]背子「不制衿」的形式特徵，這時也逐漸被使用在了旁的衣物上。

隨著金軍南下，內憂外患交加，徽宗退位，其子欽宗即位，改元靖康。當時織物、首飾、服飾流行起裝飾元素繁複的「一年景」紋樣，即把一年中幾個重大節日的元素和四季花卉匯集到一處，作成一景 。[②]

隨著金人攻陷汴梁，宋欽宗的靖康紀元果然只一年而止，於是「一年景」也被視為了不祥的服妖。發展得轟轟烈烈的「宣和妝束」霎時為一盆冷水澆滅，若干衣裝名物從此成為宋人不願正視、只肯諉過的犧牲品。

①如《大宋宣和遺事》：「是時底王孫、公子、才子、佳人、男子漢，都是子頂背帶頭巾，窣地長背子，寬口褲，側面絲鞋，吳綾袜，銷金長肚，妝著神仙。」

②南宋・陸游《老學庵筆記》卷二：「靖康初，京師織帛及婦人首飾衣服，皆備四時。如節物則春幡、燈球、競渡、艾虎、雲月之類，花則桃、杏、荷花、菊花、梅花皆並為一景，謂之一年景。」

一春長費買花錢。
日日醉湖邊。
玉驄慣識西湖路，驕嘶過，沽酒樓前。
紅杏香中簫鼓，綠楊影裡鞦韆。

暖風十里麗人天。
花壓鬢雲偏。
畫船載取春歸去，餘情付，湖水湖煙。
明日重扶殘醉，來尋陌上花鈿。

——俞國寶〈風入松〉

南宋前期

故人南北一般春

山外青山樓外樓，
西湖歌舞幾時休。
暖風熏得遊人醉，
直把杭州作汴州。

——林升〈題臨安邸〉

靖康之難後，宋室南渡，慘澹經營，宋高宗終於得以用屈辱和議、俯首稱臣與大額歲幣財帛換來一隅偏居。雖然付出的代價實在慘痛，但繁榮富庶的江南地區仍能夠維繫君臣苟安、湖山歌舞。

家國之變同樣累及諸女子。她們的苦難不只來自作為入侵者的金軍，更來自那些倉皇從鐵蹄下逃出、好不容易才得以苟安的宋朝鬚眉男兒。曾經那一班「業儒」的才說出「餓死事小、失節事大」的話[①]，卻在靖康後隨著儒家理學的正統化，逐漸成為一種要求女性普遍遵守的規則；曾經僅限於宮廷上層部分被「玩物化」的帝姬宮人的纏足陋習，也在南宋被普及到庶民階層以下。纏了足的、頭重腳輕的女性，再沒

①魯迅《我之節烈觀》。

①《宋史·輿服志》：「中興，掇拾散逸，參酌時宜，務從省約。凡服用錦繡，皆易以纈、以羅。」

②《朱子語類》卷九一〈雜儀〉。

③南宋·李心傳《建炎以來朝野雜記》甲集卷九。

有往昔駿馬上、舞席間的風姿，即便改換輕羅的衣衫，也仍舊襯不起她們被迫沉滯的生命。

女性身受精神與肢體的雙重痛苦，無疑會導致她們在妝束時尚上的創造力被嚴重削弱。在南宋的很長一段時間裡，女服的輪廓式樣都相對固化，變易不多。即便是宮廷女性、士族女性，衣飾風格也和庶民接近，只是可能使用的材料更貴重，紋飾更精美。

但與此同時，南宋人的處事心態與生活境遇都已經大異於北宋人，服飾觀念不得不有所改變。由於南北戰和未定，有著「中興」、「光復」的背景在，一切制度，包括服飾，都一度被要求便宜行事、從權從儉[①]；同時，因城市商業迅猛發展，不同的社會階層都能參與金錢消費，服飾背後的身分等級秩序有所消解，呈現出「衣服無章，上下混淆」[②]狀態——貴族官僚、士大夫階層的女性，大可以用儉素的理由嘗試民間的簡便衣裝；市井倡優出身的女性，又時常敢於僭越，享受原屬禁制的衣物用度。時尚依然在上下流動中展現出活力。

一、高宗朝（1127~1162年）

南宋政權草創的十餘年間（1127~1141年），國家多難，南北戰火連綿，動蕩的戰局使宋人忙於抗敵禦侮，無暇顧及衣飾，一切以簡便為尚；朝廷也下詔嚴行禁止民間服飾儀物僭越奢侈。連當時士大夫也感喟道：「蓋自渡江以來，人情日趨簡便，不可復故矣。」[③]

在兩次紹興和議[①]、定都臨安之後，南宋逐步形成了偏安局面。次年，高宗自認「天下幸已無事」[②]，種種禮樂復置，「皆如承平時」；而國家的第一要務，便是恢復農桑。

當時地方官員樓璹ㄕㄨˊ向高宗進呈詳細描繪農夫、蠶婦全年勞作歷程的《耕》、《織》二圖，高宗對此大為讚賞，又命畫工廣作摹本。

其中一卷《織》圖摹本，更是由吳皇后親筆註解[③]。畫面上辛勤勞作的蠶婦織女，均是樓璹據鄉野寫實所繪，反映著南宋紹興初年民間儉約樸素的著裝風格：在基礎的抹胸與襠褲之上，衫子作窄袖短身式樣，兩襟或是鬆敞在身前，或是疊作交領；衣外還可再繫上長裙。她們的裙裝並非以往層疊密集褶皺的式樣，而多採用更為儉省的平片裙式略壓幾道褶皺。

而同時期宮廷女性的妝束，竟也和鄉野農婦差異不大。高宗在其晚年成為太上皇之後，曾授意畫院創作一卷政治宣傳畫《中興瑞應圖》。它以高宗朝名臣曹勛於乾道七年（1171年）十月至淳熙元年（1174年）間所作的贊文為藍本[④]，由畫院名家蕭照繪製。畫卷繪高宗立國之際的種種神異事跡，人物衣裝卻是稍早的紹興年間的寫實。畫上高宗之母韋

①紹興九年（1139年）南宋與金第一次紹興和議，紹興十年（1140年）高宗定都臨安，紹興十一年（1141年）宋金第二次和議定約。

②宋．李心傳《建炎以來繫年要錄》卷一四七。

③吳皇后於紹興十三年（1143年）冊立為皇后，這卷吳皇后注《織》圖應是樓璹所繪母本進呈高宗後，另行製作的摹本之一，時代在1143年後。

④虞雲國，《中興聖主與「中興瑞應圖贊」，南渡君臣》[M]，上海：上海人民出版社，2019。

▼

南宋《蠶織圖》

黑龍江省博物館藏

南宋·蕭照《中興瑞應圖》

上海龍美術館藏

①《朱子語類》卷九一〈雜儀〉：「或曰，《蒼梧雜誌》載『背子』，近年方有，舊時無之。只汗衫襖子上便著公服。女人無背，只是大衣。命婦只有橫帔、直帔之異爾。背子乃婢妾之服，以其在背後，故謂之『背子』。」

②顧蘇寧，《南京高淳花山宋墓出土絲綢服飾保護與研究》，《江蘇省文物科研課題成果匯編》，2004~2006[M]，南京：南京師範大學出版社，2010。

氏與眾宮妃侍兒，均是上著緊窄衫子，衫下露出敞口褲裝或褶裙。衣裝風格仍較為儉素，只能從各人站立的位置、頭上的冠子或髮髻來區分地位尊卑。

曾經在北宋作為女性日常正裝的衣式「背子」，在紹興年間曾一度被廢止，以至於逐漸退出宋人的記憶。數十年後，理學家朱熹追溯前代服飾，甚至認為以往並沒有過背子這種衣式，區別於日常上衣、女子用作常禮服的只有「大衣」[①]。

南京高淳花山宋墓出土有一位南宋女性保存完好的服飾實物[②]，恰好符合這段時間的特徵。除卻一件作禮服的廣袖大衣外，其餘上衣均是較為短身的款式，應即當時文人所稱美的時裝「短襟衫子」（張孝祥〈鷓鴣天〉），並無一件是以往北宋時代寬鬆長大、垂及腳面的背子；與之搭配的下裝，也均是線條俐落的襠褲或褶裙。整體服裝的搭配風格，區別於繁華熱鬧的北宋汴京時尚，呈現出南宋式清朗簡潔的樣態。仍可引張孝祥一首〈臨江仙〉來為紹興式美人的時樣妝束作注：

> 罨ㄧ畫樓前初立馬，隔簾笑語相親。
> 鉛華洗盡見天真。
> 衫兒輕罩霧，髻子直梳雲。
> 翠葉銀絲簪末利，櫻桃澹注香唇。
> 見人不語解留人。
> 數杯愁裡酒，兩眼醉時春。

即便整體輪廓變得簡約，富有財力的都會居民依舊會採用新奇的衣色，或是在衣上做出各種精緻裝飾。

紹興初年，北宋宣和妝束以翠羽、銷金作為女性衣物裝飾的奢侈作風就一度復現，引得朝廷大加撻伐。①追逐時尚的女性除了採用當時常見的「黝紫」（黑紫色）製衣之外，更是大膽採用被認為是皇帝御用的「赤紫」（紅紫色）來裁製衫襖②。

此外，在紹興年間，女性服飾上的流行紋飾是「小景山水」。③所謂「小景山水」，不同於表現名山大川的全景式山水，更多表現局部坡塘汀渚的細細幽情。它源於北宋後期的宗室畫家，這些貴族出身的作畫者因身受皇室宮禁之制，無故不得遠遊，只能流連於汴京城周遭小範圍內的園林山水。

如北宋宗室畫家趙令穰每有山水新作，蘇軾便要戲謔他：「此必朝陵一番回矣。」④及至南宋，高宗趙構、宗婦曹氏等人，仍擅長畫小景山水。但此時簡單的山水小景，承載的卻是人們對早已淪陷的中原故都的感懷、對「美好年代」的追憶。

①《宋史．輿服志》：「紹興五年（1135年），高宗遂對輔臣曰：『金翠為婦人服飾，不惟靡貨害物，而侈靡之習，實關風化。已戒中外，及下令不許入宮門，今無一人犯者。尚恐士民之家未能盡革，宜申嚴禁，仍定銷金及採捕金翠罪賞格。』」

②南宋．王楙《燕翼詒謀錄》卷五：「中興以後，駐蹕南方，貴賤皆衣黝紫，反以赤紫為御愛紫，亦無敢以為衫袍者，獨婦人以為衫褑爾。」

③南宋．鄧椿《畫繼》：「士遵，光堯皇帝（高宗趙構）皇叔也，善山水。紹興間一時婦女服飾，及琵琶箏面，所作多以小景山水，實唱於士遵。然其筆超俗，特一時仿效宮中之化，非專為此等作也。」

④南宋．鄧椿《畫繼》。

南宋前期女性妝束形象

髮式與妝容：據同時期壁畫形象繪製。

服飾：南京高淳花山宋墓出土了完整的服飾實物。這裡在文物基礎上，參照同時期繪畫色彩加以設計繪製。

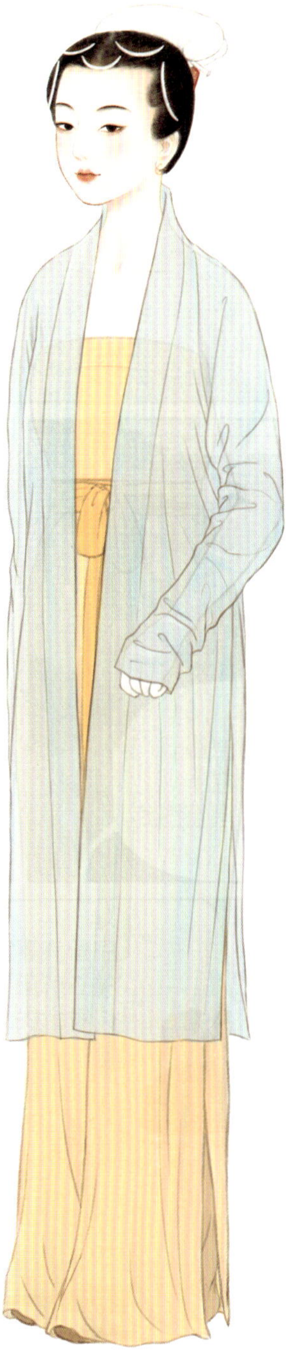

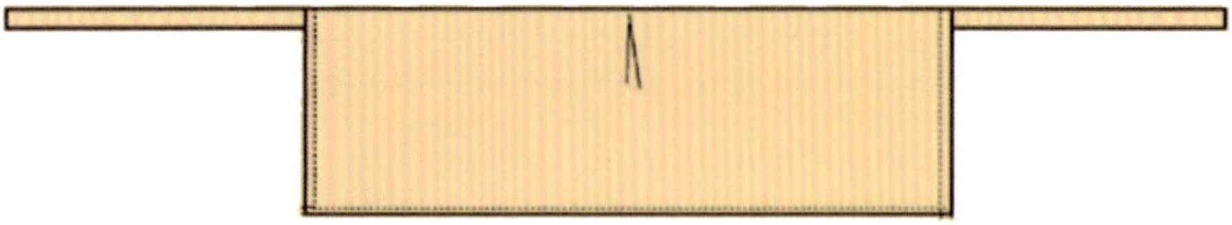

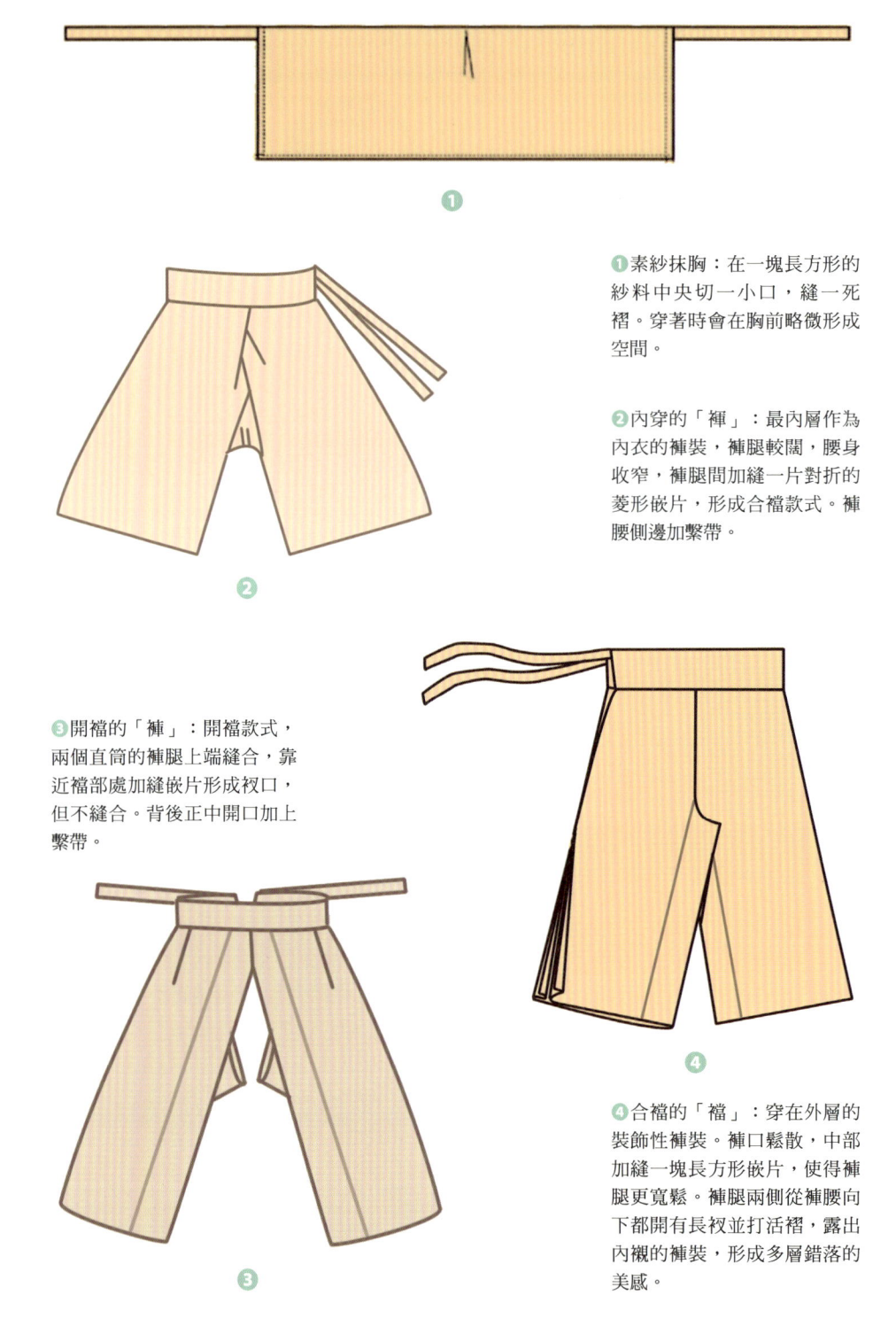

❶

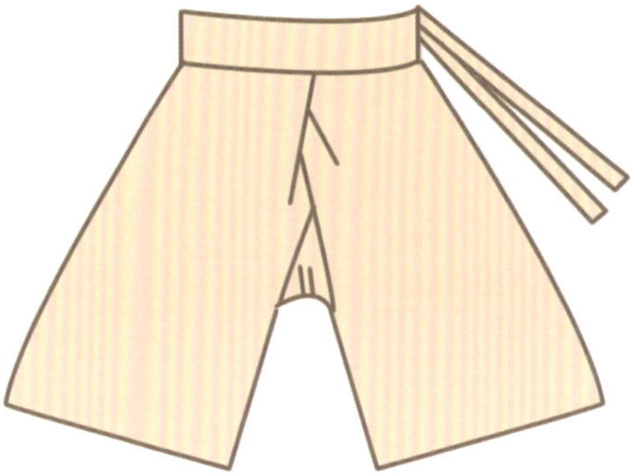

❷

❶素紗抹胸：在一塊長方形的紗料中央切一小口，縫一死褶。穿著時會在胸前略微形成空間。

❷內穿的「褌」：最內層作為內衣的褲裝，褲腿較闊，腰身收窄，褲腿間加縫一片對折的菱形嵌片，形成合襠款式。褲腰側邊加繫帶。

❸開襠的「褲」：開襠款式，兩個直筒的褲腿上端縫合，靠近襠部處加縫嵌片形成衩口，但不縫合。背後正中開口加上繫帶。

❹

❸

❹合襠的「襠」：穿在外層的裝飾性褲裝。褲口鬆散，中部加縫一塊長方形嵌片，使得褲腿更寬鬆。褲腿兩側從褲腰向下都開有長衩並打活褶，露出內襯的褲裝，形成多層錯落的美感。

❺窄袖羅衫：直領對襟的窄袖上衣，袖形都頗瘦長。衣身兩側開衩。有長短多種款式，可以單穿，也可以多層穿。

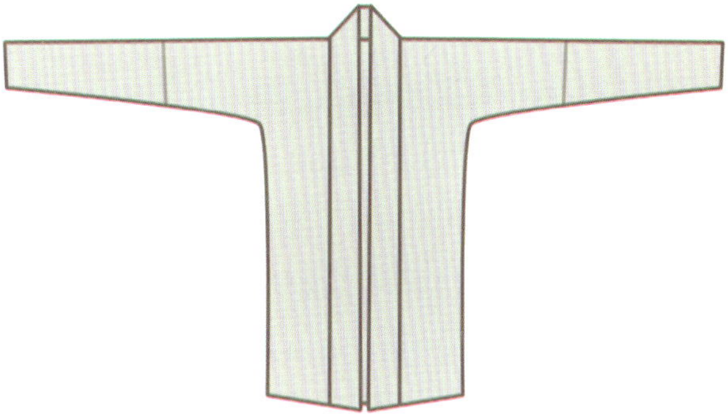

❺

當時甚至有人以女子的抹胸作為繪卷，將小景山水繪在其上，見陳克〈謝曹中甫惠著色山水抹胸〉詩：

曹郎富天巧，發思綺紈間。規模寶月團，淺淡分眉山。

丹青綴錦樹，金碧羅煙鬟。爐峰香自湧，楚雲杳難攀。

政宜林下風，妙想非人寰。飄蕭河官步，羅抹陵九關。

我家老孟光，刻畫非妖嫺。繡鳳褟顛倒，錦鯨棄榛菅。

忍將漫汗澤，敗此脩連娟。緘藏寄書篆，曉夢生斕斑。

曹中甫繪製一件山水抹胸，作為禮物送給陳克的妻子，陳克寫詩致謝，並表示不忍將它作為妻子的衣物，而是題寫文字緘藏起來。以女子的貼身衣物抹胸相贈，對方還感激收下，或許是今人難以想見的情形；但在用以貼心珍存的故園山水面前，禮教規制已不重要了，山水抹胸承載的是文人對北宋士族豁達風氣的追憶。

二、孝宗朝（1163~1189年）

山河破碎、中興未果，但南渡時的慷慨怨憤之聲已因主戰派失勢而隱去，靖康喪亂逐漸變成宋人不願回首的舊事。隨著所謂「小元祐」太平盛世到來①，人們已習慣了江南的山溫水軟，享樂之風迫不及待地從臨安城傾瀉開來，比之舊時汴梁猶有過之。

在宋孝宗即位不久的隆興元年（1163年），就有臣僚進言道：「近來風俗侈靡，日甚一日。民間泥金飾繡，競為奇巧，衣服器具皆雕鏤妝綴，極其華美。」②具體呈現南宋女性的妝束，典型式樣也是在孝宗時期大體定型——外罩的衫子裁得纖纖長長，還要再在對襟上加縫一條條領抹、掐牙，以一道道並列的垂線罩在身上，削出身材的細瘦。裝飾花樣的領抹在市面上往往是單獨出售的，或畫或繡，或印或染，裝飾時新花樣，宋人將其稱作「生色領」。

如在清宮舊藏宋人《紈扇畫冊》中的一幀《翠袖天寒圖》上，一位頭戴並桃漆冠，身穿衫子、襠袴的時裝美人，手把一枝梅花，慢步徐行。細看她的領緣、袖緣，便細細掐有一線黑牙邊；所穿襠褲，側邊也散著帶褶的開衩，只在中間加一短袢勾連，隱隱露出內穿褲裝的一線紅痕；種種裝飾，都是為進一步突顯身形的修長。若說唐人、北宋人愛牡丹之雍容，南宋人此刻的好尚恰是梅的清雅。

①南宋·周密《武林舊事》：「乾道、淳熙間，三朝授受，兩宮奉親，古昔所無。一時聲名文物之盛，號『小元祐』。」

②《宋會要輯稿·刑法二》。

▲

南宋・佚名《翠袖天寒圖》局部

台北故宮博物院藏

同類妝束形象常見於當時詞作。如張孝忠〈鷓鴣天〉詞：

豆蔻梢頭春意濃。薄羅衫子柳腰風。
人間乍識瑤池似，天上渾疑月殿空。
眉黛小，髻雲鬆。背人欲整又還慵。
多應沒個藏嬌處，滿鏡桃花帶雨紅。

又趙長卿亦有〈鷓鴣天〉一首，前有作者自述「初夏試生衣，而婉卿持素扇索詞，因作此書於扇上」，名喚「婉卿」的美人身穿薄紗裁就的夏衣，對襟領邊上以花兒新樣領抹裝飾，還要再掐一線窄長的紅牙邊：

牙領番騰一線紅，花兒新樣喜相逢。
薄紗衫子輕籠玉，削玉身材瘦怯風。

人易老，恨難窮，翠屏羅幌兩心同。

既無閒事縈懷抱，莫把雙蛾皺碧峰。

大約也是在高宗朝、孝宗朝之交，原本廢弛的女性禮儀服制再度被朝廷加以定立完善，在大袖長裙的常禮服下，背子這一衣式得以回歸①。

在一張乾道年間（1165~1173年）進御中宮成恭皇后（宋孝宗第二任皇后夏氏）的常服衣目清單中，前有「真紅羅大袖（真紅羅生色領子）、真紅羅長裙、真紅羅霞帔（藥玉墜子）」這些后妃常禮服，後有「黃紗衫子（明黃生色領子）、粉紅紗衫子（粉紅生色領子）、熟白紗襠褲、白絹襯衣、明黃紗裙子、粉紅紗抹胸、真紅羅裹肚、粉紅紗短衫子」這些士庶女性都熟悉的日常衣式，中間又多出了一項「真紅羅背子（真紅色領子）」。②

對照文物與記載來看，當時的背子與衫子一樣作緊身小袖式樣，區別在於背子長度垂及足，衣袖、領緣與下擺四面也可以鑲緣邊裝飾。理學家朱熹將背子視為一種新興衣式，認為其起源是婢妾侍奉主母時所穿衣裝③。對照後來朱熹所定立、又由孝宗尊奉頒行的冠婚、祭祀禮儀服裝來分析，這並非是說背子來源卑賤，而是指在盛大場合，當主母身穿大袖禮服「大衣」時，婢妾也需要穿較次一等的正式服裝「背子」來應景。④而在四時祭禮上，當家主婦也會選擇背子來穿著。⑤後來，即便是身分貴為皇后的女性，拜謁家廟時仍是穿「團冠背兒」。⑥

作為一種稍次於大衣的女性正裝，背子在日常場合中也同樣被「主母」們廣泛穿用以彰顯身分。對比

①《宋史．輿服志》：「乾道七年（1071年）……常服，后妃大袖（生色領），長裙，霞帔（玉墜子），背子（生色領），皆用絳色，蓋與臣下無異。」

②元．陶宗儀《說郛》卷四引《建炎以來朝野雜記》佚文。按夏皇后去世於乾道三年（1167年），可進一步限定本清單的年代當在1165年和1167年之間。

③《朱子語類》卷九一〈雜儀〉：「因言服制之變：前輩無著背子者，雖婦人亦無之。……背子起殊未久。或問：『婦人不著背子，則何服？』曰：『大衣。』問：『大衣，非命婦亦可服否？』曰：『可。』僩因舉胡德輝《雜志》云：『背子本婢妾之服。以其行直主母之背，故名背子。後來習俗相承，遂為男女辨貴賤之服。』曰：『然。』」

④《宋史．輿服志》：「淳熙（1174~1189年）中，朱熹又定祭祀、冠婚之服，特頒行之。凡士大夫家祭祀、冠婚，則具盛服。……婦人則假髻、大衣、長裙。女子在室者冠子、背子。眾妾則假髻、背子。」

⑤《朱子家禮》：「四時祭……主人帥眾丈夫深衣……主婦帥眾婦女背子……。」

⑥南宋．周密《武林舊事》「皇后歸謁家廟」條以咸淳年間（1265~1274年）全皇后舉例：「次本閣官奏請皇后服團冠背兒，乘小車入詣家廟。」

①肖衛東，等，《瀘縣宋代墓葬石刻藝術》[M]，成都：四川民族出版社，2016。

傳世的幾卷《中興瑞應圖》，「背子」這一衣式的變化反映得尤為明顯——在早先蕭照的筆下，高宗之母韋氏還是身穿與身後妾侍一般無別的衫子與襠褲，只是頭上所戴的冠子有別於旁人的假髻；但在後來南宋宮廷畫師再摹的版本裡，韋氏身上已悄然改換成與妾婢所穿衫子不同、更為正式的紅背子。

這一服飾分等的情形，同樣反映在四川瀘縣宋墓群出土的多方石刻上[①]。居中的主母戴冠穿背子，下著襠褲與褶裙；侍奉的婢妾則頭上梳髻，穿更為簡易的衫子與襠褲。

南宋·蕭照《中興瑞應圖》

上海龍美術館藏

南宋·佚名《中興瑞應圖》

天津市博物館藏

四川瀘縣宋墓石刻

瀘縣博物館藏

◀

宋孝宗朝女性妝束形象

髮式、妝容與服飾均據時期宋人筆記記載、同時期繪畫組合繪製。

服飾：頭戴團冠，鬢插梳，內穿抹胸長裙，外有一件窄袖長背子籠罩全身。

淳熙二年（1175年），宋孝宗向大臣問起民間風俗，龔茂良奏稱道，當時貴近之家，用度都效仿宮禁之中，進而流行到了民間，連賣首飾的人，也言必稱「內樣」。[①]大約也是在這段時間裡，一度限定在南宋宮廷與士族階層女性的正式衣物「背子」，再度如北宋後期一般普及到了庶民階層——這或許可以視為南宋人對北宋後期時尚的一次無意識的「中興復古」。

在淳熙九年（1182年）編撰成書的福州地方誌《淳熙三山志》中，對照比較了閩地三十年間的衣裝風俗變遷——在高宗朝末、孝宗朝初，女性服飾還有著嚴格的等級規制，命婦才能使用霞帔，名門大姓之家的婦人才敢戴冠穿背子。但近三十年以來，上下等級分別已逐漸模糊，淳熙年間的民間婦人也大多敢於穿用霞帔、背子。[②]

這種風氣變遷自是與南宋中心的江南地區同調。如日本京都大德寺藏、由南宋寧波地方畫師林庭珪和周季常繪製於淳熙年間（1174~1189年）的《五百羅漢圖》，也繪有多位身穿背子的民間女供養人，身分

▼

南宋周季常、林庭珪《五百羅漢圖》

日本京都大德寺藏

①《宋史·輿服志》：「（孝宗）因問風俗，龔茂良奏:『由貴近之家，仿效宮禁，以致流傳民間。鬻簪珥者，必言內樣。彼若知上崇尚淳樸，必觀感而化矣。』」

②南宋·梁克家《淳熙三山志》：「婦人非命婦，不敢用霞帔。非大姓，不敢戴冠、用背子。自三十年以前，風俗如此，不敢少變。三十年來，漸失等威，近歲尤甚。農夫、細民至用道服、背子、紫衫者；其婦女至用背子霞帔；稱呼亦反是。非舊俗也。」

當屬於當時寧波的文士或富民階層眷屬。①

大概這時背子尚無細緻的禮儀規制，在維持窄袖、對襟、長身的整體風格外，仍能夠採用各種不同的裝飾細節——或是僅領加緣邊，或是下擺開衩也加緣邊；既可在腋下側邊開衩，也可不作開衩，一體縫合，有的背子下擺處還參照男性士人深衣的樣式，加裝一道側面帶有衣褶的橫襴。

三、光寧二朝（1190~1224年）

宋寧宗朝時，史家李心傳編撰《朝野雜記》，見到那張孝宗時代夏皇后常服衣目清單，由衷感歎道：原來皇后的服裝竟和士大夫家眷的相差無幾，甚至現在連倡優②所穿都和昔日皇后一般了。③

這般情形實際在南宋光宗紹熙三年（1192年）彭杲夫婦墓中已能看到：墓中出土的磚雕伎樂像，均外罩一件長身垂地的背子，面上還隱隱得見紅色彩繪的痕跡。

洪邁《夷堅志》卷七「鄧興詩」故事記稱：「侍姬十數輩，皆頂特髻，衣寬紅袍，如州郡官妓，分立左右，或歌舞」，侍姬與州郡官妓所穿的「紅寬袍」，或即指這種擬於皇后背子式樣的衣式。又卷十「復州菜圃」故事寫一處戰後廢墟入夜後的古怪，「日銜山後，小童見女子，頂冠著紅背子，笑入圃，以為官娼也，但訝其黃昏不脫上服」，進一步說明紅背子為正式場合的上服，黃昏歸去自當脫下。④而墓中同出的侍女陶俑，領首的戴冠穿背子，其餘則

①現已判明四十八幅圖中有銘文，主要由林庭珪和周季常兩位畫師完成。其中，周季常從淳熙五年（1178年）至十五年（1188年）連續繪製十年，共有三十九處銘文；林庭珪有九處，從淳熙五年（1178年）至七年（1179年），時間較短；也有兩人合作的銘文。

②編按：倡優為古代職稱，「倡」為樂人，「優」為伎人。

③《建炎以來朝野雜記》先後於寧宗嘉泰二年（1202年）、嘉定九年（1216年）寫成甲、乙兩集。本條為佚文，見元．陶宗儀《說郛》卷四引：「中宮常服，初疑與士大夫之家異，後見乾道邸報臨安府浙漕司所進成恭后御衣衣目，乃知與家人等耳。其目……嘗記賈生言：倡優被后服，不知至今猶然。」

④《夷堅志》「復州菜圃」紀年在紹興四年（1134年），此處「頂冠著紅背子」當還是徽宗朝的舊樣。

伎樂像磚雕與三彩女俑

陝西洋縣彭杲夫婦墓出土／南宋紹熙三年（1192年）

仍盤髮髻穿衫子。據此可知，即便流行日漸下移，背子仍具一定的盛裝與等級意義。

依照紹熙三年（1192年）臨安府官員袁說友上奏的說法[1]，官民士庶都紛紛效仿外國時尚來穿戴，曾經在民間只有部分婦人敢私下穿用的御用赤紫色「御愛紫」，此刻已廣泛流行，稱作「順聖紫」。最終無論朝野上下、官民貴賤，衣物穿戴都變得沒什麼差異。奢靡世風日盛一日，朝廷幾度禁止的銷金鋪翠工藝也再度出現在女衣上。[2]

時人楊炎正有〈柳梢青〉詞一闋，描述的正是一位身著紫衫金領奢侈時裝的歌伎：

生紫衫兒，影金領子，著得偏宜。
步穩金蓮，香熏紈扇，舞轉花枝。
捧杯更著眯膜。唱一個、新行耍詞。
玉骨冰肌，好天良夜，怎不憐伊。

①本條見明．楊士奇《歷代名臣奏議．禮樂》引，原作「淳熙間」；實際上袁說友是在光宗紹熙三年至五年（1192~1194年）間知臨安府。

②《咸淳臨安志》卷四一〈詔令〉記嘉泰元年（1201年）四月辛卯寧宗詔禁風俗侈靡：「風俗侈靡，日甚一日，服食器用，殊無區別，雖屢有約束，終未盡革。……銷金鋪翠，並不許服用。除先將宮中首飾、衣服等，令內東門司日下拘收焚之通衢，其中外士庶之家，令有司檢照前後條法，嚴立罪賞禁止。貴近之家，尤當遵守。如有違犯，必罰無赦。」

即便後來寧宗以身作則，將宮中奢靡首飾服裝都在鬧市當街焚毀，又對貴近之家嚴加約束，隨之而來的朝廷禁令也總是落後一步，收效甚微，朝廷好不容易定立齊整的衣冠服制，終於隨著全民頻繁地僭越逾制而全面崩壞。[①]在宋嘉定年間（1208~1224年）刊本《天竺靈籤》的插圖中，有不少對於當時民間女性服飾的表現，其中無論是梳雙鬟的少女還是梳髻戴冠的成年婦人，都有一件窄窄長長的背子罩身。

▲

穿背子的女性

宋嘉定刊本《天竺靈籤》

嘉定十年（1217年），進士王邁向寧宗進言，誇張地描述起時尚的奢侈與傳播的迅速——即便是小小的首飾，也當得起十萬錢的高價，而且不光是大富大貴之家這般，中產之家也盡力仿效。早晨後宮妃嬪有了新衣新飾，晚上民間就能流行開來。[②]

四、廢都故貌（1127~1234年）

就目前所見而言，與南宋同時期、占據中原地區的金朝，特別是宋遺民所在地區，女性衣裝仍在宣和妝束基礎上繼續發展，受金人風俗的影響，和南宋衣式漸漸產生了不少細節差異。

范成大於乾道六年（1170年）出使金國，在途中曾記錄下北宋故地的風俗變遷，當他途經已成為金國「南京」的汴梁故都時，發現「靖康之變」後不到五十年，百姓已久習胡俗，男子衣冠盡為胡制；唯有婦人的服裝改變不多，只是她們很少戴冠，大多露髮梳髻。[③]范成大所見的女性衣式，應與山西長子縣小關村金代大定十四年（1174年）墓[④]壁

①《宋會要輯稿·刑法二》記嘉定四年（1211年）十二月二十五日臣僚言：「今日之習俗，僭擬逾制，冒上無禁，流弊至此，不可不革。」

②南宋·王邁《臞軒集》卷一〈丁丑廷對策〉。

③南宋·范成大《攬轡錄》：「民亦久習胡俗，態度嗜好，與之俱化，最甚者衣裝之類，其制盡為胡矣。自過淮已北皆然，而京師尤甚。唯婦人之服不甚改，而戴冠者絕少，多綰髻。貴人家即用珠瓏璁冒之，謂之方髻。」

④長治市博物館，〈山西長子縣小關村金代紀年壁畫墓〉[J]，《文物》，2008，(10)。

①南宋．周煇《北轅錄》。

「宣和舊妝束」的金代女性

山西長子縣小關村墓壁畫／金代大定十四年（1174年）

身穿蓬起裙裝的侍女

陝西甘泉墓壁畫／金明昌七年（1196年）

畫中所繪接近，衣式仍是宋樣，只是婦人無論尊卑都未戴冠。

在稍後的淳熙三年（1176年），同在中原歸德府境內，南宋使者周煇又察覺到，「入境，男子衣皆小窄，婦女衫皆極寬大」，與南宋衣制有所不同①。

周煇之所以見到「衫極寬大」，大約是因衫下還襯著女真式樣的特色裙裝，如宇文懋昭《大金國志》所記：「至婦人，衣曰『大襖子』，不領，如男子道服；裳曰『錦裙』，裙去左右，各闕二尺許，以鐵條為圈，裹以繡帛，上以單裙襲之。」在表面的單裙下要加穿一層內加鐵圈、外罩錦繡的襯裙，這種襯裙腰部作貼體的收腰處理，下擺逐漸蓬大。對照金墓出土的女性形象來看，裙裝既已蓬大，披垂在外的對襟「大襖子」自也需配合做出收腰與寬大下擺的處理。

此後金國女性的典型衣裝式樣，是將衫子穿作交領，不拘左衽或右衽；衫外攔腰束一條長裙；外罩一件長垂及足的長背子或大襖子，也不拘團領或對襟；再外還可另加一件半袖短衣。

隨後金國女性服飾出現的另一特色，是在對襟或衣物開衩處頻繁使用衿紐繫結。如鄭州文物考古研究院藏金承安五年（1200年）石棺線刻的啟門婦人，她的對襟衣與裙裝或褲裝上，都排列有密集的紐結，區別於宋人女子流行的「不制衿」衣式。同類裝飾也見於河南登封王上金墓壁畫之中，兩位領首的侍女，長垂及足的對襟衣中央是一排整齊的紐結。

大概因為這種衣式實在普遍，甚至影響到了金人對古裝的理解。如出自內蒙古額濟納西夏黑水城遺址的一張木刻版畫《隨朝窈窕呈傾國之芳容》，由榜題可知，繪的是班姬、綠珠、王昭君、趙飛燕四美人，書「平陽姬家雕印」，顯然來自金國的平陽。雖刻畫的都是比宋金時期更早的古代美人，但其中王昭君所穿半袖短衫，呈現的便是密結衿紐的時世好尚。類似的服裝實物，更見於北京故宮博物院藏山西金墓出土的一件彩繪紗半袖衣，是在衣襟嵌有三副衿紐。

總的來說，即便南北分立百餘年，但女性的衣飾差異只在細節，地域分別不算明顯，搭配規則也多類似。隨著南北和談、交流頻繁，金國人對南宋女子的妝束有了直觀的感知，如河南鄭州商城金代遺址出土的一方瓷枕，枕面繪弈棋仕女圖，為盛夏柳蔭下兩個身穿衫子襠袴、頭戴冠的南宋時裝女性；直到金為蒙元所亡後，不少北人南逃，南宋人見及，也仍會覺得北人女性的妝束眼熟，當時詩人劉克莊就曾滿懷感慨地在〈北來人〉詩中寫下「淒涼舊京女，妝髻尚宣和」。

女俑
山西孝義下吐京墓女俑
金承安三年（1198年）

啟門婦人
石棺線刻／金承安五年（1200年）
鄭州文物考古研究院藏

侍女

山東濟南歷城墓壁畫

金泰和元年（1201年）

眾侍女

河南登封王上金墓壁畫

四美圖

內蒙古額濟納西夏黑水城遺跡出土

俄國冬宮博物館藏

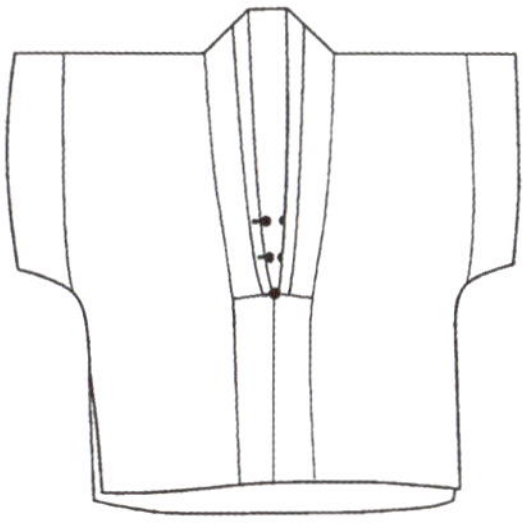

彩繪紗半袖衣

山西金墓出土

北京故宮博物院藏

白地黑花仕女對弈圖瓷枕枕面

河南鄭州商城金代遺址出土

河南省文物考古研究所藏

不是愛風塵，似被前緣誤。
花落花開自有時，總賴東君主。
去也終須去，住也如何住！
若得山花插滿頭，莫問奴歸處。

——嚴蕊〈卜算子〉

南宋後期

新妝難識舊承平

春有百花秋有月，夏有涼風冬有雪。

莫將閒事掛心頭，便是人間好時節。

南宋禪僧慧開作禪頌一首，言及四時風物好景，需心無罣礙才賞得其中佳好；但是於南宋人而言，在聯蒙滅金後，又是與蒙古四十年的對峙戰爭，應罣礙事可謂頗多。

但與北面金國的舊仇得報，又有了南宋前期豐厚的積累，宋人已經完全放下了實際早已鬆懈的「中興復古」大業。此後宋蒙戰場主要仍在西南，戰爭移至長江中游後，也對以臨安為中心的江浙一帶影響有限。遠方的戰火不足以感同身受，富貴繁華更足以使人忘憂。大量宋人依舊藏入「民物康阜」的盛世中，躲進「閬苑瑤池」的幻境裡，「受用清福」或艷福。他們尤其關注這「人間好時節」的風花雪月，及時、對時行樂。

像過去北宋的宣和末世一般，衣裝風尚再度迎來了至為奢靡的時期。當時文人陽枋對著如此情形感歎道：「常言道，家裡連續三代當官，才會明白如何講究穿衣吃飯。我卻認為若是三代當官，子孫都必定是奢侈享用到了極點；他們絕不肯穿破舊過時、材質普通的衣裝，必是要去尋求奇巧珍貴的華麗新樣，以便攀比勝過旁人。」[1]

①陽枋《字溪集》卷九〈雜著‧辨惑〉：「俗言三世仕宦，方會著衣吃飯。余謂三世仕宦，子孫必是奢侈享用之極！衣不肯著布縷紬絹、衲絮縕敝、澣濯補綻之服，必要綺羅綾穀、絞綃靡麗、新鮮華粲、絺繒繪畫，時樣奇巧、珍貴殊異，務以誇俗而勝人。」

一、都城紀勝（1225~1279年）

江南一帶素來就以「風俗輕靡」而聞名。到了南宋後期，臨安城裡的奢侈之風比之北宋末年的汴梁城，更是有過之而無不及。時人吳自牧在記錄當地風俗的《夢粱錄》一書中反復渲染描寫：「杭城風俗，疇昔侈靡之習，至今不改也」、「杭城風俗，侈靡相尚」、「臨安風俗，四時奢侈，賞玩殆無虛日」。

在此華都之中，女性妝束時尚的引領者是眾多歌姬舞妓。如周密《武林舊事》記酒樓：「每處各有私名妓數十輩，時妝袨服，巧笑爭妍。夏月茉莉盈頭，春滿綺陌，憑檻招邀，謂之『賣客』。」

在盛大的活動場合中，名妓們也敢於穿著原本限定在命婦制度裡的衣裝。如《武林舊事》四月「開煮迎新」：「庫妓之琤琤（出類拔萃）者，皆珠翠盛妝，銷金紅背，乘繡韉(ㄐㄧㄢ)寶勒駿騎。」

甚至有時她們的衣裝會直接照搬南宋官方排比的三個層級的衣裝等次，妓女間依照身分高低，衣裝各有不同：領頭的「行首」可穿命婦用作禮服的盛裝「大衣」，頭飾特髻；次一等則戴冠、穿背子、繫裙；再次則戴冠、穿簡便的衫子與襠袴。

▲

宋人《歌樂圖》

上海博物館藏

大約作於宋理宗即位初年的《西湖老人繁盛錄》提及當時妓家妝束：「每庫有行首二人，戴特髻，著乾紅大袖；選像生有顏色者三、四十人，戴冠子花朵，著艷色衫子；稍年高者，都著紅背子，特髻。」

成書於端平二年（1235年）的耐得翁《都城紀勝》記載：「天府諸酒庫，每遇寒食節前開沽煮酒，中秋節前後開沽新酒。各用妓弟，乘騎作三等裝束：一等特髻大衣者；二等冠子裙背者；三等冠子衫子襠袴者。」

在作於宋度宗咸淳十年（1274年）的《夢粱錄》，臨安風俗依舊如此：「其官私妓女，擇為三等，上馬先以頂冠花，衫子襠褲，次擇秀麗有名者，帶珠翠朵玉冠兒，銷金衫兒、裙兒，各執花鬥鼓兒，或捧龍阮琴瑟，後十餘輩，著紅大衣，帶皂時髻，名之『行首』。」

這類形象也在宋畫中有展現。如上海博物館所藏宋人繪《歌樂圖》，圖中是樂妓演樂情形，諸女衣裝都擬於過去的命婦貴女，頭戴珠子松花特髻、繫珍珠紅頭須，身上穿的紅背子也都銷金為飾，儼然可與南宋後期的諸種筆記文字記載對照。

根據畫面樂器推測，應是在預備演奏清樂——耐得翁《都城紀勝》「瓦舍眾伎」一節記稱：「清樂比馬後樂，加方響、笙、笛，用小提鼓，其聲亦輕細也」，結合《武林舊事》卷四所記南宋宮廷乾淳教坊樂部「馬後樂」諸樂器有拍板、觱篥、笛、提鼓、札子，可知清樂樂器是在馬後樂基礎上增損，大體即與《歌樂圖》畫面對應。

又有清宮舊藏宋人《紈扇畫冊》中一幀《荷亭納涼圖》的一角，繪水榭中一閒坐士人正聽奏樂。

①南宋．耐得翁《都城紀勝》：「唱叫小唱，謂執板唱滿曲、曲破，大率重起輕殺，故曰『淺斟低唱』。」

◀
南宋．佚名《荷亭納涼圖》局部
台北故宮博物院藏

其中香色衫子的女郎是執拍板唱慢詞的歌妓，即所謂「小唱」或「雅唱」，起處音高，收時柔曼，以取餘音裊裊之效①；配樂有白衫女吹笛，藍衫女吹竽，配置自是比清樂省便得多。她們的衣裝也是較清樂場景更為日常簡便的衫子襠褲。

二、端平新裝（1234~1259年）

因官方的服飾制度已形同虛設，諸種貴婦人的服裝配置使用都日漸下移普及，到了南宋後期，女性的衫子與背子式樣已很難區分得清，二者呈現出合流的趨勢。

先是背子的衣長有所縮減，幾乎與長款的衫子無異。如在北京故宮博物院藏南宋理宗朝畫家陳清波所繪《瑤台步月圖》上，居中者可能即主母，頭戴冠，身穿領、袖、下襬、開衩都裝飾緣邊的背子；而站在她兩側的女性身分稍低，應是妾室，頭戴冠，穿裝飾生色領的背子或衫子；隨侍的侍女梳雙鬟，衫子外攔腰繫一條汗巾。三種身分的女性，所穿上衣式樣、長度已極接近，只能透過裝飾細節來大體區分。

大約是為使服裝制式在身分等級上重新作出區別，北宋一度流行過的寬鬆直袖式上衣，再度在官僚士族階層的女眷間復興。

如福建福州茶園山南宋端平二年（1235年）夫婦墓出土的女性衣物中，有少數幾件上衣仍維持緊窄貼臂的小袖式樣，袖展頗長；而多數上衣已變成寬鬆開敞的直袖式樣，袖長有所縮減；同出的幾件背子同樣採用直袖式樣，只是衣身長度更長，並在各處緣邊與衣料接縫處都加裝有飾金的窄花邊。

▼ **南宋．陳清波《瑤台步月圖》局部**
北京故宮博物院藏

▼ ▶

宋理宗端平二年（1235年）茶園山宋墓女墓主妝束形象

髮式：據墓主髮式與首飾組合繪製

服飾：茶園山宋墓出土了較完整的服飾實物。這裡在文物基礎上另行設計繪製。

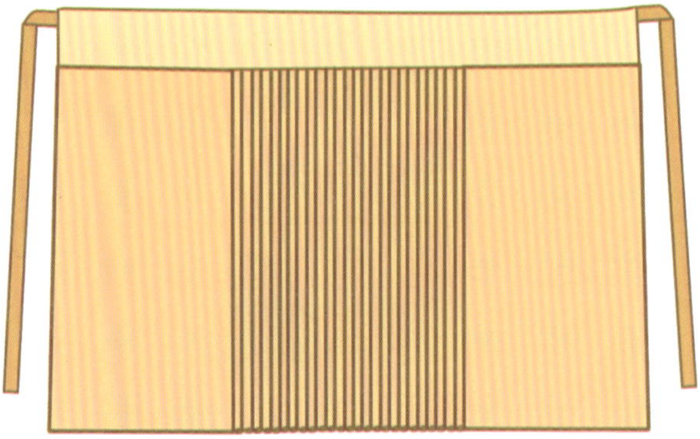

①

①百褶裙：細密多褶的款式，但兩端分別留有不打褶的光面，圍繫時光面在身前。

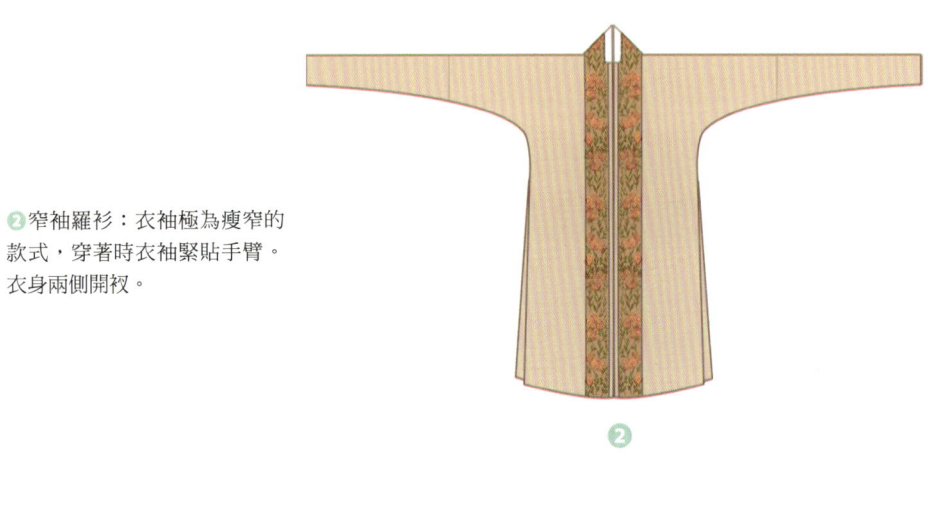

②

②窄袖羅衫：衣袖極為瘦窄的款式，穿著時衣袖緊貼手臂。衣身兩側開衩。

③

③直袖羅衫：衣袖更寬鬆的款式。衣身兩側開衩。

④直袖羅背子：以紫色梅花紋羅裁製，衣身較長，直袖，緣邊和接縫處加縫印金花邊。衣身兩側開衩。

④

①福建省博物館，《福州南宋黃昇墓》[M]，北京：文物出版社，1982。

②南宋·吳自牧《夢粱錄》：「自淳祐年來，衣冠更易，有一等晚年後生，不體舊規，裹奇巾異服，三五為群，鬥美誇麗，殊令人厭見，非復舊時淳樸矣。」

而在不久之後，福州浮倉山南宋淳祐三年（1243年）宗室趙與駿之妻黃昇的墓葬[①]中，出土的衣物無論衫襖還是背子，已全是開敞直袖式樣，不再見到過去的小袖款式。尤為引人注目的是這些衣衫領邊袖緣上的風致——寬寬窄窄的一道道領抹、緣邊採用織繡繪飾多種工藝細細製出，規規矩矩的直線間停駐的是四季花卉、飛鳥游魚、祥獅瑞鳳等諸般活潑靈動的紋飾——正如當時的女子，即便已為程朱理學的條條框框所束縛，在受局限的生命裡仍滿懷著對生活無限的熱愛。

這般做法，自然襯著當時世間人普遍崇尚精巧奢侈，「巧制新妝、競誇華麗」的背景。難怪那些夫子學究，回想淳祐年間（1241~1252年）的臨安往事，也要大加感慨：這些晚輩後生們完全不去理解舊日的規矩，總是喜愛奇裝異服，相互鬥美誇麗，再無舊日的淳樸了！[②]

宋理宗淳祐三年（1243年）黃昇妝束形象

髮式與妝容：據墓主髮式與首飾、同時期文獻記載組合繪製。

服飾：黃昇墓服飾保存完整，且在目前所見宋代服飾中製作最為精巧。這裡均據出土服飾實物進行設計繪製。

日常搭配：

❶內衣：南宋時期流行的抹胸與襠褲。

❶

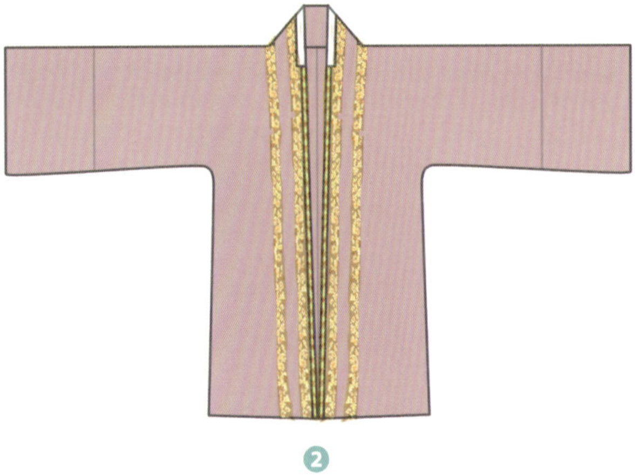

❷衫子：參考黃昇墓出土花羅單衣繪製。衣身剪裁寬鬆，兩側開衩，領邊鑲嵌寬窄多條領抹或牙邊。袖口在直袖基礎上略呈外擴狀態。

❸趕上裙：參考黃昇墓出土羅裙繪製，此為當時流行的新款裙式。

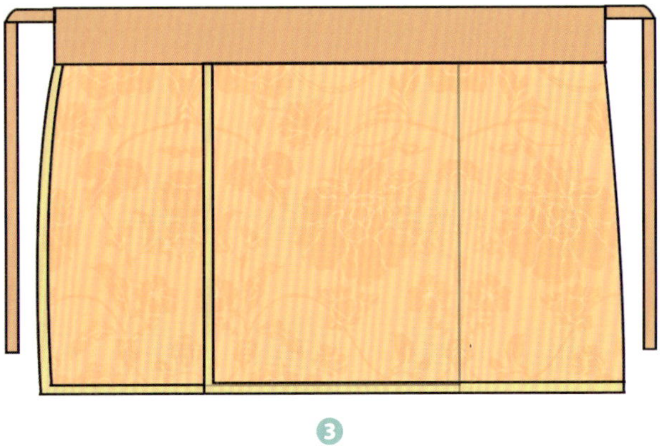

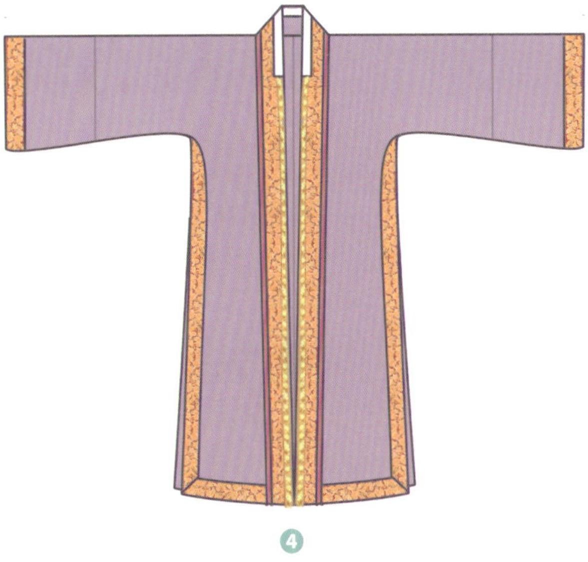

❹背子：參考黃昇墓出土紫紗背子繪製。衣身較長，兩側開衩，剪裁寬鬆，領邊、袖口、下擺、開衩處都鑲嵌有領抹或牙邊。袖口在直袖基礎上略呈外擴狀態。

①《宋史．五行志》：「理宗朝，宮妃繫前後掩裙而長窣地，名『趕上裙』；梳高髻於頂，曰『不走落』；束足纖直，名『快上馬』；粉點眼角，名『淚妝』。」

②[義]馬可波羅口述；[法]沙海昂注；馮承鈞譯；《馬可波羅行紀》[M]，北京：商務印書館，2012。

黃昇墓出土的裙裝，除卻配合大袖禮服的舊樣褶裙之外，也有另一類新潮的時裝裙式：裙身是由上下交疊的兩片裙片組成，每個裙片又是由一寬一窄兩塊裁片拼作上略窄下稍寬的式樣，裙緣還加有一條窄窄的飾金裝飾花邊。

具體穿著時，因裙片存在交疊部分，為兩腿邁步行動留出了自由離合的便利空間——這儼然繼承著北宋曾一度風靡於汴梁城中妓女與士大夫家眷之中，「前後開胯」以便騎驢的「旋裙」式樣，只是裙片交掩得更嚴密，顯得更為保守。

對照史籍來看，這種前後兩片相掩的裙式，應即宋理宗後宮妃嬪發明的「趕上裙」，形為「前後掩裙而長窣地」；與之搭配的還有梳在頭頂的高髻「不走落」，纏足也束得纖直，名「快上馬」，幾個名稱似乎都表明這是便於頻繁騎乘出行的妝束。[1]

三、景定舊樣（1260~1279年）

搖搖欲墜的南宋時日無多，但直到滅亡前夕，臨安城中的旖旎綺夢仍舊未醒，人們仍對衣飾十分講究。威尼斯旅行家馬可．波羅來到江南，便驚歎於南宋尤其是「行在」（Quinsay，即臨安城）城中居民的衣裝：「居人面白形美，男婦皆然，多衣絲綢，蓋行在全境產絲甚饒，而商賈由他州輸入之數尤難勝計。」、「婦女皆麗，育於婉娩柔順之中，衣絲綢而帶珠寶，其價未能估計。」[2]

只是因元軍入侵，兵連禍接，南方地區的人們已能實際感受到戰火，流行未久的端平式寬鬆衣裝不得不再度發生改變。宋末元初人、自稱城北遺民的徐大焯，在其所撰《燼餘錄》中，滿懷痛徹地追憶舊事，提到在理宗景定（1260~1264年）之後，女性妝束已變得如北宋後期宣和、靖康年間一般短窄緊小，有識之人追憶起昔日「服妖」的不祥徵兆，卻已然無法禁止流行。

究其原因，並非是「服妖」造就亂世，反倒是亂世才造就「服妖」——女郎們眼見在戰亂中有人因穿著寬衣大袖不便跑動逃離而死，自然都紛紛改換了遇著戰亂方便逃避的緊窄式樣。[①]此時妝束，可引宋詞「宣和舊日，臨安南渡，芳景猶自如故」（劉辰翁〈永遇樂〉）來形容。

對照江西德安南宋度宗咸淳十年（1274年）周氏墓[②]中出土的大量服裝實物，可以發現不少當時出現的有趣新細節。衫子一改以往兩襟鬆敞的「不制襟」衣式，對襟上或是暗暗縫上了曾經在北地金國流行的紐扣，或是在領下又另縫一雙長垂的衿帶。這對衿帶除了起束繫的實際作用，更可隨著領緣長垂而下作為裝飾。傳世宋畫中多見這類衿帶細節。如一卷大約摹於宋元之際的《中興瑞應圖》，韋氏身後眾妾侍衫下已然垂下白色的長帶。在團扇小畫《荷亭嬰戲圖》、《蕉蔭擊球圖》中，家常場景裡的戴冠女子，所穿衫子也都同樣垂有飾帶。

江蘇常州武進村前鄉蔣塘宋墓5號墓[③]出土的一件戧金銀扣花形朱漆奩，蓋面繪一幅仕女庭園消夏圖，圖中兩女頭戴冠，鬢髮梳得蓬鬆隆起，身穿緊袖對襟衫子與窄褲，執扇把臂前行；一個侍兒捧花瓶隨後。[④]該墓時代未詳，不過這處繪畫中人物鬢髮蓬鬆

①宋末元初．城北遺民《燼餘錄》乙編。

②德安縣博物館，《德安南宋周氏墓》[M]，南昌：江西人民出版社，1999。

③陳晶、陳麗華，〈江蘇武進村前南宋墓清理紀要〉[J]，《考古》，1986，(3)。

④陳晶，〈記江蘇武進新出土的南宋珍貴漆器〉[J]，《文物》，1979，(3)。

南宋・佚名《中興瑞應圖》

私人藏

南宋・佚名《荷亭嬰戲圖》局部

美國波士頓美術館藏

南宋・佚名《蕉蔭擊球圖》局部

北京故宮博物院藏

南宋戧金銀扣花形朱漆奩蓋

常州市博物館藏

隆起，緊窄貼體的衫子下飾垂帶，褲裝也較宋畫樣態緊窄得多，似乎已是南宋末景定以來時世妝束。

而在上衣的領抹之上，加裝一道用以防護髮油污漬與磨損、可供拆洗的素色窄條護領，原本也是南宋的常例，這道護領通常與對襟同樣呈豎直的布置；周氏墓中的幾件衣物的護領卻被製成了小翻領的胡風樣式。傳世宋畫中依舊可見其式，如清宮舊藏宋人《紈扇畫冊》中的《仙館穠花圖》，小閣內右側一女著香色衫子，領上有白色三角翻領；左側一女著紅衫子，衫上又罩北方式樣的半袖，也加裝了白色小翻領。

尤為獨特的是周氏墓出土的裙裝。在傳統式樣的褶裙、端平新樣的趕上裙之外，又有一式褶襉裙，可視為襠褲與裙裝的結合式樣，裙身三處加褶，上端縫合，下端自由散開，穿在身上後從身前與左右看，形態與當時流行的敞口襠褲無別。

南宋·佚名《仙館穠花圖》局部

台北故宮博物院藏

穿敞口襠褲的女性

南宋·佚名《萬花春睡圖》局部

宋度宗咸淳十年（1274年）周氏妝束形象

髮式與妝容：據墓主髮式與首飾、同時期文獻記載組合繪製。

服飾：周氏墓出土了完整的服飾實物。這裡在文物基礎上另行設計繪製。

❶

❶褶襇裙：裙身結合了襠褲的設計思路，在身前與左右兩側加褶，上端多點縫合，下端鬆散開來，穿著時類似襠褲。

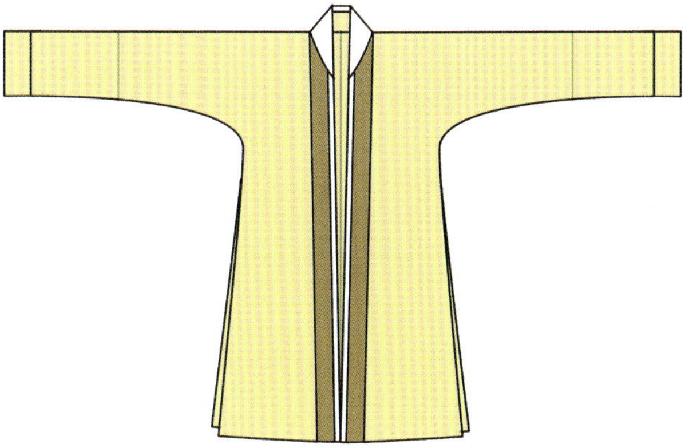

2

❷翻領衫子：窄袖上衣，另加小翻領裝飾。

❸衫子：參考周氏墓出土羅襟紗衫子繪製。特別之處在於對襟上加縫有紐扣，以及裝飾性的垂帶。

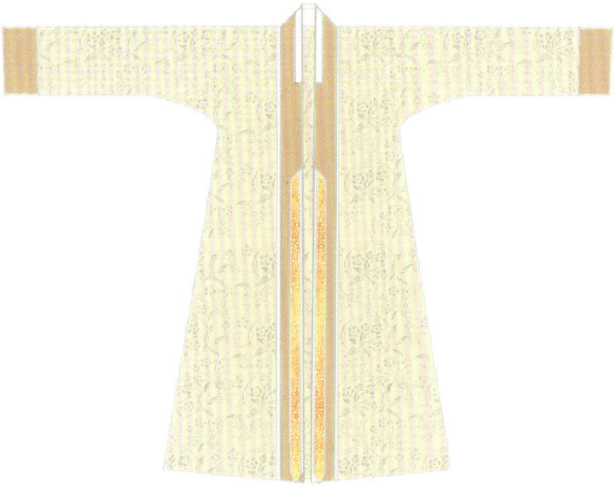

3

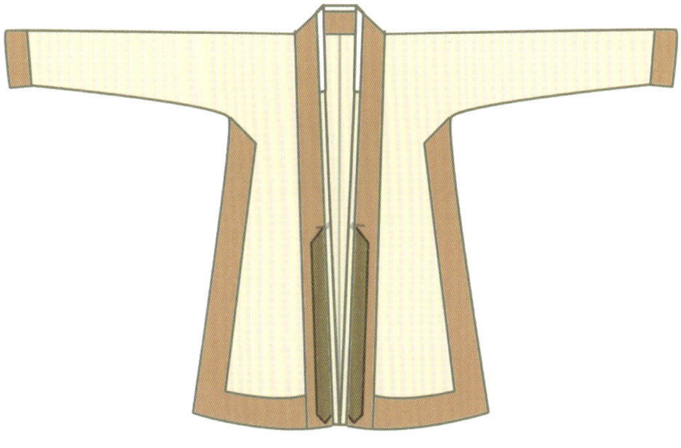

4

❹背子：參考周氏墓出土背子繪製。長度與衫子相當，但領邊、袖口、下擺、開衩處都鑲嵌有領抹或牙邊。衣領上同樣有紐扣與垂帶。

四、南風北調

即便是宋亡之後，宋式妝束的一段時興流行依舊未嘗暫歇。南方女性仍如前朝一般，頭戴冠、身穿披罩在外的背子，只是式樣細節也吸納了一些北方元素。如湖南華容元墓女墓主的服裝搭配①：頭飾銀冠與簪釵、插梳；上身所穿一件背子雖還能夠將領垂作對襟，但實際根據領間加縫繫帶來看，穿著時已穿作了交疊的左衽；下身的褶裙，則是宋式趕上裙與褶襉裙的結合式樣，形為兩幅裙片相疊，裙邊也鑲有織金的花邊，而裙片之中則加上了細密的褶襉。

①袁建平，〈穿戴出來的時尚——湖南地區的服飾流變〉[J]，《文物天地》，2017，(12)。

素羅夾背子

湖南華容元墓出土

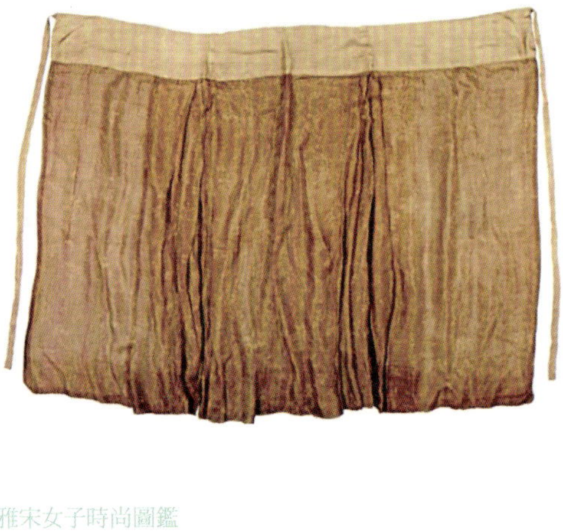

牡丹菊花紋領夾褶裙

湖南華容元墓出土

①潘行榮，〈元集寧路故城出土的窖藏絲織物及其他〉[J]，《文物》，1979，(8)。

②隆化民族博物館，《洞藏錦繡六百年：河北隆化鴿子洞洞藏元代文物》[M]，北京：文物出版社，2015。

而北方女性則多穿團衫、襖與長裙，只是在上衣外還可另加一件半袖衣作為正裝，這種衣式名作「比肩」或「比甲」，實際上仍是由「背子」的胡音「baeja」再度轉寫成漢字而來。它的源頭和使用意義可能都與宋式背子相似，只是因地域不同，隨著時尚發展，式樣也變得差異極大。

內蒙古元代集寧路故城遺址一處窖藏大甕中，出土了兩件半袖衣[①]，一件以羅為面，刺繡九十九組各不相同的花鳥走獸人物；一件以綾為面，通體印金花。華麗的裝飾表明其是穿著在外的正式衣物。河北隆化鴿子洞出土的一包元代衣物[②]中，同樣也有兩件半袖衣，一件面為藍地萬字龍紋雙色錦，一件面為藍地黃龜甲梅花紋雙色錦。

半袖衣

內蒙古元代集寧路故城遺址窖藏出土

半袖衣

河北隆化鴿子洞元代窖藏出土

元曲中時常將南北兩式妝束並舉，如無名氏〈雙姬〉曲：「珍珠包髻翡翠花，一似現世的菩薩。繡襖兒齊腰撒跨，小名兒喚做茶茶」，則茶茶為北地胭脂；「翠袖殷勤捧玉觴，淺斟低唱。便是個惱亂殺蘇州小樣，小名兒喚做當當」，當當自是南都佳人。又無名氏〈喜春來〉曲：「冠兒褙子多風韻，包髻團衫也不村，畫堂歌管兩般春。」

此外，從元曲的諸多描寫似乎可以看出，北地妝束中的「包髻團衫」似乎在當時人眼中更體面尊貴些。如關漢卿雜劇〈望江亭〉：「大夫人不許

半袖衣與內搭的夾襖

甘肅漳縣元代汪世顯家族墓出土

他、許他做第二個夫人，包髻、團衫、繡手巾，都是他受用的。」又〈詐妮子調風月〉：「許下我包髻、團衫、繡手巾。專等你世襲千戶的小夫人。」

時裝的發展依舊環環相扣，並不隨朝代變遷而立時更改。若干宋時衣式持續流行到了明朝。

明初浙江海鹽縣一位洪武戊辰年間（1388年）出生的女子，清點自家先人所遺留的衣物，其中就既有南方流行的背子，又有北方流行的長襖[1]，可見元末明初的江南女子衣裝，依舊呈現著南北並見的樣態。

①明．胡震亨《海鹽縣圖經》引朱祚《家傳》：「虞氏姑，生洪武戊辰年，至成化丁亥始卒，常出故衣服示人，云是先世所遺也。其制有雲肩、合袖、背子、長襖，間有龍鳳金織文者。問祖姑櫛髮老嫗云：『元盛時，天下太平，法度無禁，凡有宴會，非服此不預。』」

面妝首飾雜啼痕，誰信幽香似玉魂。
門掩落花人不到，悵然猶得對芳樽。

——集宋人句

第二篇／冠梳釵釧

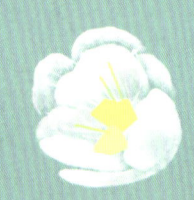

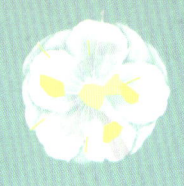

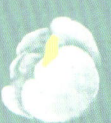

概說

兩宋時代，女性的首飾以式樣論，主要包括戴於髮髻之外的冠子、綰ㄨㄢˇ髮的簪釵與梳篦、掛耳的耳環耳墜，此外又有戒指、手鐲、項鍊、配件；若以作工材質論，則大體可分為金銀與珠翠，前者的製作者稱「金銀匠」，工藝在於捶打鏤刻或曰「鈒ㄙㄚˋ鏤」，後者的製作者稱「珠翠匠」，工藝在於結珠鋪翠或曰「裝花」。

首飾與宋朝社會上層女性的日常息息相關。在南宋人吳自牧所著，記錄當時臨安風俗的筆記《夢粱錄》中，便有一段頗為有趣的記載：「又有善女人，皆府室宅舍內司之府第娘子、夫人等，建庚申會，誦《圓覺經》，俱帶珠翠珍寶首飾赴會，人呼曰『鬥寶會』。」說的是當時在臨安城中，一眾信仰佛法的貴家娘子、夫人，成立了一個名為「庚申會」的活動社團，平日相聚誦讀《圓覺經》，但聚會實際上還有一層爭艷鬥美的目的。她們各個插戴了珠翠珍寶，競爭誰的首飾更精巧華美，乃至於人們戲稱「庚申會」為「鬥寶會」。

但當時普通人也情願在首飾上消費甚至揮霍。如張仲文筆記《白獺髓》中記稱：「行都人多易貧乏者……妻孥ㄋㄨˊ皆衣弊衣，跣ㄒㄧㄢˇ足，而帶金銀釵釧，夜則賃被而宿」，說的是南宋臨安城中平民百姓的妻眷，哪怕是窮得破衣光腳、晚上都要租被子睡覺，也要存錢購置金銀首飾。

本篇接下來將選取兩宋七座重要墓葬的首飾進行復原組合推測，探尋首飾主人的人生故事，同時由點及面，排比羅列同類首飾與相關記載，分析考證首飾的式樣，展現首飾時尚的變遷。

冰蠶吐絲織纖紈，妙娥貌玉輕邯鄲。
曲眉淺臉鴉髮盤，白角瑩薄垂肩冠。
銅青羅衫日月團，紅裙擷暈朝霞乾。
手中把筆書小字，字以通情形以觀。
形隨畫去能長好，歲歲年年應不老。
相逢熟識眼生春，重伴忘憂作萱草。

——梅堯臣〈當世家觀畫〉

宰相夫人段氏

1963年11~12月間，江西文物管理委員會在永新縣發掘了北宋名臣劉沆與其妻秦國夫人段氏之墓。[①]劉沆其人，見於宋史記載，為北宋仁宗朝名相。他出身鄉里豪族，生性豪爽，倜儻俠義，早年科舉屢試「進士」不中，自稱「退士」。直到北宋天聖八年（1030年），才終於被選為進士第二名，開始了仕途，最終成為大宋丞相。史書上對他的成就事跡記載得頗詳盡，卻無半字與他的妻子相關。

但根據記載中的一些蛛絲馬跡，仍能大略推知劉沆之妻段氏的一些生活經歷——她嫁與劉沆時，劉沆尚因屢試不中而頹喪，夫婦度過了一段舉案齊眉的鄉間生活。隨著劉沆為官，她自然妻隨夫貴，朝廷賜予的命婦封號隨著丈夫官位一級級升高，但生活卻少了昔日鄉間的安穩，多了擔驚受怕——劉沆先是北上出使，又南下征伐，幾度身臨險境。直到丈夫終於回京任官，她才得以安心。

①彭適凡、程應麟，〈北宋劉沆墓發掘簡報〉[J]，《文物工作資料》，1964，(1)；彭適凡、程應麟、秦光傑，〈江西永新北宋劉沆墓發掘報告〉[J]，《考古》，1964，(1)。

此刻的宋仁宗，正深深眷戀著張貴妃。劉沆正是張貴妃的前朝支持者，段氏大約此時也幫助丈夫往來斡旋，溝通前朝與內廷。後來劉沆官拜參知政事，朝堂上甚至有人上書彈劾他刻意討好張貴妃以謀求仕途。然而雲散風流歲月遷，皇佑六年（1054年），張貴妃不幸早逝，宋仁宗萬般悲慟，不顧規矩禮法，執意追封愛人為皇后，以皇后禮安葬，遭眾多大臣極力反對，百般勸諫。劉沆支持追封張貴妃，仁宗任其為宰相，兼任張貴妃園陵使。

劉沆拜相後，仍恪盡職守，長於吏事，只是他性情率直，樹敵太多，朝堂上常遭攻訐。一朝罷相，鬱鬱而終。因有官員上書落井下石，家人甚至不敢向朝廷請求謚號。仁宗念及往事，為劉沆親題「思賢之碑」四字。此後朝廷追封哀榮不斷，段氏也先後獲得楚國太夫人、韓國太夫人、秦國太夫人等封號。

形象復原依據

段氏的首飾包括金裹頭銀簪一雙、嵌水晶銀釵一支、鎏金銀纏枝花紋包邊木梳三把（一大兩小，木質梳體已殘）、金耳環一對（出土時僅餘一隻），此外還殘餘條狀金頭飾四塊，原本應鑲嵌在冠上。

出土時首飾位置大致分明：頭戴飾有金飾的長冠，冠上前後各插一枚金裹頭銀簪；稍小的長梳壓在兩鬢，冠後壓一把大梳。這裡參照山西高平開化寺壁畫中女供養人形象推測補全了冠式，並補繪了嵌水晶銀釵缺失的墜飾部分。

金冠飾

金裹頭銀簪

嵌水晶銀步搖釵

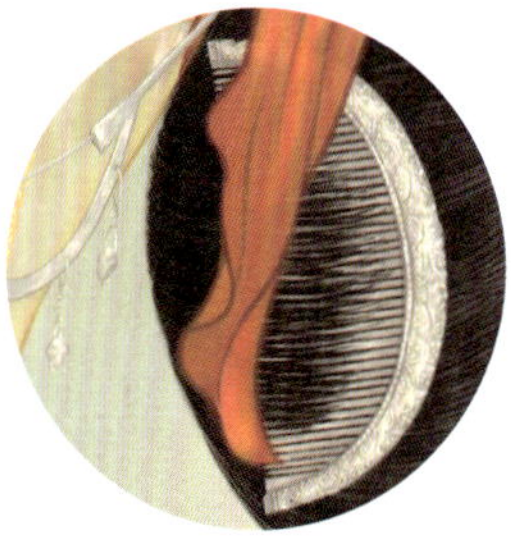

鎏金銀纏枝花紋梳

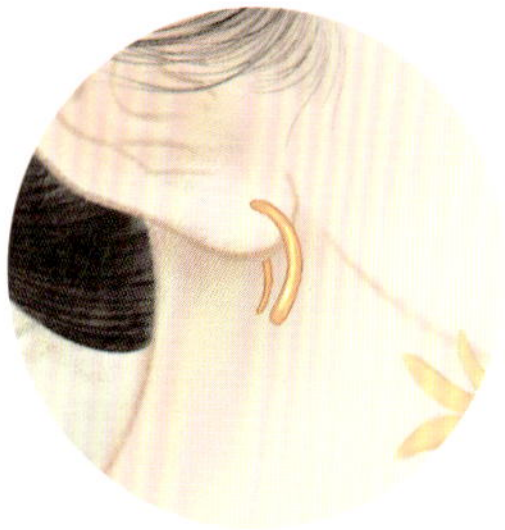

金耳環

❀ 首飾小識：白角瑩薄內樣冠

女子頭上戴冠的風習，在唐時已頗有見，至宋朝則逐漸成為一大時尚。起初，這類冠多是以漆紗製成，又在其上裝飾各色絹花與金銀珠翠。[①]此外，又一度有以鹿胎革[②]、玳瑁等奢侈材料製作頭冠。冠的式樣極多，並無定制。

北宋人李昭遘曾談及母親以孝事奉婆母的情況（孔平仲《談苑》），特別提到「事姑二十年，唯梳髮髻，姑亡始戴冠」（侍奉婆母二十年，都只梳髮髻以表謙卑，直到婆母去世之後，才開始戴冠），可見北宋初年，女子戴冠要比梳髮髻更尊貴。不過隨後李昭遘又感歎道：「今士大夫家子婦三日已冠，而與姑宴飲矣。」（如今士大夫家的新媳，成婚三日後就戴上了冠，坦然與婆母同坐宴飲了。）冠變得更加尋常化，迅速在士大夫階層的女性間流行開來。

到了北宋仁宗朝時，開始流行起一種以白角製作、式樣誇張的頭冠。因其是從宮中流行開來，故得名「內樣冠」。它的形態極為寬闊，被稱作「等肩冠」。時風最為熱烈時，等肩冠甚至寬達三、四尺，戴冠的貴夫人們必須側著頭才能進出車轎。[③]然而，這類浮誇奢侈的冠式令仁宗不喜，因此在皇祐元年（1049年），他特別對白角冠下了禁令，規定其尺寸寬不得過一尺。

於是這一時尚在仁宗朝有所消停，但不久就再度復興，甚至比原先有過之而無不及，冠的用材不止白角，還有更珍貴的魚魫石。[④]在山西運城臨猗北宋熙寧八年（1075年）墓壁畫與磚雕中，有見女

①南宋．王栐《燕翼詒謀錄》：「舊制，婦人冠以漆紗為之，而加以飾，金銀珠翠，采色裝花，初無定制。仁宗時，宮中以白角改造冠並梳，冠之長至三尺，有等肩者，梳至一尺。」

②妊娠七、八月的胎鹿毛皮呈深紫的底色上，顯出白色小花斑點的狀態，鹿胎冠即採用這種毛皮製成。南宋李攸《宋朝事實》卷三，記宋仁宗景祐三年（1036年）對鹿胎冠所下禁令：「比聞臣僚士庶人家多以鹿胎製造冠子，及有命婦亦戴鹿胎冠子入內者，以致諸處採捕，殺害生牲。宜嚴行禁絕。」

③南宋．周煇《清波雜誌》：「皇祐初，詔婦人所服冠，高毋得過七寸，廣毋得逾一尺，梳毋得逾尺，以角為之。先是，宮中尚白角冠，人爭效之，號內樣冠，名曰垂肩、等肩。至有長三尺者，登車輿皆側首而入，梳長亦逾尺。議者以為服妖，乃禁止之。」

④南宋．王栐《燕翼詒謀錄》：「議者以為妖，仁宗亦惡其侈。皇祐元年十月，詔禁中外不得以角為冠梳，冠廣不得過一尺，長不得過四寸，梳長不得過四寸。終仁宗之世，無敢犯者。其後侈靡之風盛行，冠不特白角，又易以魚魫；梳不特白角，又易以象牙、玳瑁矣。」

戴等肩冠的侍女

山西運城臨猗墓壁畫與磚雕／北宋熙寧八年（1075年）

子頭戴一種長冠，冠中起一道豎向的寬梁，向左右延展及肩，大約是仁宗朝流行的「等肩冠」遺式。山西高平開化寺大雄寶殿內也保存有繪製於北宋元祐七年（1092年）至紹聖三年（1096年）間的壁畫，其中諸位北宋女供養人，仍頭戴等肩寬冠。

還有不少冠式是在仁宗朝內的樣冠基礎上發展出來。若將長冠的四角彎曲向肩部下垂，就成了「亸肩冠」或「垂肩冠」。[1]而沈括《夢溪筆談》記稱當時婦人所戴的垂肩角冠形態，是「兩翼抱面，下垂及肩」。[2]按照描述，應如元豐四年（1081年）四川新津王公夫婦墓[3]中女俑頭上，冠在頭頂髮髻前後分作兩片，又伸展出兩翼傍臉收束，直向兩肩垂下。

戴垂肩冠女俑

四川新津王公夫婦墓出土／元豐四年（1081年）

戴等肩冠的女供養人

山西高平開化寺北宋壁畫局部

①北宋·王得臣《麈史》：「復以長者屈四角而下至於肩，謂之『亸肩』。」

②北宋·沈括《夢溪筆談·漢朱鮪墓》。

③成都市文物考古研究所、新津縣文物管理所，《新津縣鄧雙鄉北宋石室墓發掘簡報》，《成都考古發現2002》[M]，北京：科學出版社，2004。

若是將「彈肩冠」拉直、縮短，又成為「短冠」[1]或「一字冠」。在宋話本〈楊思溫燕山逢故人〉中，金軍靖康破宋之後，在北方的燕山城中，宋人楊思溫遇到被掠為金人妾室的鄭義娘，見她仍是宣和年間宮廷妝束：「四珠環勝內家妝，一字冠成宮裡樣。未改宣和妝束，猶存帝裡風流。」宮中內樣的「一字冠」，還保留著她身為宋女的最後一些回憶與尊嚴。這般描述還可以與山東淄博金代窯址出土的三彩女俑[2]對看，時處金國，中原仕女頭上的各樣冠式，仍承繼著一些北宋的繁華舊夢。

需特別注意的是，當時製冠所用白角、魚魫之類的材料較為特殊，今人往往對其不明所以，甚至認為當時女子是把角與魚骨直接戴在了頭上。實際上，這涉及一項當時流行的首飾製作工藝——將生物角質材料透過加熱軟化等方式加工後，進行二次塑形，製作出完整的頭冠來。「魫」或作「枕」，即魚的枕骨。蘇軾所作〈魚魫冠頌〉，詳細言說了一頂「魚魫冠」的製作工藝：

瑩淨魚枕冠，細觀初何物。

形氣偶相值，忽然而為魚。

戴各樣長短冠式的三彩女俑

山東淄博金代窯址出土

①北宋·王得臣《麈史》：「又以彈肩直其角而短，謂之『短冠』。今則一用太妃冠矣。」

②魏傳來，〈山東淄博古窯址出土陶瓷欣賞〉[J]，《陶瓷科學與藝術》，2014，(5)。

蘇軾〈魚魫冠頌〉帖

選自《三希堂法帖》

不幸遭網罟，剖魚而得枕。

方其得枕時，是枕非復魚。

湯火就模範，巉然冠五嶽。

剖魚取得魚枕之後，經特殊的藥水浸泡、以火加熱，達到使魚枕軟化的目的；接下來，放入已設計好冠式的模子之中（這往往需要多枚魚枕），使其凝固成形，一頂魚枕冠這才製作出來。在其冷卻前，還可以碾壓上花紋，獲得更加精美的裝飾效果。可惜大都好物不堅牢，角質易老化皸裂，時時需修補維護。在北宋的都城汴梁，就有專事「補洗魫角冠子」的工人。①

①《東京夢華錄》諸色雜賣條。

❀ 首飾小識：新梳斜插烏雲鬢

宋代仍延續著晚唐「廣插釵梳」的頭飾流行，寬大的內樣冠飾，還需同樣比例誇張的長梳來配，宋人羅列首飾也往往「冠梳」並舉。但當時所流行的梳式已經與前代有所不同——唐人將梳俗稱為「梳掌」，因當時梳的形態如手掌一般，是在平直的梳背下延伸出梳齒；而宋代典型樣式的梳，梳背已隨梳齒一起拱作弧形，或可稱之為「梳橋」。

在北宋仁宗朝誇張的等肩冠流行之時，搭配的大梳也一度達到了長一尺餘的程度。其製作方式和白角冠一致，是將加熱的動物角質加入模具中定型而成。皇佑元年（1049年），宋仁宗「梳長不得過一尺」的禁令一出，頭飾浮誇的摩登女郎們才勉為其難地將插梳長度稍微縮減到七、八寸的程度。[1]

梳在尺寸上已爭不了新意，在用材與裝飾細節上還可加以用心。段氏夫人墓中出土的三柄鎏金銀纏枝花紋包邊木梳，大約是禁令下符合制度的產物。這類梳是先製出基礎的素面梳體，再另取一段長條金銀片材，打出細巧的紋樣，包鑲於梳體「橋梁」部位作裝飾。

家饒資財的富家女子，也大可用整體的一枚金銀片材細細打作成梳。如河北易縣大北城窖藏出土的一柄金梳，梳橋拱起處打造出纏枝蓮台與鴛鴦紋飾。又能以雕鏤之工加諸骨木材質，如洛陽北宋墓出土的一把雕鏤纏枝牡丹紋的描金骨梳[2]；更有良工鏤玉而成的珍品，如南京江寧建中村南宋秦氏家族墓出土的兩柄玉梳[3]，式樣仍同於北宋。

①北宋·王得臣《麈史》：「其方尚長冠也，所傳兩腳旒（角梳）亦長七、八寸。習尚之盛，在於皇佑、至和之間。」

②洛陽博物館，《河洛文明》[M]，鄭州：中州古籍出版社，2012：516。按：太原小井峪北宋墓也出土有一對鏤花木梳，式樣類似。見代尊德，〈太原小井峪宋墓第二次發掘記〉[J]，《考古》，1963，(5)。

③南京市博物館，《故都神韻：南京市博物館文物精華》[M]，北京：文物出版社，2013。

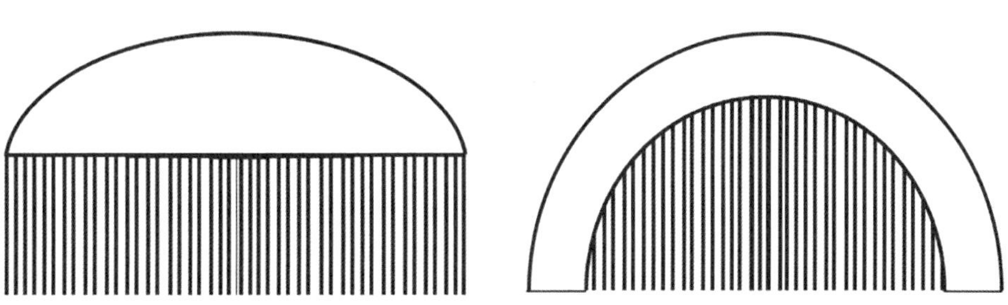

唐朝梳式（左）與宋朝梳式（右）的對比

纏枝花鳥紋金梳

河北易縣大北城窖藏出土，河北易縣博物館藏

纏枝牡丹紋雕花木梳

山西太原小井峪宋墓出土

纏枝牡丹紋雕花骨梳

河南洛陽北宋墓出土

纏枝牡丹紋雕花玉梳

江蘇南京江寧建中村秦氏家族墓出土

也有將多種工藝製法結合的繁複式樣。仍是出自河北易縣大北城遼代窖藏的一例，銀片打製出兩重花葉梳橋，再將梳橋鎏金與梳齒作區分，外圈又另覆一重細密小梅花結成的金質寬邊。北宋元祐五年（1090年）彭澤豪族女眷易氏八娘墓[1]中出土一柄銀梳更為精緻——先在一枚銀片上打造本體，梳橋分作三重：內一重勾勒簡單的葉紋，中心銘店家或匠人「周小四記」名號；中間一重打作突起的小梅花；外一重則鏤空作雙獅戲球紋樣。梳橋之上還額外留出一道空邊，另行包鑲裝飾球路紋飾帶。

①彭適凡、唐昌樸，〈江西發現幾座北宋紀年墓〉[J]，《文物》，1980，(5)。

金鑲銀梳
河北易縣大北城遼代窖藏出土，
河北易縣博物館藏

「周小四記」包鑲銀梳
江西彭澤易氏八娘墓出土
北宋元祐五年（1080年）
江西博物館藏

❀ 首飾小識：金裹頭銀簪

段氏夫人用以固定髮髻與頭冠的金裹頭銀簪，簪首為薄薄金片打製的空心小球，球面上細細壓印鏨刻纏枝牡丹紋樣，球下接一枝光素的銀質簪桿。這是北宋流行的簪式，如江陰北宋至和二年（1055年）孫四娘子墓中，也出土了一雙「金花銀針」，空心金球以兩枚金片打製的半球合成，球面上鏤刻蓮瓣、飛鳥與花葉，球下端另接一段銀簪。

值得一提的是，孫四娘子墓誌尚有文字傳世至今，為北宋書法家蔡襄所寫（《蔡忠惠公文集》卷三五〈瑞昌縣君孫氏墓誌銘〉）。由誌文可知，孫四娘子隨夫君葛宮宦海沉浮多年，還坦然安慰丈夫道：「為官窮通，豈不有命耶？」（為官通達與否，難道不是有命運安排嗎？）後來夫君為官顯達，孫四娘子也先後受封樂安縣君、瑞昌縣君。如此看來，段氏夫人與孫四娘子的同類首飾，大約是與她們尊貴的身分相關。

類似的簪在北宋墓葬中多是單件出現。如陝西藍田北宋呂氏家族墓馬夫人墓[①]中出土的一枚，金裹頭為散點花葉紋；陝西杜回北宋孟氏家族墓[②]中出土的一件，銀質簪桿上細細鏤刻出盤旋的龍紋，簪首金球以金絲編作鏤刻式樣。

用度奢華者，也大可直接以純金打製，如江蘇鎮江北宋慶歷五年（1045年）墓[③]出土的一支，簪頭空心金質小球上裝飾出三重蓮台的托座。江西波陽北宋政和五年（1115年）咸寧郡太夫人施氏墓出土的一支，簪身鏨刻一條飛龍，在雲中盤旋直上至簪頭。

不僅貴夫人們使用，侍女乃至田間村婦亦用類似的長簪綰髻，只是其用材、作工可能更寒樸些。只要有簪釵各一，她們就能將髮髻盤挽得妥帖。這

①陝西省考古研究院、西安市文物保護考古研究院，陝西曆史博物館編著，《藍田呂氏家族墓園2》[M]，北京：文物出版社, 2018。

②胡松梅，〈陝西長安杜回北宋孟氏家族墓地〉[J]，《藝術品鑑》，2021，(7)。

③鎮江博物館編，《鎮江出土金銀器》[M]，北京：文物出版社，2012。

花葉紋金裹頭銀簪
陝西藍田呂氏家族墓馬夫人墓出土

金花頭龍紋銀簪
陝西長安杜回
北宋孟氏家族墓出土

蓮台紋金簪
江蘇鎮江何家門畜牧場北墓出土
宋慶歷五年（1045年）

蟠龍紋金簪
江西波陽北宋施氏墓出土
江西省博物館藏

髮髻與簪釵組合形象

河南登封唐莊宋墓壁畫局部

髮髻與簪梳組合形象

南宋·李嵩《貨郎圖》局部

些以實用性為主的簪釵，通常較其他裝飾性簪釵長度更長，使用方式如北宋墓葬壁畫所呈現的[①]——長釵橫貫髮髻，長簪插於正前。宋人繪《貨郎圖》中鄉間懷抱小兒買貨的婦人，頭上也是以裹頭長簪貫在髮髻前，再在髮髻下斜壓一把梳子。

鎮江北宋黃氏墓出土了完整的首飾組合[②]：一枚金裹頭長簪，簪頭蓮座托起一簇纏枝牡丹；一支鎏金銀釵，頭端線刻流雲與碎花。

常州市紅梅新村兩座宋墓[③]，也出土了金裹頭銀簪與長釵構成的組合髮飾：1號墓出土一支鎏金銀釵，釵身鏤刻纏枝牡丹與桂花，又一支金裹頭銀簪，簪首金球湧起祥雲，其間浮出戲珠的雙鳳；2號墓出土一支銀釵，鏤刻纏枝牡丹，一支金裹頭銀簪，簪首金球亦是纏枝牡丹花紋。

①鄭州市文物考古研究院、登封市文物局，〈河南登封唐莊宋代壁畫墓發掘簡報〉[J]，《文物》，2012，(9)。

②鎮江博物館編，《鎮江出土金銀器》[M]，北京：文物出版社，2012。

③常州市博物館，〈江蘇常州市紅梅新村宋墓〉[J]，《考古》，1997，(11)；常州博物館編，《漆木·金銀器》[M]，北京：文物出版社，2008。

祥雲飛鳳紋金裹頭銀簪

江蘇常州紅梅新村宋墓1號墓出土

常州市博物館藏

纏枝牡丹紋金裹頭簪與鎏金銀釵組合（簪身已失）

鎮江北宋黃氏墓出土

酒熟微紅生眼尾。
半額龍香，冉冉飄衣袂。
雲壓寶釵撩不起。
黃金心字雙垂耳。

愁入眉痕添秀美。
無限柔情，分付西流水。
忽被驚風吹別淚。
只應天也知人意。

——周邦彥〈蝶戀花〉

名臣之母管氏

2014年，安徽南陵鐵拐村發現一處北宋古墓。經考古工作者搶救發掘，墓中出土大量文物，包括保存完好的宋代絲綢服飾，以及一套完整的金銀首飾。[①]據墓中旌銘長幡上的文字記載，墓主是「安康郡太君管氏」。對照古墓附近散落的一方〈宋故徐府君墓誌銘〉可知，管氏之夫名為徐用之；夫妻有子名徐勣，是《宋史》中留有記載的北宋名臣。

史載徐勣曾在科舉考試中高中進士，開啟了為官之路。表面上看，通過科舉考試考場內的筆墨，可以使一個普通人立即顯達成為名臣，實際上幕後的慘澹經營歷時至久。首先需要出身平民的創業之祖先辛勤勞作，儉約積累，聚集財富，使子孫得到受教育的機會；又需要有天分的子孫勤學苦讀，不敗祖宗家業。在這持續多代人的背後，母親和妻子的自我犧牲必不可少，卻時常為人忽略，毫無文字記載。通過墓誌與旌銘留下的隻言片語可以知曉，

①安徽省文物考古研究所、南陵縣文物管理所，〈安徽南陵鐵拐宋墓發掘簡報〉[J]，《文物》，2016，(12)。

為了培育一代名臣徐勣，經歷了祖輩、父輩兩代人的努力，背後有著兩位女性的身影。

一是徐勣的祖母程氏。程氏初嫁入徐家時，徐家家境尚很貧寒，由程氏悉心侍奉婆母王氏，相夫教子，辛勤持家，才使徐家逐漸寬裕，子孫得以走上讀書人的道路。

二是徐勣的母親管氏。管氏嫁入徐家之時，徐家已是富足之家。徐用之與管氏夫婦卻不忘貧微之本，時常周濟貧寒鄉鄰；遭遇荒年，餓殍遍地，徐家也盡其所能賑災，救人無數。管氏生有三個兒子，後來「皆為士人」，二子徐勣更考中進士；兩個女兒所嫁之人，之後也都考中進士。

查閱宋史，能見徐勣在朝鯁正直諫，為官清廉，以愛民為本。宋徽宗建中靖國元年（1101年）時，徐勣為母向朝廷請封，管氏得封為「安康郡太君」[1]。徐勣在京城聽聞母親患病，請求回家探望。有人說翰林學士沒有外出的制度，徐勣由皇帝親自特許返鄉探母。[2]大約在崇寧年間（1102~1106年），管氏在愛子陪伴下安然離世，當葬於是時。

形象復原依據

管氏夫人的一套首飾保存完整、位置明確，繪圖時即依原位組合：髮髻以一支金釵、一支金簪固定。簪釵式樣都較為樸素實用：折股金釵光素無紋，金質長簪只在頂部飾以圓頭。一枚折股釵、一

①《宋會要輯稿》：「徽宗建中靖國元年（1101年）二月十八日，給事中徐勣以所遷官回授母一郡封，從之。」

②元．脫脫《宋史》：「（徐勣）謁歸視親病，或言翰林學士未有出外者，帝曰：『勣謁告歸爾，非去朝廷也，奈何輕欲奪之！』俄而遭憂。」

枚圓頭簪，構成了宋代女性首飾的基礎組合。髮髻兩側各插一柄銀梳，銀梳下部都連有長長的簪腳，顯然已不具梳髮功能，僅具簪戴裝飾之用。此外又有一支以鎏金銀絲扭結而成的步搖花斜插於髮髻一側。耳飾為一對黃金心字耳環。

銀絲步搖簪

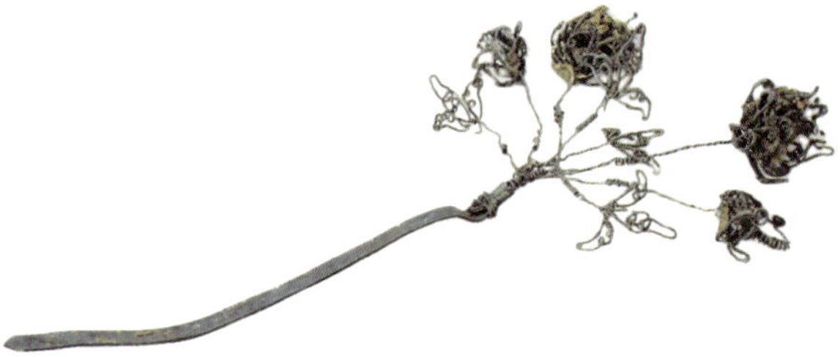

銀梳

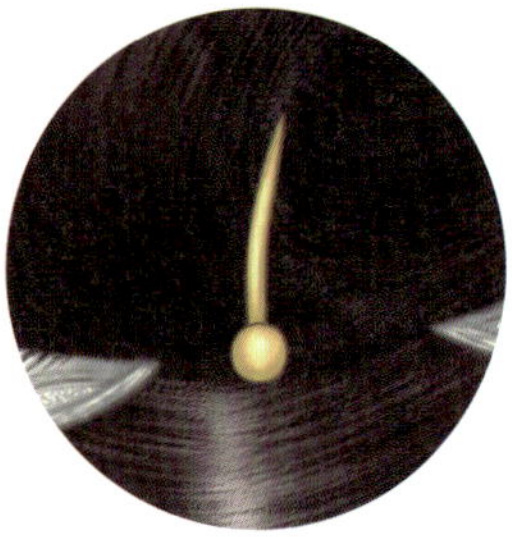

金簪／金釵

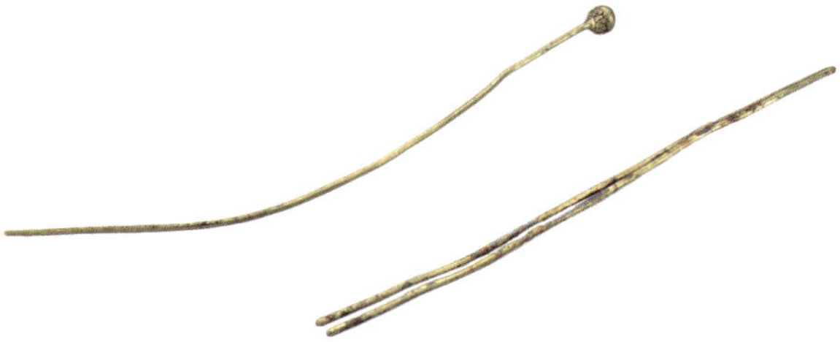

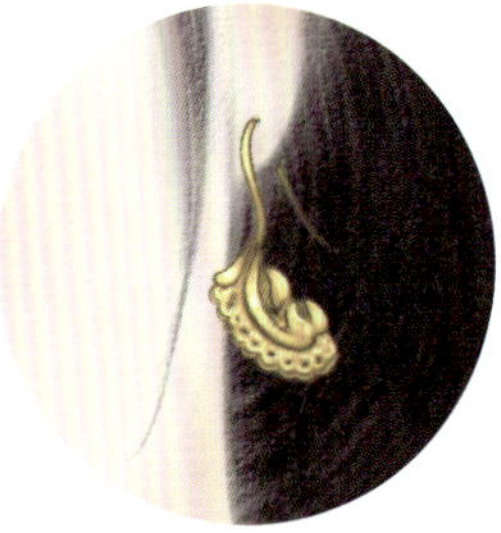

黃金心字耳環

梳髻插梳女性
河南登封城南莊宋墓壁畫局部

①鄭州市文物考古研究所、登封市文物局，〈河南登封城南莊宋代壁畫墓〉[J]，《文物》，2005，(8)。

②明人托元·伊世貞作《嫏嬛記》，卷上引《採蘭雜誌》：「人謂『步搖』為女髻，非也。蓋以銀絲宛轉，屈曲作花枝，插髻後隨步輒搖，以增媌媠，故曰『步搖』。」

類似的髮式與首飾組合圖像，還見於河南登封城南莊宋墓壁畫[1]所繪的女子頭上。這座墓葬的時間更早，對應著管氏夫人的青年時代。

❀ 首飾小識：纏絲步搖花

管氏頭上的步搖花簪，是自前朝流行的「結條釵」演化而來，以細銀絲做成螺旋式花葉枝條繫於扁條形簪首上，又以鎏金銀絲在端頭纏出四葉四花。這代表著宋代流行的「步搖」式樣，即「以銀絲宛轉，屈曲作花枝，插髻後隨步輒搖。」[2]簪頭綴滿銀絲纏出的花枝柔條，插在佳人髻邊隨行步而搖曳——「步搖共鬢影，吹入花圍」（史達祖〈步月〉），妙手巧製，自有宋人歌詞為之傳神。

在花枝周圍增飾蜂蝶、飛鳥，也是當時盛行的做法。北宋詞家謝逸〈蝶戀花〉有「攏鬢步搖青玉碾，缺樣花枝，葉葉蜂兒顫」，又有宋徽宗〈宮詞〉：「頭上宮花妝翡翠，寶蟬珍蝶勢如飛」、「飄飄頭上宮花顫，蜂蝶驚飛不著人」。據此可知，步搖上不妨以寶石翠羽來增色。

金步搖
湖南株洲攸縣丫江橋元代窖藏出土

銀步搖
湖南益陽八字哨元代窖藏出土

因銀絲較纖細，故保存完好的宋代步搖花簪不多見。[1]時代稍後的湖南元代窖藏[2]中出土有一支金步搖花簪，形是春園裡綻放的一簇牡丹，幾隻蝶鳥繞花飛翔；又一支銀步搖花簪，是由菱花與茨菇葉聚成的池中小景。

❀ 首飾小識：黃金心字雙垂耳

耳飾的起源可以追溯至上古時代，然而唐代卻極少見女子耳飾實物與佩戴耳飾的形象，彷彿是將穿耳視為不足取的胡人之風。直到唐末五代以來，耳飾才又流行起來，如五代後蜀歐陽炯〈南鄉子〉詞所述「耳墜金環穿瑟瑟」，傳世北宋宣祖后像的耳上正穿有飾藍色瑟瑟石與珍珠的金環；同類耳飾又有北方遼朝陳國公主墓出土的一對，以金絲為繫，穿起珍珠串與雕琢為龍舟競渡式樣的琥珀耳墜。[3]

更常見的遼代女性耳飾，形為一彎咬鈎的飛魚或飛龍，如遼耶律羽墓出土的一例。[4]這一時尚也

①類似的一組首飾組合出土於安徽望江九成阪宋墓，其中也有一支銀絲步搖花。墓主為廣平郡夫人程氏，葬於北宋元祐元年（1086年）。見安慶地區文物管理所《九成阪農場發現一座北宋紀年墓》、《文物研究》（1988年第3期）。

②湖南省博物館編著，《湖南宋元窖藏金銀器的發現與研究》[M]，北京：文物出版社，2009。

③內蒙古自治區文物考古研究所、哲里木盟博物館編，《遼陳國公主墓》[M]，北京：文物出版社，1993。

④齊東方主編，《中國美術全集：金銀器玻璃器》[M]，合肥：黃山書社，2010。

▲

黃金珊瑚珍珠耳墜

遼陳國公主墓出土

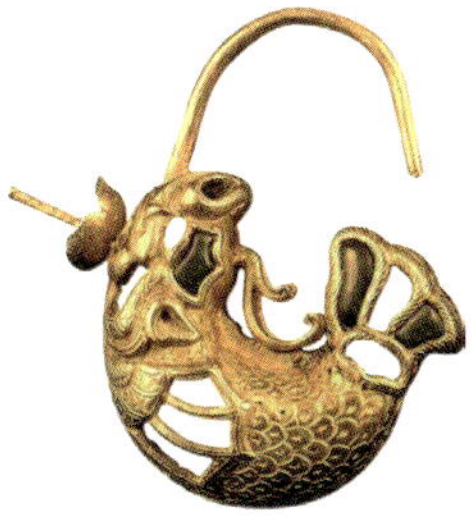

▲

嵌寶摩羯魚金耳飾

遼耶律羽墓出土

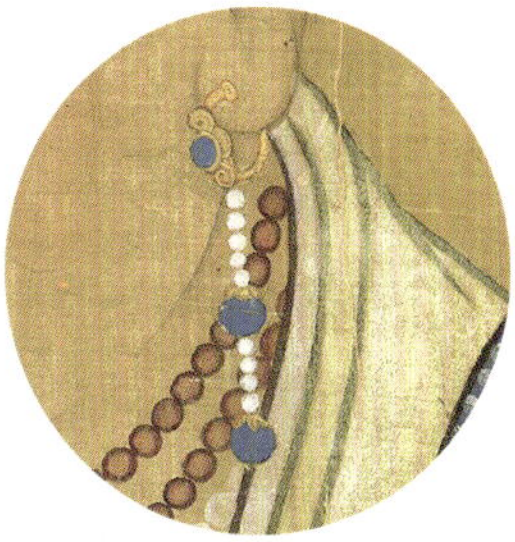

▲

黃金瑟瑟珍珠耳墜

宋宣祖后半身像局部

台北故宮博物院藏

影響到了宋朝。因其廣為流行，甚至引來了北宋朝廷禁令：「凡命婦許以金為首飾，及為小兒鈴鐲、釵、釧纏、耳環之屬；仍毋得為牙魚、飛魚、奇巧飛動若龍形者。」[1]

然而朝廷的申斥依舊抑制不住世風流行。此後宋朝女子的耳飾，輪廓仍具遼式，上作細長鈎腳，下部耳墜曲成鈎狀；但耳墜的裝飾風格已全然是中原風尚。有的是由一根金材打製，或全然不加藻飾，做出光素的一弦金鈎，如江蘇鎮江北宋黃氏墓出土的一對[2]；或略施花草紋飾，如江蘇常州紅梅新村宋墓2號墓出土的一對，耳墜延展如片葉，沿邊勾一圈聯珠紋，中心填飾一列梅花。

而管氏夫人耳上的一雙尤見巧思，鈎狀耳墜上順勢做出筆畫工整的一個「心」字，心字底端又立雕出一排細碎盤旋的卷草。它原是用兩片金片分別打造出文字與花飾，再貼合在耳環鈎上成為一體。周邦彥〈蝶戀花〉中一句「雲壓寶釵撩不起，黃金心字雙垂耳」，彷彿正是為管夫人的首飾而寫。這一對也並非孤例，如一對傳世的南宋「如意雲形」金耳環，實則紋飾仍是一鈎三點構成的「心」字。

❀ 首飾小識：冠兒時樣都相稱

在管氏夫人的隨葬品中，還有一件編為團圓樣式的竹編物件，正背面均又加縫絹帛。它雖並未被直接戴在頭上，卻極可能是一頂北宋後期流行的「團冠」。

大約是在北宋中期，民間女子開始流行佩戴一種用竹篾編成，再塗上顏料的團團圓冠，用材

①《宋史．輿服志》引北宋景祐三年（1036年）詔。

②鎮江博物館編，《鎮江出土金銀器》[M]，北京：文物出版社，2012。

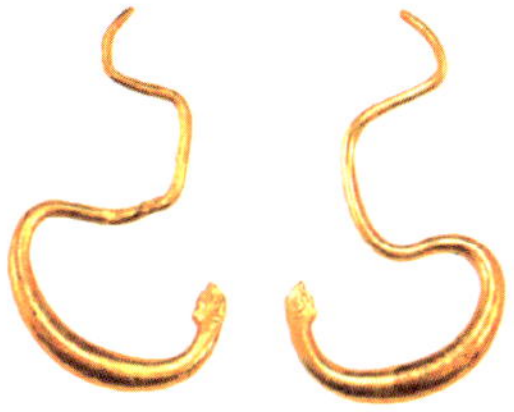

素面金耳墜
江蘇鎮江北宋黃氏墓出土
鎮江博物館藏

聯珠梅花紋金耳墜
江蘇常州紅梅新村宋墓2號墓出土
常州市博物館藏

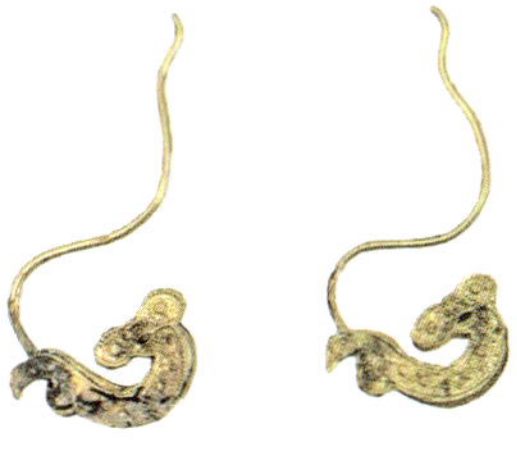

南宋心字金耳環
私人藏，浙江杭州南宋官窯博物館《雅趣匠意：中成堂藏宋代器物展》展出

輕便廉價，式樣也簡單，當時稱作「團冠」；時風從民間吹入家饒資財的貴夫人間，她們也紛紛在頭上戴起了團冠，只是製冠的材質更珍貴、工藝更細巧——或是如管夫人的竹冠那樣在面上蒙以絹帛，或以角塑形，或以金銀打製。

團冠的流行甚至傳入了宮廷之中，北宋李廌《師友談記》中記宋哲宗朝元祐八年（1093年）上元節，宮中舉辦宴會，出席的兩位太后頭上也是「皆白角團冠，前後惟白玉龍簪而已」。這類團冠佩戴的具體形態，當如河南登封箭溝宋代壁畫墓中女子頭上一般[①]。

時髦女郎追逐「好容儀」、「新妝束」，一頂新巧的冠飾自然是必需品。在隨後北宋末的徽宗一朝短短幾十年間，以團冠為基礎演變出了多種冠式。區別於宮廷傳出、款式經典的「內樣冠」，這類民間時尚帶來的頭冠式樣數年即一變，以緊跟潮流，「得時樣」為佳，可稱作「時樣冠」。[②]

①張松林；鄭州市文物考古研究所，《鄭州宋金壁畫墓》[M]，北京：科學出版社，2005。

②北宋・王得臣《麈史》：「俄又編竹而為團者，塗之以綠，浸變而以角為之，謂之『團冠』。……又以團冠少裁其兩邊，而高其前後，謂之『山口』。」

竹編團冠

安徽南陵安康郡君管氏墓出土

戴團冠的女性

河南登封箭溝宋墓壁畫

戴山口冠的女性

河南鄭州黑山溝墓壁畫

北宋紹聖四年（1097年）

①張松林；鄭州市文物考古研究所，《鄭州宋金壁畫墓》[M]，北京：科學出版社，2005。

②宿白，《白沙宋墓》[M]，2版，北京：文物出版社。

③喻燕姣，《湖南出土金銀器》[M]，長沙：湖南美術出版社，2009。

先是有人別出心裁地將團冠的前後部分設計成隆起的「冠山」，在兩側部分略裁低，呈現向下凹陷的「山口」，設計出所謂「山口冠」。在河南鄭州黑山溝北宋紹聖四年（1097年）墓壁畫[①]與河南白沙北宋元符二年（1099年）墓的壁畫[②]中，女性頭上的團冠兩側就已經有了略低的山口。湖南永州和尚嶺曾出土一件金冠[③]，面上鏨刻折枝卷葉團

戴山口冠的女性
河南白沙墓壁畫
北宋元符二年（1099年）

金冠
湖南永州和尚嶺出土

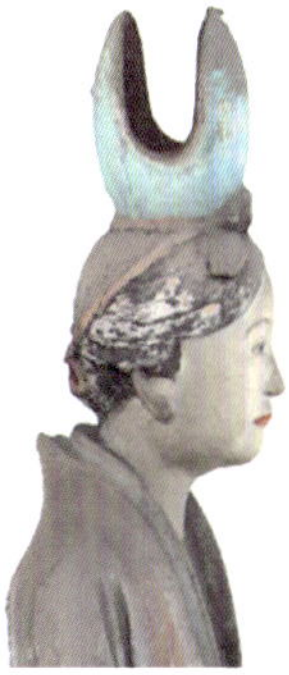

戴山口冠的宮人
山西晉祠聖母殿宋代雕塑

戴山口冠的廚娘
河南偃師酒流溝宋墓磚雕

戴山口冠的民間女性
河南新密平陌墓壁畫
北宋大觀二年（1108年）

花，花間侍立兩隊隨從，擁出中央端坐的佛像，雖發掘資訊闕如，但應可推定此為某個虔信佛法的貴婦人妝篋裡的愛物。

時風愈加放恣，團冠的山口越凹越低，前後冠山卻愈加向上高聳。上至宮人，下至廚娘、侍女，都喜戴這種高冠。如在山西晉祠聖母殿北宋宮人形象的雕塑中，即有一位頭戴山口高冠。而河南新密平陌北宋大觀二年（1108年）墓壁畫[①]、河南偃師酒流溝北宋墓磚雕中，女子頭上的山口冠也都高到了誇張的程度。安徽舒城宋墓[②]出土了一頂銀冠實物，與當時流行式樣相符，只是尺寸較小。

直到北宋末十餘年間，高聳的團冠依舊盛行了一段時間，但同時又有一式復古的冠式出現，冠體呈橢球體，前後冠山變得向內傾斜翻卷，山口收窄如縫。湖北英山茅竹灣北宋政和四年（1114年）胡

①鄭州市文物考古研究所、新密市博物館，〈河南新密市平陌宋代壁畫墓〉[J]，《文物》，1998，(12)。

②奚明，〈安徽舒城縣三里村宋墓的清理〉[J]，《考古》，2005，(1)。

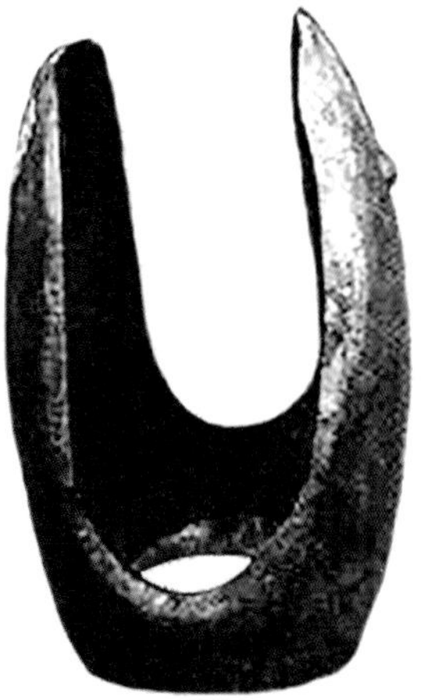

銀山口冠

安徽舒城宋墓出土

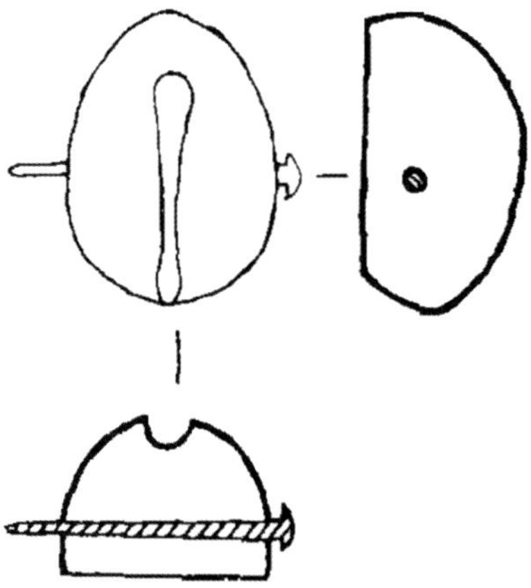

銀冠

湖北英山茅竹灣胡氏墓出土

北宋政和四年（1114年）

①張孜江，〈四川博物院收藏的一批遼宋金器〉[J]，《文物》，2012，(1)。

戴冠的女子
河南洛陽新安李村宋墓壁畫

氏墓中出土了一件銀質小冠，冠殼如球，頂部開出一道弧形山口，正是這一流行的先聲。

此外尚需一提，高高聳起的時樣冠，也曾反向影響了徽宗時期宮廷的內樣冠。當時宮中傳出一種豎立在頭上的「四直冠」，如詞人張孝祥〈鷓鴣天〉中所言：「瞻蹕門前識個人。柳眉桃臉不勝春。短襟衫子新來棹，四直冠兒內樣新。」

美人妝束如春，衣裝新、冠飾新，正是一位身處時尚前沿的妙人。「四直冠」的具體形態大約如四川元通鎮窖藏出土的兩頂宋代金冠[①]一般，用金絲穿繫四枚錘揲凸花的薄薄金葉而成，正可以與「四直」的名稱對照。

四直冠
四川元通鎮窖藏出土
四川博物院藏

一朵鞓紅，寶釵壓髻東風溜。
年時也是牡丹時，相見花邊酒。
初試夾紗半袖。
與花枝、盈盈鬥秀。
對花臨景，為景牽情，因花感舊。

題葉無憑，曲溝流水空回首。
夢雲不入小山屏，真個歡難偶。
別後知他安否。
軟紅街、清明還又。
絮飛春盡，天遠書沉，日長人瘦。

——孫惟信〈燭影搖紅〉

宗室夫人黃昇

1975年，福建福州浮倉山上發現一座宋墓。由史料記載可以推知，這裡是南宋蓮城尉趙與駿夫婦的墓塋區域所在，而這座宋墓正是趙與駿之妻黃昇之墓。[1]其中出土的一方墓誌記載了這個南宋女子短暫的一生。

①福建省博物館，《福州南宋黃昇墓》[M]，北京：文物出版社，1982。

黃昇生於南宋福建泉州的一個書香世家，父親黃樸於宋理宗紹定二年（1229年）高中進士第一，隨後在端平年間（1234~1236年）任泉州知州兼提舉市舶司等職。因母親洪氏早亡，黃昇自幼由祖母潘夫人撫養。潘夫人是一位知書達禮的貴婦人，黃昇在她的教養下也「婉婉有儀，柔淑之聲聞於閭井」。

在黃昇年滿十六歲之時，其父黃樸遇到了同門前輩、身為趙宋宗室後人的趙師恕。兩人談起兒孫之事，黃樸發現趙師恕的孫子趙與駿也是年幼失怙，由祖父撫養長大。趙師恕提議為自家孫子趙與

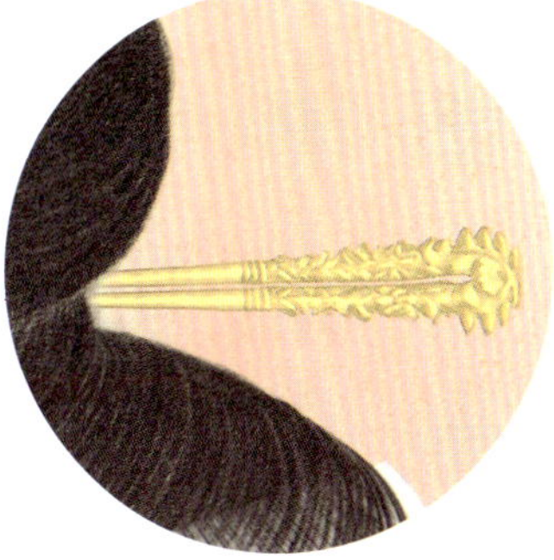

鎏金銀鈒花釵

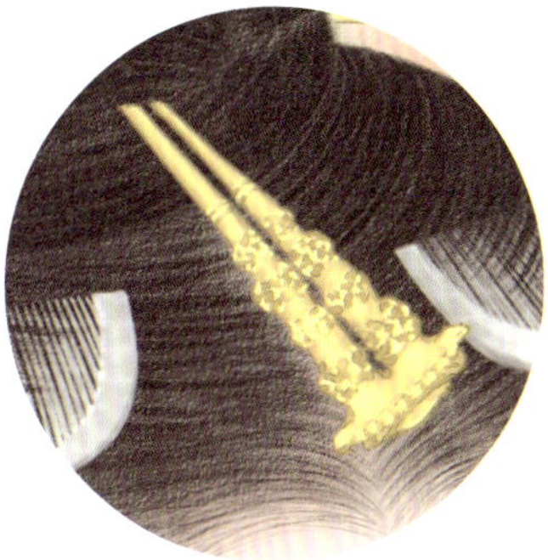

鎏金銀鈒花釵

角雕鬢梳

銀鬪高飛

駿同黃樸幼女黃昇定下婚事。

兩家長輩一拍即合，黃昇和趙與駿在南宋淳祐二年（1242年）完婚。趙師恕從故鄉寄來的家書中得知，家人對這位新媳極是滿意，稱她「確守姆訓，法度無違」。他於次年辭官告老返鄉，正當想要享受由孫子、孫媳承奉於前的平安晚年時，卻發現黃昇已不幸病故。他為這位嫁入自家未久的孫媳撰寫墓誌，感歎道：

> 爾年方十七，笄而事人，願與夫共甘苦，同生死，豈謂千里之程，方出門行，未一日而止耶！

形象復原依據

黃昇頭上的首飾保存完整。鎏金銀釵三件插於髮髻正中和兩邊。雖考古報告刊出時已將髮髻與釵分離，但據釵的形態可作推測，應是短的一支插正中，長的兩支對插髮髻兩側。此外還有四把半月形角梳，壓在鬢邊四周。在隨葬的妝奩中還發現了一雙銀質飛蝶串起的飾件，這裡也對照歷史記載加以設計，裝飾在了黃昇鬢邊。

宋朝男女原有以頭釵定情的風俗[①]，這些首飾或許正是趙與駿曾經贈與妻子黃昇的信物。

❀ 首飾小識：雙蝶鬭高飛

這是仿照真實飛蛾或飛蝶的形態製作的小飾物（蝶、蛾、蟬在當時並不嚴格區分，均可籠統稱呼），可供男子飾在巾帽側畔、女子掛於鬢邊釵頭。女子佩戴的鬧蛾，又有名「宜男蟬」[②]。湖北

①宋．吳自牧《夢粱錄》：「如新人中意，即以金釵插於冠髻中，名曰『插釵』。若不如意，則送彩緞二匹，謂之『壓驚』，則姻事不諧矣。」

②宋．金盈之《醉翁談錄》：「又有宜男蟬，狀如紙蛾，而稍加文飾。」

麻城北宋閻良佐夫婦墓中，即出土有金質的鬧蛾一隻。[1]

蛾、蝶成雙成對，是晚唐五代以來興起的花樣，廣泛運用於絲綢與金屬器物裝飾之中，至宋仍舊盛行不衰。現存如北宋書家蔡襄於皇祐三年（1051年）在杭州所寫、寄與友人的書信，即選用了一張聯珠對蝶暗紋的羅文砑花箋。

因這一紋樣流行，宋人甚至另行附會故事，為其另起雅號。

或是稱其為「孟家蟬」，記稱北宋哲宗紹聖年間（1094~1098年）宮廷中一孟姓工匠設計獻上的夾纈紋樣，因此得名。宮中「內樣」流行開來，民間競服之[2]；更有好事者將「孟家蟬」與北宋哲宗孟皇后「禪」（廢黜後位）相關聯，將其視為不吉徵兆[3]。

或是取其成雙成對的彩頭，將其稱作「鬪高飛」。南宋初年所追記的靖康痛史中，一處動人細節即與它相關——宋高宗趙構還是康王時，曾為

①王善才、陳恆樹，〈湖北麻城北宋石室墓清理簡報〉[J]，《考古》，1965，(1)。

②宋・熊克《中興小記》引朱勝非《閑居錄》：「紹聖間，宮掖造禁纈，有匠者姓孟，獻新樣，兩大蝴蝶相對，繚以結帶，曰『孟家蟬』，民間競服之。」

③宋・朱彧《萍洲可談》：「哲宗時，孟氏皇后，京師衣飾畫作雙蟬，目為孟家蟬，識者謂蟬有禪意，久之后竟廢。」

金鬧蛾

湖北麻城北宋閻良佐夫婦墓出土

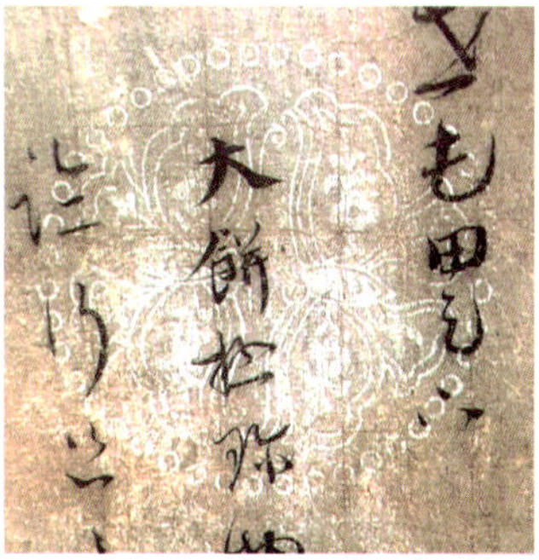

北宋皇祐三年（1051年）蔡襄致

通理當世屯田尺牘局部

台北故宮博物院藏

夫人邢氏打造一對「鬬高飛」雙飛小蝴蝶式樣的耳環；靖康之難時，邢氏不幸為金軍所擄。後來高宗南面稱帝，輾轉聯絡到身陷金國、不得團聚的妻子邢夫人。邢夫人唯將舊物表深情，取出一隻耳環送還，遙寄「歸還」、「成雙」之願。①

時至南宋，這種飾物仍是女子飾匣衣箱中的愛物。文人也不吝筆墨描寫，如岳珂〈宮詞〉：「宮樣新裝錦纈鮮，都人爭服孟家蟬。」姜夔〈觀燈口號〉：「遊人總戴孟家蟬，爭托星球萬眼圓。」

❀ 首飾小識：花頭簪釵

宋人詩詞中寫美人，往往是「以物見人」，即不去實寫美人的面目，卻以其妝束簪戴來傳遞神韻。一句「寶釵壓髻東風溜」，足以形容黃昇的頭上風光——她用以綰髻的三枚鎏金銀釵，是南宋時代最為流行的「花頭」式樣，恰可以「與花枝、盈盈鬥秀」。

當時釵的一般樣式，是將實心的長條金材或銀材對折，再在釵梁上鏤雕裝飾。紋飾簡易者為「纏絲」、「竹節」，複雜者稱「鈒花」。浙江慶元會溪南宋開禧元年（1205年）胡紘夫婦墓②中恰好出土了這幾式釵，為其妻吳氏所用。其中的鈒花釵，釵梁打造繁縟紋飾，釵頭另加花蓋，因其貴重，釵腳又加刻「真赤金」銘，黃昇所用釵式與之類似。浙江湖州妙西渡善南宋嘉熙三年（1239年）墓③也出土有一支鈒花釵，於釵梁雕刻纏枝花紋。

進一步將釵頭繁複化，則成為「花頭釵」或「花筒釵」。這類花頭多是在簪腳或釵腳之外另製，製法

①宋·曹勛《北狩見聞錄》：「又索於懿節皇后，得所戴金耳環子一隻，上有雙飛小胡蝶，俗名鬬高飛，云是今上皇帝在藩邸時制，以為的驗。」
宋·李心傳《建炎以來繫年要錄·建炎元年四月》：「邢夫人亦脫其御金環，使內侍持付勛曰：『為吾白大王，願如此環，早得相見，並見吾父，為道無恙。』」

②浙江省文物考古研究所、慶元縣文物管理委員會，〈浙江慶元會溪南宋胡紘夫婦合葬墓發掘簡報〉[J]，《文物》，2015，(7)。

③金媛媛，〈湖州妙西渡善宋墓〉[J]，《東方博物》，2017，(2)。

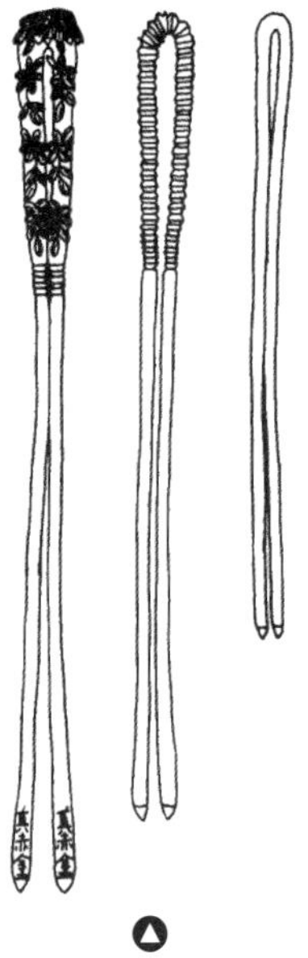

▲ **素金釵、鎏金銀竹節／纏絲釵、鈒花釵**

浙江慶元會溪胡紘夫婦墓出土
南宋開禧元年（1205年）

金鈒花釵

浙江湖州妙西渡善墓出土

南宋嘉熙三年（1239年）

花頭金釵

江蘇省鎮江市博物館藏

花頭銀釵

浙江德清武康銀子山南宋窖藏出土

浙江省博物館《錯彩鏤金：浙江出土金銀器展》展出

大致可分為兩類：一類是以兩片鏤花的金片或銀片分別卷作一頭廣一頭狹的圓筒，作為釵的一雙花頭，其上又另接雕飾盛放花卉的小蓋，如鎮江市博物館收藏的一支金釵[1]。又有精工細巧者，不另製花頭的蓋面，直接以兩片打製好花草圖樣的金銀片焊合製成上端弧圓、下支小腳的一體，如浙江德清武康銀子山南宋窖藏出土「趙八郎」款鎏金銀釵。

若干繁複花式也在此基礎上衍伸發展。或是在花頭的數量上增益，使它不僅可以一枝獨放，也能枝連並蒂甚至多花齊開。如宋話本〈宋四公大鬧禁魂張〉中所記：「一包金銀釵子，也有花頭的，也有連二、連三的，也有素的。」推想其形態，可舉浙江永嘉南宋窖藏出土的首飾為例：一支鎏金銀

①鎮江博物館，《鎮江出土金銀器》[M]，北京：文物出版社，2012。

簪，簪頭花開並蒂，即「連二」；一支「施八郎」款銀簪，三雙花頭相並，底端匯合成一柄單獨的簪腳，即「連三」。若是將多枚花頭連作弧形一排，形若拱橋，則名「橋梁」[1]，如江蘇江陰宋墓出土的一支[2]，橋梁上並列花頭三十三對。

或是花筒的製法工藝上更精巧細膩。如南京幕府山宋墓[3]出土的一支花筒簪，不另裝釵腳，整體以金箔打製成六出瓜稜的錐形尖筒，每一面上又裝飾鏤空卷草花飾，簪頭扣一朵金花，紋飾為瑞雲托起的盤龍。同墓又出土一對金簪，簪頭並裝三枚鏤空毬路紋的小球形花筒。這種以薄薄金銀片打製的花筒釵，更可加以雕鏤精細透空的紋飾，重量反倒比實心的釵式更輕。

元人喬吉有小令〈水仙子・花筒兒〉一首：「玲瓏高插楚雲岑，輕巧全勝碧玉簪，紅綿水暖春香沁。是惜花人一寸心，淨瓶兒般手捻著沉吟。滴點點薔薇露，裊絲絲楊柳金，是個畫出來的觀音。」既形容出其輕巧，又表現出其可借雕鏤透空處填放香水、香花的特徵。女子將花筒釵戴在頭

①此據揚之水先生考證。時代更晚的明永樂刊本《碎金》中〈釵釧〉一節提到「橋梁」一式。

②江陰博物館，《江陰文物精華》[M]，館藏版，北京：文物出版社，2009。

③南京市博物館，〈南京幕府山宋墓清理簡報〉[J]，《文物》，1982，(3)。按簡報推測該墓為北宋墓，但該組首飾裝飾意匠與目前北宋墓所出首飾迥異，更接近南宋乃至元時的流行式樣。

連二式與連三式花頭簪

浙江永嘉南宋窖藏，浙江省博物館

《錯彩鏤金：浙江出土金銀器展》展出

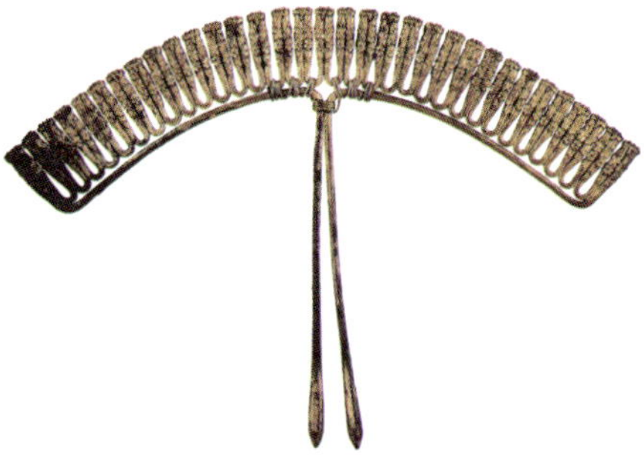

三十三花頭橋梁釵

江蘇江陰宋墓出土

鏤空式花筒金簪

江蘇南京幕府山宋墓出土

上，行走時便漾起細細香風。雖「天遠書沉，日長人瘦」，當日盛放的美人早已凋零，但這小小花頭釵，仍寄得一點昔年的嬌魂香魄在。

❀ 首飾小識：鬢雲掩梳月

元雜劇《張孔目智勘魔合羅》中羅列貨郎所售首飾：「他有那關頭的蠟釵子，壓鬢的骨頭梳。」所謂「關頭」，意思是以釵將盤挽好的髮髻「關上、鎖住」而不致散開；「壓鬢」，則是將梳插在了鬢髮之上，既可穩固髮縷，又有裝飾作用。南宋至元代時流行的插梳，式樣頗小巧簡潔。它們通常以角、木等材質雕刻而成，梳梼部分變得細細窄窄。稍大的梳可單件與簪釵配合，用以綰髻「關頭」；小件則成雙成對，多用以「壓鬢」對稱插戴。

梳背之上當然也可再另加他飾——或是所謂「壘金梳子」，如江蘇常州武進禮河宋墓出土的一把黃楊木梳，是在梳背包鑲金片。又有所謂「珠梳」，如常州武進村前鄉宋墓出土的黃楊木梳，梳背鑲一圈細碎珍珠[1]。南宋繪畫中常見鬢壓珠梳的

①常州博物館編，《漆木·金銀器》[M]，北京：文物出版社，2008。

女子形象，如北京故宮博物院藏《蕉蔭擊球圖》，貴婦人與身側侍兒鬢上均壓了四把珠梳。

梳如新月，襯在佳人雲鬢之上，是宋人吟詠中常見的景致。范成大〈好事近〉一首尤有意境，寫折下的梅枝簪在美人髮上，可與鬢梳相襯：「昨夜報春來，的皪嶺梅開雪。攜手玉人同賞，比看誰奇絕。闌干倚遍憶多情，怕角聲嗚咽。與折一枝斜戴，襯鬢雲梳月。」因這般的意象太過為人熟知，也不乏有人反其道而用之，正所謂「一梳涼月插空碧」（趙汝鐩〈飲通幽園〉），將夜空比作美人鬢髮，月則成了插鬢的小梳。

金背木梳

江蘇常州武進禮河宋墓出土

常州市博物館藏

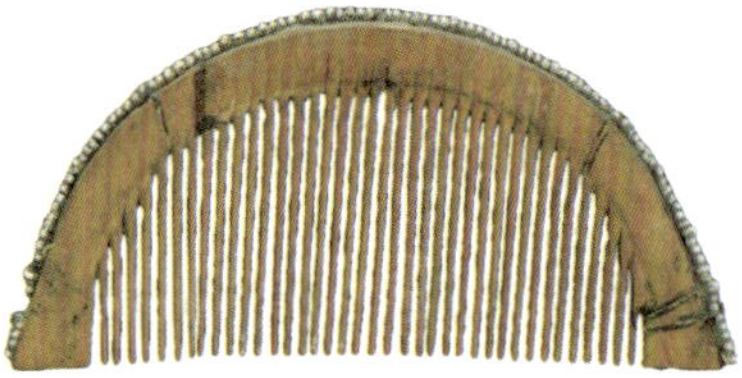

珠背木梳

江蘇常州武進村前鄉宋墓出土

常州市博物館藏

南宋《蕉蔭擊球圖》局部

北京故宮博物院藏

南宋後期以來，裝飾華麗的雕鏤包鑲式梳也得到進一步發展。元雜劇《荊楚臣重對玉梳記》中即以一枚玉梳的分合作為故事主要線索：「下官當初與玉香別時，分開玉梳為記。今日令銀匠用金鑲就，依舊完好。」這道梳橋上包鑲的金銀飾，也可據其裝飾手法不同分為兩類：一類仍延續北宋制式，在與梳齒相接的寬面上雕鏤花紋；另一類則在南宋流行式樣的基礎上用心，尤其注意梳背拱起窄梁上的裝飾。後者如江西安義縣南宋淳祐九年（1249年）李碩人墓出土的一對金鏤花梳背，連綿兩道葉紋間托起一道與梳體厚度一致的毬路紋，包鑲木質梳體時可貼合無間。

此外，當時尚有一式稱為「簾梳」、「珠簾梳」[①]的，是在梳背另掛珠花串成的花網，如簾垂下。上海博物館藏南宋繪畫《歌樂圖》中女伎，鬢上便飾有四彎垂掛白珠的簾梳。但大約因珍珠質不易留存，目前出土文物中僅德安周氏墓見有珠簾梳實物，是用細金絲網穿起細珠作為冠前壓鬢木梳的垂簾。還有不少簾梳為金質，如江西新余出土的一把，薄薄的金片打造梳背，下掛起細碎小金花串成的梳簾。

①「簾梳」一名據揚之水先生考證。見：揚之水，《中國古代金銀首飾 卷2》[M]，故宮出版社，2014。

▲

金鏤花梳背

江西安義縣南宋淳祐九年（1249年）李碩人墓出土

▼

南宋《歌樂圖》局部

上海博物館藏

▼

金花簾梳

江西新余出土

髻穩冠宜翡翠。壓鬟彩絲金蕊。
遠山碧淺蘸秋水。香暖榴裙襯地。
亭亭二八餘年紀。惱春意。
玉雲凝重步塵細。獨立花蔭寶砌。

——趙清中〈秋蕊香〉

官員髮妻周氏

1988年9月，江西德安桃源山上一座南宋墓葬偶然在建築工地露出。墓中隨葬的大量衣衫首飾、用度什物都保存完好。出土的墓誌上記載了墓主生平：墓主為南宋末年有「安人」封號的周氏，其夫為新太平州通判（從七品官員）吳疇。這位官宦之家的貴夫人，十七歲出嫁，年僅三十五歲早亡，因死於丈夫升官之際而有朝廷封敘命婦封號的哀榮。

當地吳氏一族恰有宗譜傳世，與墓誌對照來看，記載卻有差異：吳疇原配夫人名為馮乙娘，周氏為續娶。但宗譜中記載周氏生育子嗣後，馮氏仍有生育，參照當時士大夫家庭嚴妻妾、分嫡庶的規矩來推想，若果真如此，周氏一開始可能只是妾室。

然而周氏出身家門清顯，其父周應合在南宋理宗淳祐年間中進士。南宋寶祐五年（1257年），周氏作為周家長女，在父親官運亨通之時嫁作人婦。當時落魄士大夫之女嫁為人妾尚且引人評議憐憫，周氏這樣的名門閨秀更不可能作妾，南宋法律也不允許扶妾為妻。墓誌由吳疇親筆撰寫，已明確稱周氏為妻，「安人」這樣的朝廷命婦封號，原則上也只封官員嫡妻。

考古所見文字材料與傳世記載不僅不能互證，反而相違背，考慮當時具體歷史背景，或許才能找到合理的解釋：周氏的確是吳疇在原配夫人去世後明媒正娶的繼室夫人。南宋末的咸淳年間（1265~1274年），奸臣賈似道把持朝政、貪慵誤國，在朝廷任官的周氏之父上書彈劾，卻遭貶斥。其婿吳疇也受此牽連，被貶往江州擔任一末流小官。

周氏憂懼再有禍患累及子嗣，在名義上將親子過繼給夫君早已離世的原配馮氏。咸淳十年（1274年），賈似道一度失勢，吳疇被朝廷平反起復，周氏卻因隨夫奔波多年，積勞成疾，撒手人寰……

形象復原依據

周氏髮式與各式首飾保存組合完整，未經擾亂。

其鬢上插一對描金朱漆木梳、一對描金灰漆木梳，頭後壓一把黑漆木梳（圖中未繪製）。頭頂梳髻，以絲羅嵌金絲的小冠罩住髮髻，小冠兩側開敞，插有八枚簪釵（三支連二式鎏金銀竹節釵、一支鎏金銀纏絲釵、一支鎏金銀小花鈿簪、一支鎏金銀四連小花鈿耳挖簪、一支鎏金銀花瓶簪，又有一支鎏金銀竹節釵，下方懸垂一個珍珠結成網罩的羅質小囊）。冠前壓一把珍珠篦梳，上戴三朵金絲裝飾的絹花，花下各襯以五片花葉組成的綠色絹質葉

金絲圍髻

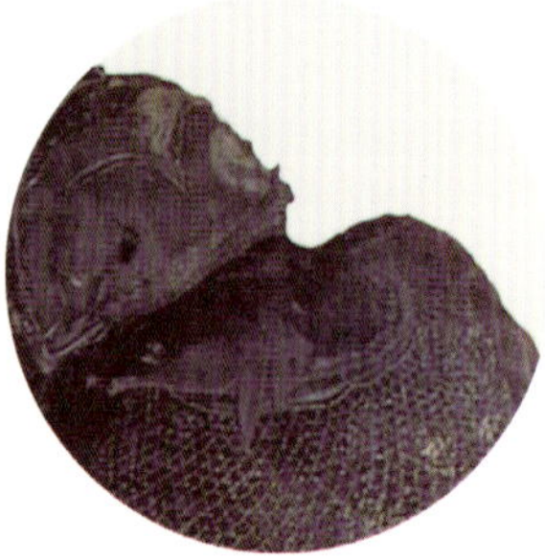

金絲羅冠／絹花

珠囊釵符附鎏金銀釵

鎏金銀小花鈿簪／纏絲釵／四連小花鈿耳挖簪

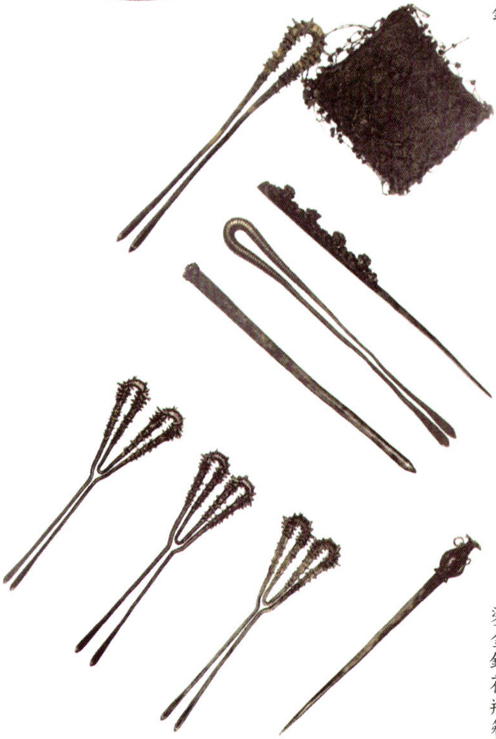

鎏金銀連二式竹節釵

鎏金銀花瓶簪

黑漆壓髻木梳

描金朱漆木鬢梳／描金灰漆木鬢梳

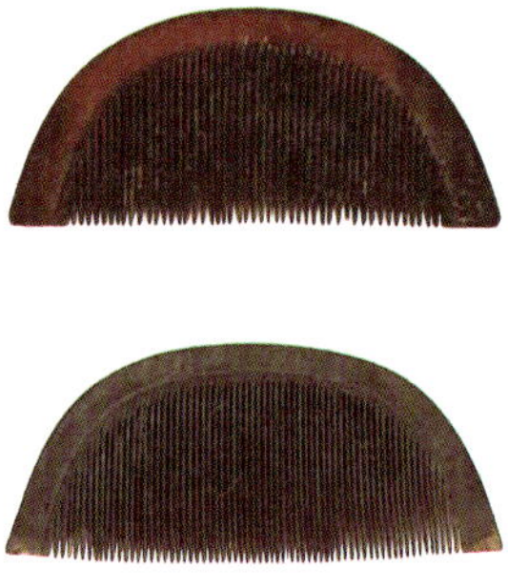

片，似仿月季花形態製成。此外，周氏額上貼有一片水滴形琉璃花鈿。

❀ 首飾小識：小符斜掛綠雲鬟

周氏冠側插有一枚小小竹節紋金釵，下掛一羅製小囊，小囊外還有珍珠編連而成的網罩。這便是宋代端午節時流行的「釵頭符」。

所謂「符」，來自道教的「符籙」，是以朱砂繪製驅邪除災符號圖形的小片黃紙或絹帛。端午節時，無論貴賤男女，都要以五色彩絲或彩帛製成的小囊盛裝符籙，隨身佩戴以辟邪。北宋時如王珪所作〈端午內中帖子詞．皇后閣〉：「君王未帶赤靈符，親結雙龍獻寶珠。更與宮娥花下看，工夫還似外邊無。」可知在端午時節的北宋宮廷中，皇后也要為皇帝備好供端午佩用的符囊。南宋吳自牧《夢粱錄》中羅列宮廷中端午賜下的諸般物件中，也有「五色珠兒結成經筒符袋」。

而女子將盛符的小囊懸掛在釵頭，即是「釵符」。南宋遺民陳元靚所著《歲時廣記》引《歲時雜記》稱：「端午剪彩繒作小符兒，爭逞精巧，摻於環髻之上，都城亦多撲賣，名釵頭符。」南宋人

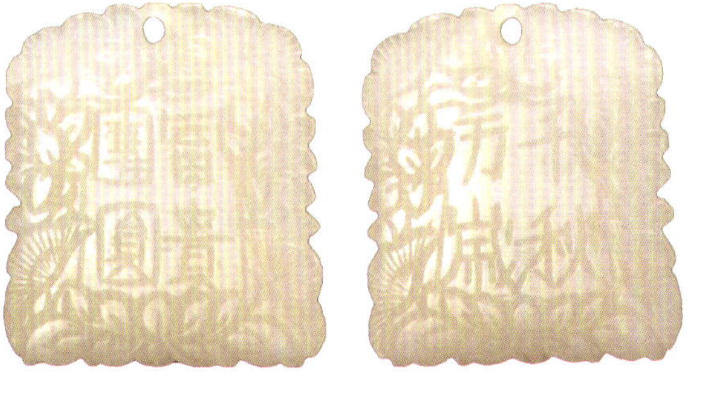

玉釵符

浙江臨安吳越國康陵出土

崔敦於淳熙七年（1180年）端午呈與皇后的賀詩中亦有「玉燕垂符小，珠囊結艾青」（〈淳熙七年端午帖子詞·皇后閣〉），「玉燕」即玉釵的美稱，是以玉釵垂下了辟邪的珠囊符袋。

浙江臨安吳越國康陵（二世王錢元瓘元妃馬氏之墓）出有一枚玉飾[①]，時期早至五代。玉飾兩面分別以蓮台托起、花葉環繞出「千秋萬歲」和「富貴團圓」字樣，原當繫於釵頭，是以玉材雕刻吉語來模擬釵符的形式。時至北宋，蘇軾也有〈浣溪沙〉一首，將端午時節頭掛釵符的美人形容得極傳神：

輕汗微微透碧紈，明朝端午浴芳蘭。
流香漲膩滿晴川。
彩線輕纏紅玉臂，小符斜掛綠雲鬟。
佳人相見一千年。

如今再與周氏所戴的釵符對照，情景瞭然。

❀ 首飾小識：花瓶簪

宋人愛花，甚至可以說愛花如狂。當時女子的衣飾，也總是與各樣時令花卉相關。

冬春之際，頭上可簪臘梅：「壽陽妝樣。纖手拈來簪髻上。恍若還家。暫睹真花壓百花。」（洪皓〈減字木蘭花〉）賞花、簪花之時，衣色更要與花色相配。初春梅花開時，杭州世家公子張鑑攜家妓賞梅，諸妓皆以「柳黃」為衣色。冷艷梅花與嫩黃柳色，將佳人襯得風流韻致。[②]春氣漸暖，在貴人家的牡丹會上，頭簪牡丹花、奏歌助興的美人們

①杭州市文物考古研究所、臨安市文物館編著，《五代吳越國康陵》[M]，北京：文物出版社，2014。

②宋·姜夔〈鶯聲繞紅樓〉詞小序：「甲寅春，平甫（張鑑）與予自越來吳，攜家妓觀梅於孤山之西村，命國工吹笛，妓皆以柳黃為衣。」

①宋·周密《齊東野語》記張功甫牡丹會：「別有名姬十輩皆衣白，凡首飾衣領皆牡丹，首帶照殿紅一枝，執板奏歌侑觴，歌罷樂作乃退。……別十姬，易服與花而出。大抵簪白花則衣紫，紫花則衣鵝黃，黃花則衣紅，如是十杯，衣與花凡十易。所謳者皆前輩牡丹名詞。」

②喻燕姣，《湖南出土金銀器》[M]，長沙：湖南美術出版社，2009。

也各有與花色相稱的衣衫。簪紅花者穿白衣，白花穿紫衣，紫花著黃衣，黃花著紅衣。[①]

到了初夏，又有石榴花：「折來一點如猩血。透明冠子輕盈帖。芳心蹙破情憂切。不管花殘，猶自揀雙葉。」（程垓〈醉落魄〉）盛夏則是茉莉花：「層層細剪冰花小。新隨荔子雲帆到。一露一番開。玉人催賣栽。愛花心未已。摘放冠兒裡。輕浸水晶涼。一窩雲影香。」（張鎡〈菩薩蠻〉）

入秋，又可簪菊，「吟鬢底，伴寒香一朵，並簪黃菊」。（張翥〈聲聲慢〉）秋葉亦可在頭上裝飾，「簟紋衫色嬌黃淺，釵頭秋葉玲瓏剪」。（張先〈菩薩蠻〉）佳人頭上四時皆有花影參差，暗香浮動，成為風雅生活裡生動的細節。

時令鮮花雖為人愛賞，但「一枝不忍簪風帽，歸插淨瓶花轉好」（李光〈漁家傲〉），若直接簪戴頭上，花易因缺水而枯萎，不如插瓶來得長久。於是宋人又設計出「花瓶簪」，密封的簪腳內部空心，簪頭打作上開小孔的花瓶式樣。花枝插在其中，恰好堵住瓶口不致漏水。整個簪子於是成為可儲水的移動式小花瓶，讓得到滋養的鮮花在髮間盛放更久，又可避免花枝鉤掛已梳理得整齊的髮髻。

周氏頭上一支金花瓶簪，應即為簪花而設。湖南沅陵元代黃氏夫婦墓出土有一支同式的花瓶簪[②]。花瓶簪也可用晶瑩半透的琉璃製出，如山東淄博陶瓷琉

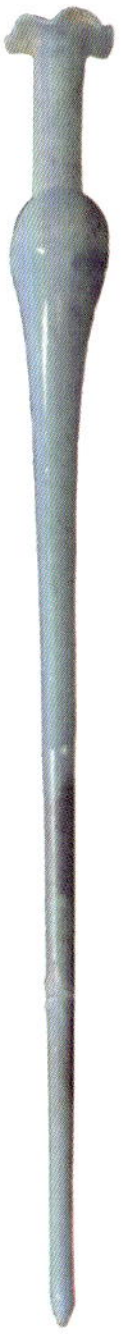

琉璃花瓶簪

山東淄博陶瓷琉璃博物館藏

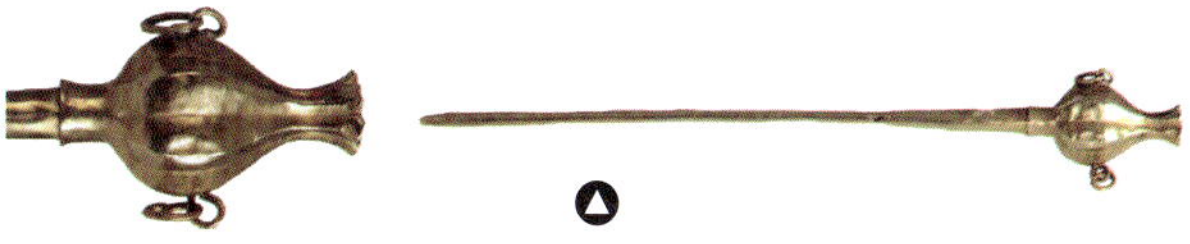

金花瓶簪

湖南沅陵黃氏夫婦墓出土

璃博物館所藏一例，花枝斜插瓶中，日光照耀在琉璃上，又有虛虛實實的水光映出，更顯雅致可愛。

①編按：假花。

❀ 首飾小識：假花與花鈿

仿鮮花製作的假花也在宋朝大為流行，蘇軾在〈四花相似說〉中提到「荼蘼花似通草花，桃花似蠟花，海棠花似絹花，罌粟花似紙花」；《冷齋夜話》也記蘇軾曾說：「無物不可比類，如蠟花似石榴花，紙花似罌粟花，通草花似梨花，羅絹花似海棠花。」可知北宋時已經有了根據真花質感用蠟、紙、通草、羅絹等材質仿製象生花①的做法。

因這類材質不易保存，考古發掘中難以見到。寧夏賀蘭拜寺口雙塔出土西夏時代的兩枝絹花，原是佛前插瓶的供花，大約可以與北宋時絹花參看。

▲

西夏絹花

寧夏賀蘭拜寺口雙塔出土，寧夏博物館藏

①江陰博物館，《江陰文物精華》[M]，北京：文物出版社，2009。

而周氏頭上的三朵絹花，更是難得的南宋實例。

金銀簪釵自然也有打造成仿生花形的式樣。如江蘇江陰山觀南宋窖藏出土的金花簪[①]，簪首為三朵、七朵金花並立；又如浙江永嘉南宋窖藏出土的銀簪，一排小花鈿附在連珠紋邊框架起的橋梁上。

往前逆推這類橋梁釵的設計意匠，可能本就是效仿自繞髮髻成排簪戴的鮮花——直到近世，南省仍不乏女性在髮髻側成排簪梔子、簪茉莉的實例。

戴冠簪花的南宋女性

日本高山寺藏《華嚴緣起》繪卷局部

三頭、七頭金花簪

江蘇江陰山觀南宋窖藏出土，江陰市博物館藏

橋梁式銀花簪

浙江永嘉南宋窖藏出土，永嘉市博物館藏

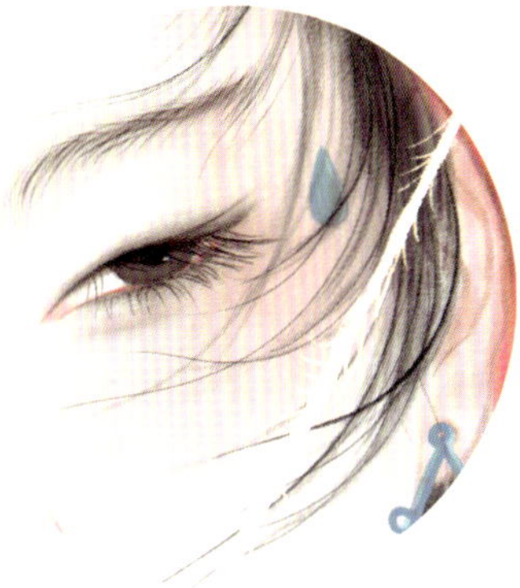

暗淡輕黃體性柔，情疏跡遠只香留。
何須淺碧深紅色，自是花中第一流。
梅定妒，菊應羞，畫闌開處冠中秋。
騷人可煞無情思，何事當年不見收。
——李清照〈鷓鴣天〉

唯一的楊君樾

1974年11月，在浙江衢州偶然發現一座南宋墓。因該墓未經科學考古發掘，一些隨葬物品可能已毀壞散失，僅由當地文管會收得部分文物。幸而其中尚有兩方墓誌，據墓誌文字可知，這是南宋著名學者「學齋先生」史繩祖與其妻楊氏二人的合葬墓。①其中史繩祖親筆為妻子楊氏題寫的墓誌文，講述一位南宋出色女子生前的若干事蹟。楊氏名「允蔭」，小字「福娘」，史繩祖始終取妻子的字「君樾」，親切地稱她為「君」，因此本文也以楊君樾來稱呼她。

大多數宋代女性的墓誌只記載她是誰的女兒、誰的妻子、誰的母親，即便提及女性自己，其故事也常常囿於內宅，講她如何侍奉公婆、照應丈夫、誕育子嗣……這或許是因為在當時的社會規範與主流敘事裡，女性彷彿總是依附於丈夫，沒有自己獨立的社會身分。同樣，在家庭內部的敘事中，丈夫這一角色也被有意回避，時常缺位。

但透過楊君樾墓誌的記載可以發現，在南宋末年

①崔成實，〈浙江衢州市南宋墓出土器物〉[J]，《考古》，1983，(1)。

的流離之世裡，她與夫君史繩祖互相尊重扶持、攜手共度。夫婦二人都是再婚，戰亂裡史繩祖喪妻、楊君樾守寡，二人相識重組家庭後，終生恩愛深篤。墓誌中除了寫楊君樾如何擁有賢惠持家的美德，更隱隱透露出，這是一位在外也有勇有謀、氣度寬廣的女性。

淳祐初年（約1241年前後），史繩祖在蜀地任官，不幸宋軍在此遭蒙古軍入侵，主帥逃跑，留下他在江上處置兵船物資。眼看將要陷入敵軍包圍，宋軍大多急於逃命，楊君樾卻以言語鼓勵夫君道：「四面皆賊，與其上岸送死，不如奮戰而死！」她甚至親身跟隨史繩祖控船與敵搏鬥。最終宋軍衝破敵陣，戰後論功行賞，原先落跑的主帥又冒領了功勞。有人為史繩祖叫屈，楊君樾卻依舊豁達地說：「保全性命，不辱使命，足夠了！」此後，她又幾度勸丈夫捐資助民。

一次四川嘉定府陷入敵軍包圍，史繩祖尚在城中，楊君樾因故失散在城外，卻依舊氣定神閒，入山堅守，毫不退卻。她有信心等候在戰後與夫君相聚，甚至向旁人說道：「吾家已矣，吾何用獨生？」史繩祖對妻子一生愛敬，兩人共同度過三十二年時光。咸淳七年（1271年），楊君樾去世，史繩祖臨墓慟哭，沉思往事歷歷在目，一一書寫於墓誌之中。

形象復原依據

史繩祖、楊君樾夫婦墓出土的首飾構件均完整，其中有金如意簪一支、素面金簪一支、琉璃簪一支、琉璃疊勝耳環一對、水滴形琉璃面花一對。推測原本均為楊君樾頭上佩戴，但因不知出土時首飾的具體位置，繪圖時均另行組合設計。

金耳挖簪／琉璃簪

素面金簪

琉璃面花

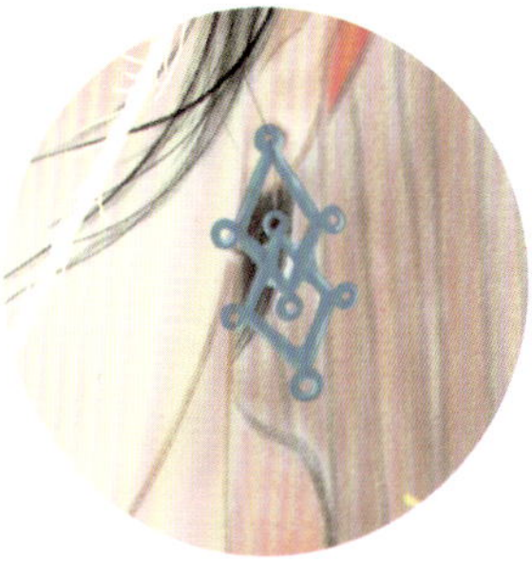

琉璃二勝環

①許夕華，《法相光明》[M]，北京：中國書店，2015。

❀ 首飾小識：二勝環

兩宋時的女郎常在春日裡，將彩紙、彩帛或金銀箔剪鏤而成的方形「勝子」懸掛在釵頭，取意吉祥。北宋賀鑄〈臨江仙〉：「巧剪合歡羅勝子，釵頭春意翩翩。艷歌淺拜笑嫣然。」南宋丘崈〈浣溪沙〉：「勝子幡兒裊鬢雲。釵頭絕唱舊曾聞。江城喜見又班春。」都是當時情形的詞筆描繪。

這樣的風俗起源很早，古人常將勝與另一種春日流行的飾物「幡」並舉。

春幡造型如同店鋪門前長竿挑起豎直垂下的幡旗，其上有字。南朝梁的宗懍《荊楚歲時記》記正月人日風俗，有「剪彩為人或鏤金箔為人，以貼屏風，亦戴之頭鬢。又造華勝以相遺」。北宋時如高承《事物紀原》所記：立春之日，「今世或剪彩錯緝為幡勝，雖朝廷之制，亦縷金銀或繒絹為之，戴於首，亦因此相承設之。或於歲旦刻青繒為小幡樣，重累凡十餘，相連綴以簪之」。

因幡勝寓意吉祥，宋人常將其用以供佛，佛塔地宮中也往往幡、勝同出。如河北定州靜志寺北宋地宮出土一枚鎏金小銀幡，是水晶花片下提起一片纏繞繁複的鏤空花結，正中鏨「宜春大吉」四字；同出的鎏金銀勝，則是一方鏤刻魚鱗地與瑞獸、瑞禽的銀箔。

江蘇宜興法藏寺北宋地宮也出土幡、勝多枚[①]，其中以題有供養人「符向二娘」文字的一對為典型。幡是以如意雲頭帶起鏤刻卷草的長腳，中央牌記「宜春耐夏」四字，背面墨書「符向二娘捨銀番聖一首，乞保扶家眷平善」（「番聖」即幡勝）。又

鎏金小銀幡與鎏金銀勝

河北定州靜志寺北宋地宮出土

「符向二娘」小銀幡與銀勝

江蘇宜興法藏寺北宋地宮出土

一枚銀勝，由三連方勝組成，中央同為「宜春耐夏」字樣，背面墨書「符向二娘捨」。

若是兩塊方勝相疊，則成為「雙疊勝」，這是兩宋時代常見的裝飾圖樣。遼寧阜新紅帽子遼塔地宮中出土一對琥珀盒，自帶有銘「疊勝」，正是當時的標準式樣。

北宋男子——尤其是武將——更喜用疊勝形的巾環來束繫頭巾，取諧音「得勝」的吉祥兆頭，如蘇軾〈謝陳季常惠一揞巾〉：「好戴黃金雙得勝，休教白苧一生酸。」[1]南宋沿用此風習不改，時人

①趙夔注〈謝陳季常惠一揞巾〉：「黃金得勝乃戰陣得捷之人所戴也。」

疊勝琥珀盒

遼寧阜新紅帽子遼塔地宮出土，遼寧省博物館藏。

稱作「二勝環」，諧音「二勝（聖）環（還）」，寓意盼「靖康之難」後被金人擄走的徽、欽二聖自北南還。

岳飛之孫岳珂曾記載道，在奸臣秦檜舉辦的一次宴會中，台上演著滑稽戲劇，台下一官員忙著向秦檜阿諛奉承。秦檜賜座，官員受寵若驚，坐下時不慎掉落頭巾，露出頭後佩戴的「二勝環」。台上伶人借此譏諷：「你光顧著坐太師交椅，卻把『二勝還』抛到了腦後！」台下譁然失色。[1]又有一則宋人傳聞，更以此事直斥秦檜背後的宋高宗。[2]

在上的天子、朝臣都將「二聖還」抛在腦後的時候，諸女郎卻仍舊將它記掛耳畔。楊君樾所戴的琉璃耳飾，恰便是一對疊勝。這大概也是因為它還有「同心」的吉祥寓意。

女子也常將題寫詩詞的紙箋疊作同心方勝的形狀。如宋話本〈張生彩鸞燈傳〉中寫「那女子回身，自袖中遺下一個同心方勝兒。……折開一看，乃是一幅花箋紙。」元雜劇《崔鶯鶯待月西廂記》中一曲〈後庭花〉唱：「把花箋錦字，疊做個同心方勝兒。」

①南宋．岳珂《桯史》卷七：「中席，優長誦致語，退，有參軍前，褒檜功德。一伶以荷葉交椅從之，恢語雜至，賓歡既洽，參軍方拱揖謝，將就椅，忽墮其幞頭，乃總髮為髻，如行伍之巾，後有大巾環，為雙疊勝。伶指而問曰：『此何環？』曰：『二勝環。』遽以樸擊其首曰：『爾但坐太師交椅，請取銀絹例物，此環掉腦後可也！』一坐失色，檜怒，明日下伶於獄，有死者。」

②南宋．張端義《貴耳集》卷下：「紹興初，楊存中在建康，諸軍之旗中有雙勝交環，謂之二勝環，取兩宮北還之意，因得美玉，琢成帽環進高廟，曰尚御裹。偶有一伶者在旁，高宗指環示之：『此環楊太尉進來，名二勝環。』伶人接奏云：『可惜二聖環，且放在腦後。』高宗亦為之改色。所謂工執藝事以諫。」

❀ 首飾小識：耳挖簪與笊ㄓㄠˋ頭鈚ㄆㄧ

楊君樾所用的金簪，除一長一短兩件素面無裝飾的之外，又有一支裝飾華麗的，簪身鏨出細點串連而成的卷草紋，簪頭另以金片製出鏤空點金粟的卷草紋金套扣合，頂端彎出如耳挖般的小小翹頭。它大概是從實用的耳挖演變而來，但隨著簪體裝飾變得複雜化，簪子體量逐漸變大，裝飾意義已逐漸壓過了實用意義，這裡暫將它稱作「耳挖簪」。[①]

耳挖簪略加膨大的簪頭上，還可另行焊接各種金銀打製的立體瓜果小花鈿，如前文周氏墓中出土的一例。浙江永嘉南宋窖藏也出土有多例裝飾立體花鈿的耳挖簪。

更華麗的式樣之一，是將簪頭繼續膨大，有的甚至將簪頭的耳挖也一並省卻，只留下形如梭子般下連長簪腳的主體。如南京幕府山宋墓出土的一件金簪[②]，梭形簪頭打出麒麟翔鳳的立體紋飾。

另一式，則是在簪頭將耳挖誇張化，既可增飾花紋，又能用以勾掛懸垂的流蘇掛飾。這類誇張化的大簪，形如笊籬（一種以竹篾、柳條等編製的漏勺），因此當時俗稱為「笊頭 」（ 原意指一種較寬較薄的箭鏃，與這類簪形態類似）。實物如浙江德清武康銀

①揚之水先生據明本字書《碎金》考證其或名為「如意」，見揚之水，《中國古代金銀首飾》[M]，北京：紫禁城出版社，2014。

②南京市博物館，〈南京幕府山宋墓清理簡報〉[J]，《文物》，1982，(3)。

▼
金簪
江蘇南京幕府山宋墓出土

▲
「趙八郎」款鎏金銀簪與掛飾
浙江德清武康銀子山南宋窖藏出土，浙江省博物館《中興紀勝：南宋風物觀止》展出

子山南宋窖藏中的「趙八郎」款鎏金銀簪，與之同出的還有兩件銀鎏金掛飾，小鈎連起以銀片分別打製的龜游疊勝小花片穿作流蘇，下端銜起一雙心字。

❀ 首飾小識：流離世界琉璃飾

南宋末年，朝廷一度禁止女子佩戴珠玉翡翠製作的奢侈首飾，宮中女子只得轉而尋找在禁令之外但效果接近的替代品。她們開始以琉璃來製作頭上的花飾。琉璃即是當時人對玻璃的稱呼，因其質感如玉般晶瑩溫潤，在當時又被稱作「藥玉」、「假玉」。

山東淄博陶瓷琉璃博物館收藏的一件青蓮花琉璃簪，可與這時的流行對看——以翠色琉璃為簪身，白琉璃做簪頭花蕊，又另附六瓣薄薄的琉璃花瓣，組成一朵晶瑩剔透的六瓣蓮花。

琉璃首飾的製作成本較碾玉、點翠更低，顏色也可仿製出玉的青白色或翠羽的藍色，因此在都城臨安迅速流行起來。[1]原先以金銀製作的各式簪釵首飾，也都出現了琉璃材質的「平替」。[2]因當時南宋朝廷由奸臣賈似道把持朝政，人們便根據琉璃的諧音「流離」、「假」的諧音「賈」，編了民謠來諷刺他：「滿頭青，都是假」、「滿頭多帶假，無處不琉璃」。[3]

雖有這樣一層不祥的寓意在，琉璃首飾依舊在天下愛美的女子頭上風靡著。

①元・佚名《宋季三朝政要》卷四：「（咸淳五年）都人以碾（假）玉為首飾。宮中簪琉璃花，都下人爭效之。時有詩云：『京城禁珠翠，天下盡琉璃。』識者以為流離之兆。」

②編按：指功能與性質類似的平價代替品，消費領域的流行語。

③宋・俞德鄰《佩韋齋集》卷一九〈輯聞〉：「咸淳末，賈似道以太傅、平章軍國重事，禁天下婦人不得以珠翠為飾。時行在悉以琉璃代之，婦人行步皆琅然有聲。民謠曰：『滿頭多帶假，無處不琉璃。』假謂賈，琉璃謂流離也。」
元・佚名《東南紀聞》卷一：「賈似道當國，京師亦有童謠云：『滿頭青，都是假。這回來，不作耍。』蓋時京妝競尚假玉，以假為賈，喻似道之專權，而丙子之事，非復庚申之役矣。」

▼
青蓮花琉璃簪
山東淄博陶瓷琉璃博物館藏

紗衣羅扇一時裁，兩兩三三作伴來。
正是吳中好風景，范家園裡杏花開。
單羅小扇夾紗衣，冠子梳頭插翠薇。
知是范家園裡醉，無人不戴杏花歸。

——楊基〈舟泊南湖有懷〉

叛臣續弦陳氏

1956年4月，安徽省棋盤山發現一座元墓。由墓誌可知，墓主為宋元之際的「常敗將軍」范文虎及其夫人陳氏。墓中出土的金銀玉器無不精好，仍具南宋的秀巧風格；陳氏夫人的首飾，也依然是宋時貴家女子習用的式樣。

范文虎原為南宋殿前副都指揮使知安慶府，無能無德卻在奸臣庇護下一路高升；投降元朝後，他是唯一進入元朝廷中樞、官職最高的「南人」（元代對南宋人的稱呼）。據史書記載，范文虎原是南宋將領呂文德之婿；可知其妻陳氏並非范文虎原配夫人，而是他降元之後另娶。

形象復原依據

陳氏的首飾包括金冠一頂、銀簪一枚、耳飾一對。因墓葬發掘年代較早，頭上金冠的相對位置不明，這裡參考宋元間畫像進行推測。耳飾參照南宋時流行的「落索」式樣，補充設計了耳墜。

如意嵌珠金冠

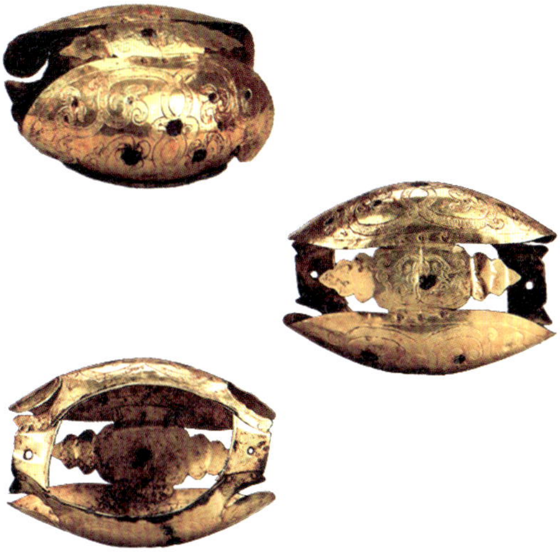

火焰紋嵌珠耳環

❀ 首飾小識：鏤金如意冠

兩宋女子都喜戴冠，然而北宋時流行的各樣高冠、寬冠式樣，到了南宋都變得過時，逐漸消失。南宋文人周煇追憶南宋初年所見到的婦人裝束，提到那時還有女子在盛大禮儀場合佩戴北宋式樣的「高冠長梳」，但若將這類誇張首飾放在數十年後，就足以讓南宋人感到陌生新奇了。①

南宋女子日常戴用的頭冠，基本上維持精緻小巧造型。這類小冠使用時，不像北宋式頭冠般用圓頭簪從前向後貫穿，以便與髮髻一同固定，而是將髮簪橫貫髮冠左右兩側留空處。宋畫《瑤台步月圖》將當時女性戴冠的正背面展示得非常清晰。

參照南宋刊刻的字書《重編詳備碎金》可知，南宋女子頭冠的命名，或依照其形態，或依照其材質，有涼冠、魫冠、冒紗、平頂、如意、起花、鳳冠等名目。陳氏所用的金冠，形制寬扁如蚌，用作冠體的前後兩片金片製出如意卷雲的式樣，大約正是一頂《碎金》中記載的「如意冠」。

此式樣早見於南宋初年蔡伸詞：「碾花如意魫

①南宋．周煇《清波雜誌》：「煇自孩提見婦女裝束，數歲即一變，況乎數十百年前，樣制自應不同。如高冠長梳，猶及見之，當時名大梳裹，非盛禮不用。若施於今日，未必不詫為新奇。大抵前輩置器物、蓋屋宇皆務高大，後漸從狹小，首飾亦然。」

▲ 銀纏釧

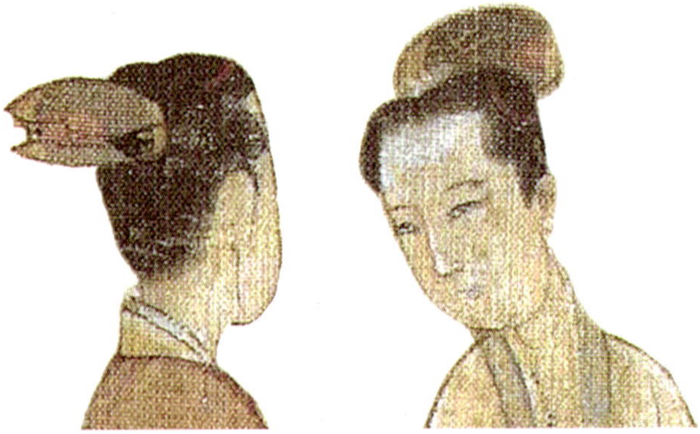

◀ 南宋．陳清波《瑤台步月圖》
北京故宮博物院藏

冠輕」（〈浣溪沙〉）、「鏤塵如意冠兒」（〈西江月〉）。類似的還有江蘇常州春江鎮南宋墓出土的一頂素面銀冠，構成冠面的前後兩片作如意雲形，冠下端左右橫貫一枚長銀簪。輪廓類似但更細巧的銀冠，又有江蘇溧陽沙河宋代木槨墓出土的一件，冠體上鏤有纖巧的花枝；據同墓所出〈宋故安人周氏壙志〉可知，墓主周德清生於南宋寧宗慶元六年（1200年），卒於度宗咸淳七年（1271年）。

元代南方女性依舊繼承南宋的戴冠風氣，區別於北方多風沙地區以包髻裹頭，因此元曲〈中呂．喜春來〉唱道：「冠兒褙子多風韻，包髻團衫也不村，畫堂歌管兩般春。」前者為南都粉黛，後者為北國胭脂，頭上首飾也大不同。地處南方的湖南華容元墓、江蘇無錫元代錢裕夫婦墓中，都出土了各式新巧的頭冠。

安徽黃山蘇子華夫婦墓〔元代元統二年（1334年）〕出土兩塊畫像石，一方銘文「初登第」，一方銘文「元統二年得意回」，描寫的都是墓主的生前榮華。望樓上無論是望子榮歸的老年婦人，還是「珠簾張看」的眾青年婦人，都頭戴螺殼形大冠，式樣與錢裕夫婦墓所出實物類似。

如意銀冠

江蘇常州春江鎮南宋墓出土

鏤花如意銀冠

江蘇溧陽沙河宋代木槨墓出土

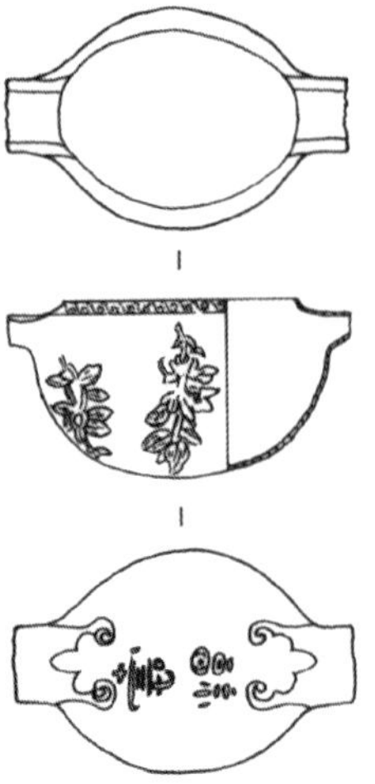

鏨花如意銀冠

湖南華容元墓出土

銀髮冠

江蘇無錫元代錢裕夫婦墓出土

戴冠女性形象

安徽黃山蘇子華夫婦墓出土畫像石局部／元代元統二年（1334年）

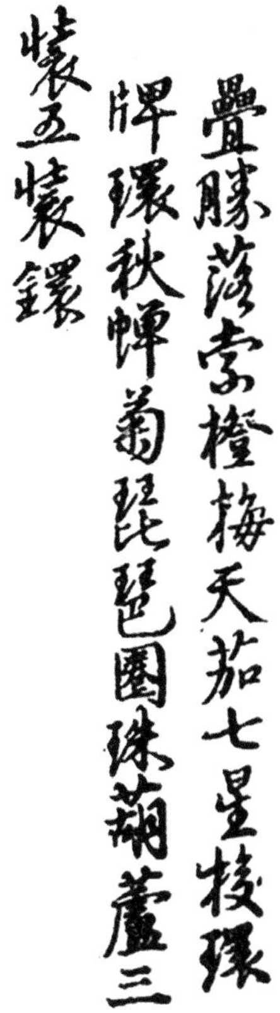

▲
明永樂本《碎金》中的耳飾名稱

此外，陳氏金如意冠上鏨刻的龍牙蕙草紋飾間還有若干凹孔，這應當是為鑲嵌大顆珍珠所置，只是因年深歲久，珍珠朽壞不存。若將珍珠補足，這頂金冠甚至可能是在宋時極為貴重的「北珠冠」。

北珠是產自北方女真地區的淡水珍珠，本就稀少珍貴，由北方販運至南宋後更是要價高昂。南宋寧宗慶元四年（1198年）的一則醜聞，涉及北珠冠：宰相韓侂（ㄊㄨㄛ）胄有四愛妾，均封郡夫人，另有十侍妾，也各有封號。有人獻上四頂北珠冠，韓侂胄分與四夫人；十名侍妾未得此寶，未免怏怏。一趙姓官員聽聞，為了巴結求官，斥巨資買來北珠製成珠冠奉上。十名侍妾大喜，次日恰逢燈會，皆頂珠冠招搖過市，出盡風頭，此後對韓侂胄道：「趙大卿的北珠冠讓我們風光十倍，你何必吝惜一個官位？」於是韓侂胄提拔趙姓官員為工部侍郎。（宋人《慶元黨禁》）

站在宋人的立場，未免會視這類金、珠所製的珍異冠飾為荒唐之物。如此到了元代，它戴在叛臣降將的家眷頭上，又有了一個國破家亡、宋朝被稱為「蠻子國」、百姓被稱作「南人」的黯淡背景；但其精巧工藝背後所代表著的，終究還是繁榮興盛的南宋物質文明，仍可視為歷史中的一點耀眼光亮。

❀ 首飾小識：兩耳炫耀垂珠璫

南宋以來，女子耳飾的式樣極多。只是宋人大約以其為尋常，未見詳盡的記載描述文字流傳下來。唯有當時一部字書《碎金》，在稍後經過元明時代幾度增補，在明永樂年間刊本中，「首飾」一項下多出了諸般耳飾名目，大致都能夠在宋元時代文物中尋到對應參照。各樣耳飾的命名，大多是根據耳墜的具體形態，耳墜後面供簪戴的彎腳可作短腳，又可作彎折如北斗的長腳，後者大約可以雅稱為「七星」。

延續自遼與北宋、最基礎的耳環式樣名為「梭環」，是就其耳墜部位兩頭收縮、中間寬大如梭子一般的形態而言。

南宋時的流行，是在梭環上打製各樣花果紋飾，如浙江建德大洋鎮下王村宋墓[①]出土的一對，掛鈎下以金片打製成突起的菊花形，再折成梭形的耳墜。

耳墜下還可垂掛珠珞或小金花，稱「落索」（也作「絡索」）或「落索環兒」，如宋話本〈簡帖和尚〉所記：「皇甫殿直劈手奪了紙包兒，打開看，裡面一對落索環兒，一雙短金釵，一個簡帖兒。」江蘇鎮江何家門出土一對金瓜果紋梭環[②]，下端還特意製出小鈎，顯然是為鈎掛落索之用。

又有湖北蘄春羅州城遺址南宋窖藏中出土的一對耳環，上端是一隻勾勒精巧的小鳳，鳳口下銜一掛金瓜果小墜[③]。元人熊進德〈西湖竹枝詞〉有「金絲絡索雙鳳頭」句，恰與這對耳飾相合。不僅民間時興此類，甚至禮服盛飾的宋元皇后們，耳環下也往往掛著一排或三排珍珠絡索，後世稱之為「珠排環」。

梭環的環體繼續誇張化，則成為「琵琶」環，指其形態上端收窄，下端逐漸膨脹，有如琵琶音箱的輪廓。這類式樣從北宋延續到元代，早如河南登封唐莊北宋墓壁畫[④]，後如甘肅漳縣元代汪世顯家族墓木板畫[⑤]上，均繪有耳掛琵琶環的女性。陳氏所戴的滴珠火焰形耳墜，也是衍生自琵琶環的華麗式樣，火焰紋勾出琵琶形輪廓，中央留出底托，用

①北京大學中國考古學研究中心、杭州市文物考古所，〈浙江省建德市大洋鎮下王村宋墓發掘簡報〉[J]，《考古與文物》，2008，(4)。

②鎮江博物館編，《鎮江出土金銀器》[M]，北京：文物出版社，2012。

③揚之水，〈雙鬟風嫋蓮花：蘄春羅州城遺址南宋金器窖藏觀摩記〉[J]，《南方文物》，2015，(2)。

④鄭州市文物考古研究院、登封市文物局，〈河南登封唐莊宋代壁畫墓發掘簡報〉[J]，《文物》，2012，(9)。

⑤俄軍，《汪世顯家族墓出土文物研究》[M]，蘭州：甘肅人民美術出版社，2017。

金菊花紋梭環

浙江建德大洋鎮下王村宋墓出土

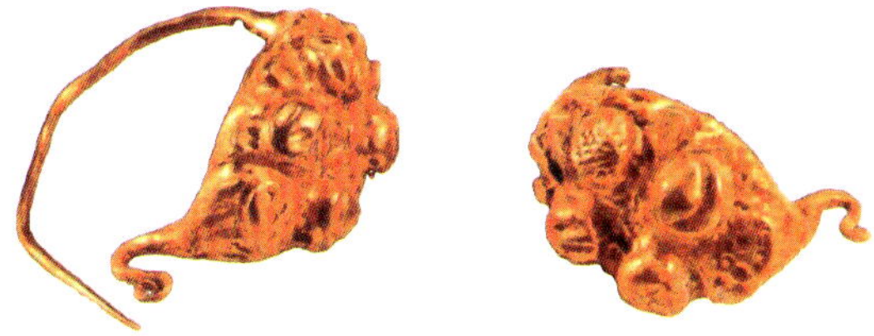

金瓜果紋落索式梭環

江蘇鎮江何家門出土

金絲鳳頭絡索環

湖北蘄春羅州城遺址南宋窖藏出土

戴琵琶環的女性

河南登封唐莊北宋墓壁畫局部

戴琵琶環的女性

甘肅漳縣元代汪世顯家族墓木板畫局部

以鑲嵌大顆珍珠。

琵琶環還可進一步「圈珠」裝飾，即圍繞水滴形環身打造一圈圓形金屬底托，用以嵌珍珠寶石。如湖北黃陂周家田元墓[1]出土的一對耳飾，嵌翡翠的琵琶環以十二個圓形小金托環繞，又以細金絲、小金珠編連作邊緣裝飾。

此外，《碎金》一書中舉出，南方地區又有寓意祥瑞同心的「疊勝」、象生花形的「橙梅」、形如花托下墜茄形果實的「天茄」。浙江三天門南宋墓中恰好出有這三種耳飾。根據墓中出土殘金片上「相宅」等字樣，考古發掘者推測墓主正是與南宋宰相韓侂冑有關的女性。[2]

①武漢市博物館，〈黃陂縣周家田元墓〉[J]，《文物》，1989，(5)。

②湖州市博物館，〈浙江湖州三天門宋墓〉[J]，《東南文化》，2000，(9)。

金絲圈珠嵌翡翠琵琶環

湖北黃陂周家田元墓出土

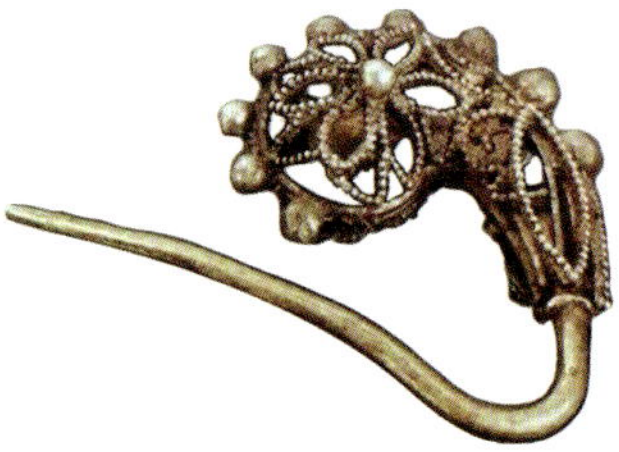

金絲點珠天茄耳環

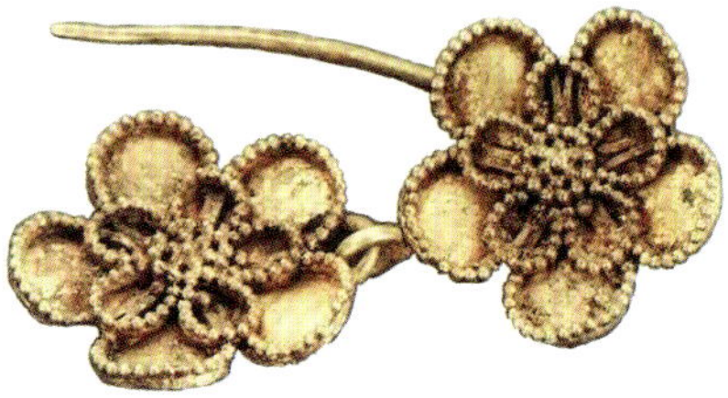

金橙梅耳環

金疊勝耳環

金絲嵌水晶天茄耳環

南方流行的各式耳環，浙江湖州三天門宋墓出土

「一把蓮」金耳環

連雲港市博物館藏

「瓶花」金耳環

湖北蘄春羅州城南宋窖藏出土

「雙荷葉」金耳環

江蘇常州朱夏墅宋墓出土

「荔枝」金耳環

湖北蘄春羅州城南宋窖藏出土

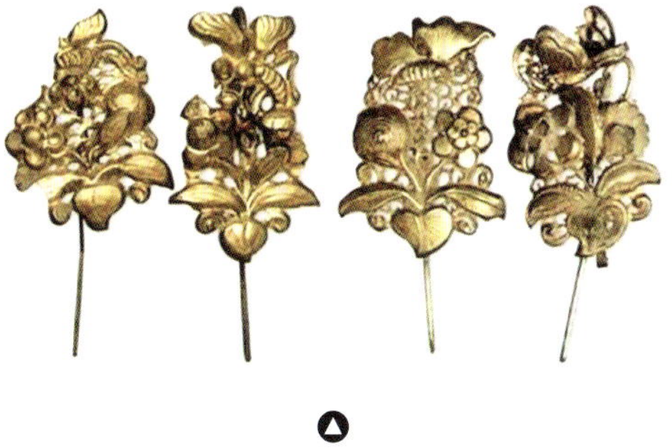

「蝶戀花」金耳環

浙江臨安楊嶺金岫村宋元窖藏出土

「蜂趁梅」金耳環

湖北蘄春羅州城南宋窖藏出土

繡簾壓地花陰陰，鳳釵綰髻雙黃金。
飛絲千尺不墮地，絕似江南遊子心。
寶奩百刻煙如縷，暗擲金錢卜神女。
櫻桃子熟人未歸，䕘蔥花開淚如雨。
——鄭洪〈題張士厚四時仕女〉

土司夫人田氏

2014年，貴州省考古隊在遵義（古稱播州）附近發掘了南宋播州土司楊價及其夫人之墓。墓中出土了大量完整成套的宋式金銀器皿。

追溯這對夫婦身處的歷史背景，當時貴州地區是由當地土司分別世襲治理。土司們各立門戶，可自行任命官吏，擁有軍隊，其中最為顯赫的兩家土司為思州田氏和播州楊氏，有著「思播田楊」的說法。

田、楊兩家世代約為婚姻。田氏所嫁的夫君，是一位少年英雄。楊價，字善父，「英偉沉毅，自少不群」。他於南宋紹定年間（1228~1233年）承襲父職，成為播州楊氏第十四世土司。

當時播州土司歸附的南宋朝廷，正面臨強大草原帝國蒙古大軍的南下威脅。南宋端平二年（1235年），兩國戰爭全面爆發，蒙古軍隊進攻四川，圍宋軍於青野原。楊價認為「此主憂臣辱時也，其可後乎」，親率家兵五千前往助宋解圍。經此一役，楊價被授予「雄威軍都統制」的官職；楊家軍被賜封為「雄威軍」，此後更多次戰勝蒙古。

隨著楊價被南宋朝廷所倚重，他的妻子田氏也相應有了封號「齊安和政安康郡夫人」。楊價不僅戰功卓著，也繼承了自己母親（另一位田氏夫人）的愛好，喜史書，善筆札。過去宋朝視播州為蠻夷之地，不在此地設科取士。直到楊價時，才向朝廷求得「歲貢三人」，在播州首開科舉之風。

楊價去世後，南宋朝廷「贈開府儀同三司、威武寧武忠正軍節度使，賜廟忠顯，封威靈英烈侯」，田氏也得「贈永寧郡夫人」。夫婦有子名楊文，曾在抗擊蒙古的戰場上屢立功勳。

昌州刺史任宗易夫人杜慧修像

重慶大足石窟149窟／南宋建炎二年（1128年）

形象復原依據

田氏夫人的一整套金鳳冠首飾，由中國社會科學院考古研究所進行實驗室考古，完好提取。鳳冠構件包括正面簪有金鳳的金冠一頂、博鬢一雙、博鬢式簪兩對、假髮鬟一對。此外，鬟上又插有三把竹節紋金鬢梳。鳳冠與高大鬟髻的搭配，都承襲自古制，又融入了南宋的裝飾細節。

鳳冠

鳳簪

山水小景博鬢

①本條為《靖康稗史》（又名《普天同憤錄》）佚文，見於徐大焯《燼餘錄》李模按語所引。

②棲霞縣文化館，〈山東棲霞慕家店宋墓〉，《文物資料叢刊》10[M]，北京：文物出版社，1987。發掘者推測該墓所處時代大約即宋哲宗朝。

③胡松梅，〈陝西長安杜回北宋孟氏家族墓地〉[J]，《藝術品鑑》，2021，(7)。

④淮安市博物館，等，〈江蘇漣水妙通塔宋代地宮〉[J]，《文物》，2008，(8)。該地宮時代在北宋治平四年（1067年）。

繪圖時在考古工作者的組合方案基礎之上，參照當時盛裝女子形象進行重組設計。

❀ 首飾小識：龍鳳簪

自宋明以來，龍鳳冠逐漸被納入禮儀制度中，成為高等級的命婦頭飾之一。不過，它是經歷了漫長的發展才最終成為定制。

起初，龍鳳可能只是依附於貴婦人冠飾上的華麗大簪。如北宋李廌在《師友談記》中記宋哲宗朝元祐八年（1093年）上元節宮中宴會，太妃與中宮皇后頭上所戴，都是「縷金雲月冠，前後亦白玉龍簪，而飾以北珠，珠甚大」。在記載宋金之際宋宗室貴族北遷遭遇的《靖康稗史》[①]中，提及宋欽宗朱皇后遺物有「龍鳳金貫簪一只，長五寸，附髮內」，是她生前常用的首飾。

這類龍簪或龍鳳簪，對照實物來看，極可能是多段拼裝的組合式樣。

如山東棲霞慕家店宋墓[②]出土一件龍鳳形簪，銀簪上套一段鎏金鏨花的銅管，管上棲一條騰龍，管頭又嵌白玉雕琢、線條塗朱的鳳頭。陝西西安杜回北宋孟軏妻張氏墓[③]中出有一截同樣的金銅龍簪管，只是其間的鑲嵌物已失。它們大約都是比皇室所用的白玉龍簪等級稍低的同類簪飾。

江蘇漣水妙通塔北宋地宮[④]也出土一件金鳳首

白玉鳳金銅龍銀簪

山東棲霞慕家店宋墓出土

金銅龍簪管

陝西西安杜回北宋孟軌妻張氏墓出土

金鳳首龍身簪頭

江蘇漣水妙通塔宋代地宮出土

龍身簪頭，簪頭為曲頸揚首的鳳鳥，鳳頭被刻意誇張化，比起鳳身和兩扇小小翅翼而言頗顯巨大，寬大的喙彎作勾狀，應可用於鈎掛絡索類飾物。

田氏夫人所用的鳳簪，同樣有著碩大的立體鳳頭，鳳身下連一片草葉紋尾羽。它簪在一頂鏤花鎏金銀如意冠正前，是目前僅見的一例南宋組合實例。

這種鳳的式樣，實際在唐代已形態詳備——在鏤空金片上以金絲勾勒出雙翅與尾羽，再安裝在錘揲金片做出的立體鳳鳥身軀之上，鳳尾做成翻卷纏繞的花葉。雖然唐宋兩件首飾時代相距頗遠，但意匠竟是一致的，可見其傳承有序。南宋學者程大昌在《演繁露》中記載當時貴婦人「冠帔」制度時，特別提到「秦丞相夫人塑像建康墳庵，乃頂金鳳於髻上」，可知這種金鳳也與史籍失載的南宋官方服飾制度相關。

鳳簪若是成對，則大多是取「鸞鳳合鳴」的吉祥寓意。如浙江德清銀子山出土的一對鎏金銀鳳簪，鳳的尾羽如火焰，鸞的尾羽如卷草，式樣與宋代《營造法式》一書中所繪鳳凰與鸞鳥一致。

南宋金鳳鳥頭飾局部

貴州遵義播州土司楊价夫人田氏墓出土

唐代金鳳鳥頭飾

陝西歷史博物館藏

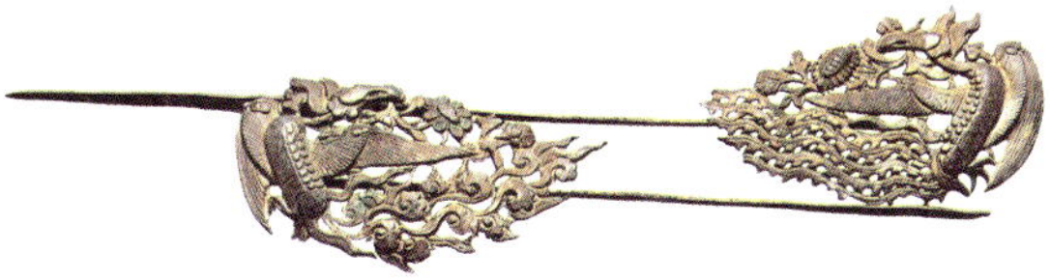

鎏金銀鸞鳳簪

浙江德清銀子山南宋窖藏出土

北宋《營造法式》中的鳳凰與鸞鳥

《欽定四庫全書》本

❀ 首飾小識：博鬢簪

博鬢類簪釵到了宋朝，已變得更為繁複多樣；皇后禮冠上的博鬢，也由唐朝式的一對增至三對。田氏夫人鳳冠兩側的博鬢，正代表著當時的兩類典型式樣。

式樣之一，仍是隋唐以來的古制，作為禮冠的構件之一，位置卻從原本的鬢邊移動到了冠後。圖像見於宋代皇后像的鳳冠之上，實物目前僅見田氏夫人冠後的一對。

式樣之二，結合了晚唐以來流行的花釵式樣，於簪釵之首做出略如花萼形的小座，再從其中綻出一片博鬢形的花葉。如江蘇連雲港韓李宋墓出土的一支銀簪，簪頭作翻卷波濤托起一隻鎏金的飛龍。[1]

①連雲港市博物館，〈江蘇連雲港韓李宋墓發掘簡報〉[J]，《東南文化》，2017，(6)。

四川閬中雙龍區宋代窖藏中也出土有兩件博鬢釵，釵頭延展的博鬢上鏤刻牡丹、蓮花、菊花、木芙蓉等四季花卉；博鬢之上，還附著立體的石榴、瓜、莓、桃等瓜果；博鬢之下，墜掛六枚可搖動的小金花飾。湖北蘄春羅城遺址南宋金器窖藏中的一件，底托作龍口形，從中吐出生有各式瓜果的枝蔓，一隻鳳鳥飛翔於其上。

卷草飛龍紋鎏金銀簪

江蘇連雲港韓李宋墓出土

金博鬢釵

閬中雙龍區宋代窖藏出土

閬中市博物館藏

金博鬢釵

湖北蘄春羅城遺址南宋金器窖藏出土

而田氏夫人的兩對博鬢簪尤見工巧。一對是以金絲為框，勾勒出四季花卉齊齊綻放；一對更是直接在簪頭做出山水樓閣的微縮小景——簪頭收束處為一城門，走出城門便彷彿一幅山水畫卷鋪展開來，有長橋流水，小船臥波；過橋則有山巒上翹起飛檐的樓閣與寶塔。

依照宋朝時的慣例，鳳冠霞帔是一種朝廷特賜的殊榮。田氏夫人頭上的金鳳冠與博鬢，極有可能便是在夫君楊價建功立業之後獲得的、來自南宋朝廷的賞賜之一。如此，它極可能製作於南宋都城臨安，博鬢簪頭的山水樓閣小景也彷彿覓得了出處——一路上城門、橋梁、佛塔的布局，恰似臨安城外的西湖之畔，自錢湖門出，過長橋，登臨雷峰高塔[1]。有宋人一曲〈菩薩蠻・西湖曲〉足以形容簪頭紋飾：

橫湖十頃琉璃碧，畫橋百步通南北。
沙暖睡鴛鴦，春風花草香。
閒來撐小艇，劃破樓台影。
四面望青山，渾如蓬萊間。

①圖為美國佛利爾美術館所藏元《西湖清趣圖》局部。

▲

西湖小景金博鬢簪

貴州遵義播州土司楊價夫人田氏墓出土

▼

元・佚名《西湖清趣圖》

美國佛利爾美術館藏

兩宋 女子典型首飾一覽

禮制的命婦首飾

【花釵冠】兩宋

兩宋時期最高等級的命婦冠飾，為皇后配合隆重大禮服「翟ㄉㄧˊ衣」使用的「花釵冠」。它繼承自唐朝命婦的花樹冠式樣，並進一步增補調整各構件的細節。

北宋初的樣式，大約仍沿襲唐制，由花株、寶鈿、位於兩鬢位置的博鬢等構成，只是因圖像材料缺乏，目前無法詳細描述。

北宋中期皇后冠飾發生了一些變化，如台北故宮博物院藏北宋神宗皇后坐像所表現的一般，是將鬢邊的博鬢由唐朝的一對增作三對（這時的博鬢仍位於正面兩鬢的位置），在冠體的十二枚寶鈿與十二簇花樹之上，又增加了九龍四鳳等裝飾；冠體之外，另有一支龍首長簪位於正中，銜掛出穗球一朵。

宋神宗皇后像

台北故宮博物院藏

此後制度稍有更易，如台北故宮博物院藏宋欽宗皇后半身像所示，博鬢移動至頭後位置；唐制寶鈿的輪廓逐漸模糊乃至消失，其位置替代為一列王母仙人隊；有的冠上四鳳已增至九鳳；而原本銜穗球的龍首簪，也歸入冠上增飾的九龍之一，成為冠體中央的一條大龍。

▲

宋欽宗皇后像

台北故宮博物院藏

北宋滅亡之後，皇室的整套輿服仍被金人所繼承。《金史．輿服志》中關於皇后冠服的記載，大致仍可以與台北故宮博物院藏北宋徽、欽二后像中的冠飾對應：「花株冠，用盛子一，青羅表、青絹襯金紅羅托裡，用九龍、四鳳，前面大龍銜穗球一朵，前後有花株各十有二，及鸂鶒、孔雀、雲鶴、王母仙人隊、浮動插瓣等。」

南宋時代皇后的禮冠制度似已確定，大體結構未見更易。

▲

貴州遵義南宋播州土司夫人田氏墓首飾實物組合推測

包括：金鳳簪一枚金冠一項、金假鬟一對、金博鬢三對、金項牌一件

【龍鳳簪釵】兩宋

這似是一種正式文獻缺載的半正式頭飾，只偶見於宋人筆記，有「前後白玉龍簪」、「頂金鳳於髻上」等寥寥數語。

由出土文物來看，與之搭配的有基本的冠體、兩枚長簪挑起的假鬟、博鬢式簪釵等構件。

▲

南宋時期的珠子松花特髻與珠簾梳

【特髻】兩宋

即特定形態的假髮，可供補益女性不足的髮量，或省略繁複的盤髮過程，方便戴用。其上往往裝飾各種珠翠花飾。

它在宋代逐漸成為一種含有等級或盛裝意義的頭飾。北宋時，命婦入宮朝見，若非君王特許，按例應戴特髻。南宋女性盛裝頭飾之一為「珠子松花特髻」。

【包髻】兩宋

以絹帛將髮髻包裹起來，流行於北方多風沙之地。但在北宋宮廷，這是一種規格更高於特髻的盛裝頭飾。

仁宗朝時，大長公主姐妹入宮拜見太后劉娥，劉娥見她們年老髮落，便賜予她們貴重的珠璣帕首，遮擋日益稀疏的頭髮。

另一位命婦仁壽郡夫人李氏朝見時，也受到仁宗特賜包髻，當時以為榮耀。

▲
北宋時代的包髻

實用的簪釵插梳

【頭須】兩宋

用以綰髻的一條窄長髮帶。北宋女性尤其注重其美感，頭須在髮髻前方結束成結後，端頭還漿得硬直，長長伸展開來形成俐落翹起的長尾。

【插梳】兩宋

宋代仍延續晚唐以來在頭上「廣插釵梳」的做法，只是插梳形態略有變化。

▲
頭須與插梳

▲

江蘇鎮江北宋黃氏墓，首飾實物組合推測

包括：

金裹頭簪（簪身殘失）一枚

鎏金銀釵一枚

金鉤耳環一對

▲

江蘇常州紅梅新村北宋墓，首飾實物組合推測

包括：

二龍戲珠金裹頭銀竿簪一枚

鏨牡丹紋銀釵一枚

梅花草葉紋金梭耳環一對

【關頭簪釵】北宋

作為基礎綰髮或固冠作用的簪釵，通常在髮髻或頭冠上以一枚簪前後貫穿、一枚釵左右貫穿，以達到整體固定的效果。簪釵大多為素面，只在簪首加裝一個圓頭作裝飾。但也有在簪身雕鏤花草的精巧款式。

【釵梳】北宋

尺寸稍小的梳子，也可以與一枚長釵配合以綰髻。這類梳往往在梳橋上加以精巧裝飾，可戴在髮髻正中，或斜壓在髮髻之後。

▲

江西彭澤北宋元祐五年（1090年）易氏八娘墓首飾實物組合推測

包括：

「周小四記」銘梅花雙獅紋銀梳一把

銀釵一枚

鏨花草紋金梭耳環一對

【花頭／花筒簪釵】南宋

進一步強調裝飾功能的簪釵，通常在端頭整體鏤刻打製出具有各樣花飾的「花頭」款式，紋飾簡易者為「纏絲」、「竹節」，複雜者稱「鈒花」。也有用片材打製成空心花筒，再另行加裝簪腳或釵腳的「花筒」款式。

【連二連三／橋梁簪釵】南宋

在花頭或花筒的數量上增益，形成的多頭並聯式樣。出土實例中多是三件或四件一組，圍繞髮髻插作一圈。

【耳挖簪／梭頭簪／笊頭簪】南宋

簪頭加裝飾物或膨大的華麗式樣。裝飾意義大過實用意義。

▲

浙江慶元會溪南宋胡紘夫婦墓開禧元年（1205 年）夫人吳氏，首飾實物組合推測

包括：

「真赤金」花筒金釵一枚

素金釵一枚

纏絲紋鎏金銀釵一枚

素銀釵三枚

金梳背一對

金耳環一對

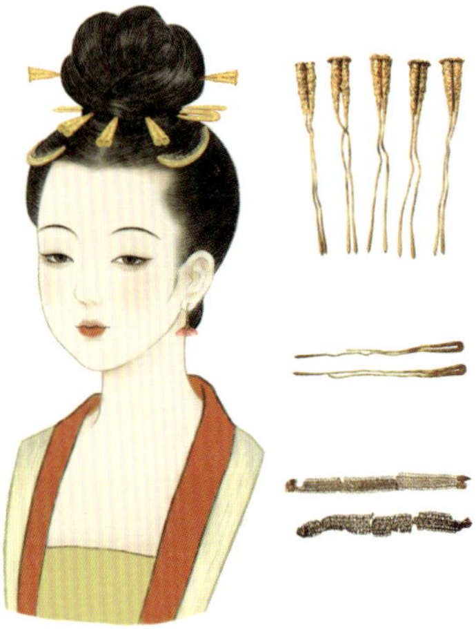

▲

江西安義淳祐九年（1249年）碩人汪氏墓首飾實物組合推測

包括：

並頭花筒金釵五枚

鏨花金釵一對

纏絲紋鎏金銀釵一枚

纏絲金梳背一對

【壓鬢梳】南宋

南宋時流行的梳式都較為小巧精緻，用以插在鬢髮之上「壓鬢」。可以進一步在梳背加鑲珍珠或包金。有的梳背上還加裝珍珠或金花小飾物垂掛下來，稱作「簾梳」。

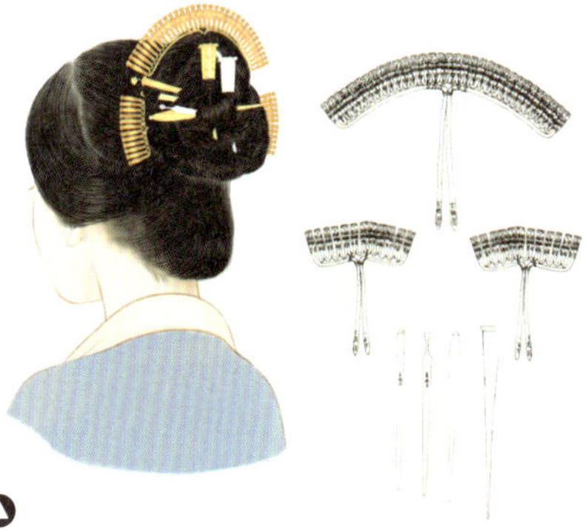

江蘇南京幕府山宋墓，首飾實物組合推測

包括：

連三十三「北周鋪造」鎏金銀花筒釵一枚

連十三「周鋪造」鎏金銀花筒釵一對

鎏金銀花頭簪一枚

鎏金銀梭形簪一枚

銀挖耳簪一枚

銀花筒簪一枚

江蘇長涇鎮宋墓，首飾實物組合推測

包括：

金花筒通氣簪一枚

連三球路紋金花頭簪一對

麒麟鳳凰紋金梭形簪一枚

累絲嵌寶金梳背一把

菊花紋金梭耳環一對

浙江東陽金交椅山宋墓，首飾實物組合推測

包括：

手形金簪一枚

連十五金橋梁竹節釵一枚

鳳穿牡丹鎏金銀花筒簪一枚

連九鎏金銀橋梁竹節釵一對

殘損銀簪數枚、銀髮罩一組

時尚多變的冠飾

【花冠／雲冠】兩宋

延續唐代宮廷風尚的冠飾，通常是以彩色絹紗剪作花瓣或雲朵，組合形成籠罩髮髻的冠飾。當時也存在以金銀珠玉牙角等製作的貴重品。

花冠

【鹿胎冠】兩宋

原是晚唐五代以來效仿自隱逸高士、充滿野趣的頭冠，以鹿胎皮為材質製作。但因士庶女性廣為效仿，導致胎鹿被大量捕殺，宋朝官方多次下令禁止，依舊屢禁不絕。

鹿胎冠

【等肩冠】北宋中期

向兩肩延展的誇張冠飾，源於宋仁宗的後宮之中。與之搭配的還有誇張的大型插梳。製作材質多採用白角、玳瑁、琥珀、魚魫等，形成半透明的效果。一度出現戴等肩冠的貴胄女性登車必須側著頭才能進入的情形。旋即被朝廷以奢侈、服妖為名在比例尺寸上加以限制，但這種式樣依舊流行了許久。

【長梳】北宋中期

寬大的內樣冠飾，還需同樣比例誇張的長梳來配。宋人羅列首飾也往往「冠梳」並舉。

頭須、等肩冠與長梳

【垂肩冠】北宋中期

源於等肩冠的改良款式，將冠體原先延展兩翼的四角都向肩部垂下，圍繞頭部形成倒U形的冠式。

【團冠】北宋後期

原本是源自民間、以竹編刷漆的輕巧團形冠式；後貴婦人也學用此式樣，改為以角製作，也有以金銀等貴金屬製作的。

垂肩冠

湖南永州和尚嶺出土，折枝花紋金團冠佩戴示意

【山口冠】北宋後期—南宋初期

將團冠前後升高，兩側裁低開口，就形成了山口冠。這種高聳的頭冠是北宋後期從宮廷到民間女性都喜愛的時尚款式，但在南宋初已被視為「大梳裹」的構件，非盛裝不用。

【並桃冠】北宋徽宗朝

一種源自徽宗宮廷、仿效自道教冠式的漆冠，形如二桃相並。流行於靖康末年，被後人視為不祥徵兆。

安徽舒城三里村北宋墓，首飾實物組合推測

包括：

鋃山口冠一頂

鏨菊花紋金裹頭銀簪一枚

鎏金銀釵一枚

金鈎耳環一對

並桃冠

【如意冠／朵雲冠】南宋

南宋的冠式遠比北宋時來得小巧，這類冠多是以前後兩片圍成，形態如同如意或雲朵，戴用時傾斜在頭部後側。

江蘇常州春江鎮南宋墓首飾實物組合推測

包括：
銀如意冠一頂
漆木鬢梳多把
銀鈎耳環一對

江蘇溧陽沙河南宋安人周德清墓出土鏤花銀如意冠佩戴示意

十年生死兩茫茫。
不思量，自難忘。
千里孤墳，無處話淒涼。
縱使相逢應不識，塵滿面，鬢如霜。
夜來幽夢忽還鄉。
小軒窗，正梳妝。
相顧無言，惟有淚千行。
料得年年斷腸處，明月夜，短松岡。

——蘇軾〈江城子〉

第三篇／梳洗打扮

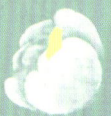

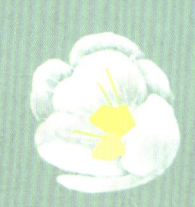

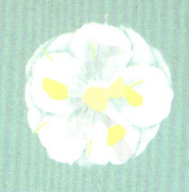

概說

在蘇軾為懷念亡妻王弗而作的〈江城子〉中，妻子生前臨窗梳妝的場景，想必是蘇軾無比熟悉、難以忘懷的，即便闊別十年、生死相隔，依舊在他的夢中清晰重現。只是，曾經妻子身畔親暱的「參與者」，已在歲月流逝中變成了「旁觀者」。即便亡妻夜來入夢，他唯有「相顧無言」的淒涼。

宋朝女性是如何梳妝，若僅僅是對照宋朝文學作品，很難得知詳細。畢竟這是極尋常的生活瑣事，無需勞煩文人墨客來具體記錄，寥寥幾字點染出的情感卻是古今共通的。但若要瞭解宋朝女性的化妝方式，這些文本就遠遠不夠了。

好在宋代墓葬的考古發掘中，已出土了多套女性妝具，宋人日常居家生活所用的通俗百科書籍，也記載了不少當時流行的妝品製法。本篇將先從幾組保存完整成套的宋朝妝具講起，接著一一列出梳妝步驟，各種化妝方式與妝品配方也分別錄在其下。

用具

妝具

一套妝具的具體構成，按照南宋字書《碎金》家生篇「妝奩ㄌㄧㄢˊ」下所列舉的名目，有妝盤、減妝、鏡台、照匣、油缸、粉匾等物件。

鏡，在宋人口中又稱「鑑」或「照子」，鏡台也稱「鑑台」或「照台」。「照匣」即盛放銅鏡的鏡盒。

至於「減（鑑）妝（裝）」，原也是指裝鏡子的奩盒，但隨著梳妝用具逐漸變得複雜多樣，宋人將盛放各類細碎梳妝小物件的妝奩統稱為「減妝」，這些小物件拿出使用時，又能放置於妝盤之中。

一件「減妝」之中，除卻必備的脂粉盒（時稱「粉匾」）、盛裝頭油的油缸[①]之外，依照南宋吳自牧《夢粱錄》「諸色雜貨條」羅列「家生動事」時舉出的物件，又有木梳、篦子、刷子等什物。

梳、篦自然是用以梳髮，刷子作為妝具則是用以蘸頭油掠髮、刷鬢，當時稱作「掠頭」[②]，如元

①關於這一妝具的具體考證，可參見揚之水，〈油缸〉[J]，《文物天地》，2002，(4)。

②明人編《三才圖會》中對這類頭刷作了進一步區分：「刷與刡（抿子）其制相似，俱以骨為體，以毛物妝其首。刡以掠髮，刷以去齒垢，刮以去舌垢，而帚則去梳垢，總之為櫛沐之具也。」

代朝鮮人編撰的漢語教材《樸通事》中有一段買賣對話：「賣刷子的將來。這帽刷、靴刷各一個，刷牙兩個，掠頭兩個，怎麼賣？」「這的有甚麼商量處，將二百個銅錢來。哥，我與你這一個刷牙、一個掠頭。」可知當時是有專人售賣牙刷與頭刷的。

在南宋墓葬之中，曾有多組妝奩與成套妝具出土，可以一覽當時官僚之家女性的梳妝好尚。

如江蘇常州武進村前鄉南宋墓曾出土一套「溫州新河金念五郎上牢」戧金細鈎仕女遊園圖朱漆妝奩，是目前所見最華麗精緻的南宋妝具。妝奩分為蓋、盤、中、底四層。盤內盛菱形銅鏡；中層盛木梳、竹篦、竹剔簽、銀扣鑲口的圓筒形漆粉盒；底層內放小錫罐、小瓷盒。依照發掘簡報推測，其主人是官至副相的毗陵公薛極的某位女性親屬。①

① 陳晶、陳麗華，〈江蘇武進村前南宋墓清理紀要〉[J]，《考古》，1986，(3)。相關考證又見揚之水，〈常州武進村前鄉南宋墓出土器物叢考〉[J]，《常州文博論叢》，2016。

▼

妝具一套

江蘇常州武進村前鄉南宋墓出土

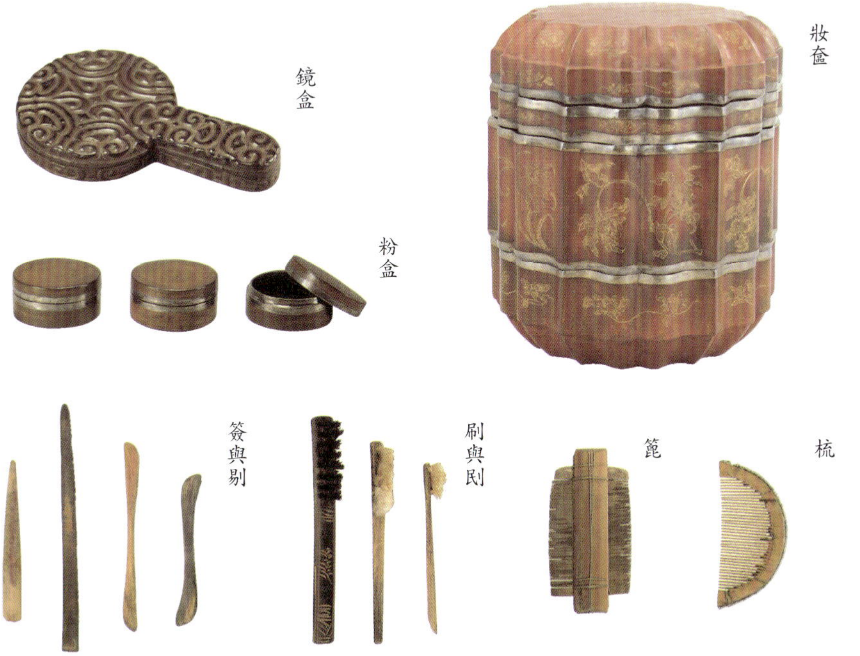

福建福州茶園山南宋端平二年（1235年）夫婦墓[①]中也曾出土兩組妝具。其中夫人所用為一件剔犀漆妝奩，內盛銅鏡、油缸、粉盒、妝盤、梳篦等物。此墓墓主身分不明，只能大概根據墓中輓幛文字，推測是一位死於戰場的南宋將軍及其夫人。

①茶園山宋墓未發表考古簡報或報告，相關文物展陳於福州市博物館。部分文物資訊可參見福州市文物管理局編，《福州文物集粹》[M]，福州：福建人民出版社，1999。

福建福州南宋淳祐三年（1243年）黃昇墓出土一件三層漆妝奩，將妝品的分列存放展現得清清楚楚——第一層為鏡盒，盛有與漆奩輪廓相同的配套銅鏡一枚；第二層為面妝所用，包括盛裝脂粉的小漆盒三件（其一裝有粉撲）、素面小銀盅一件、小粉餅二十塊；第三層為理髮所用，盛竹篦一、竹刮刀一、大小毛刷各一、角梳一，又有作為飾物的銀對蝶一。

江西德安南宋咸淳十年（1274年）周氏墓也出土了一件三層銀妝奩，第一層放置銅鏡一面，第二層放置梳篦、刀、剔、刷（均為紙剪明器）和盛胭脂綿片的銀盤，第三層放置粉盒。

妝具一套

福建福州茶園山墓出土／南宋端平二年（1235年）

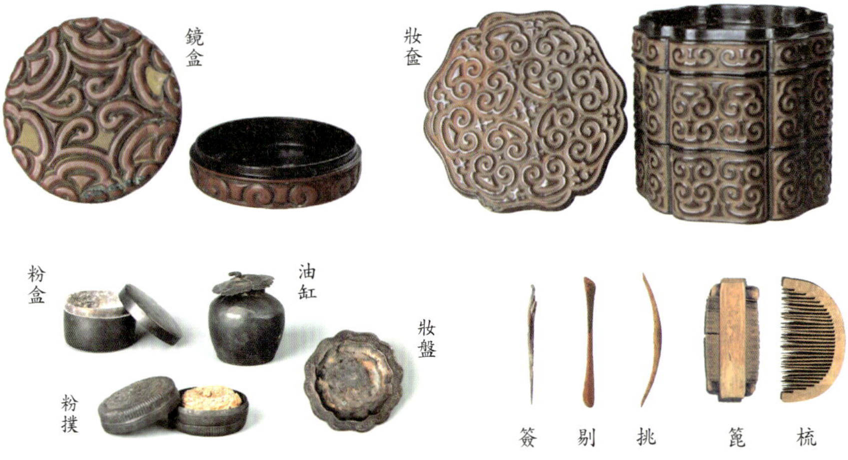

妝具一套

福建福州黃昇墓出土／南宋淳祐三年（1243年）

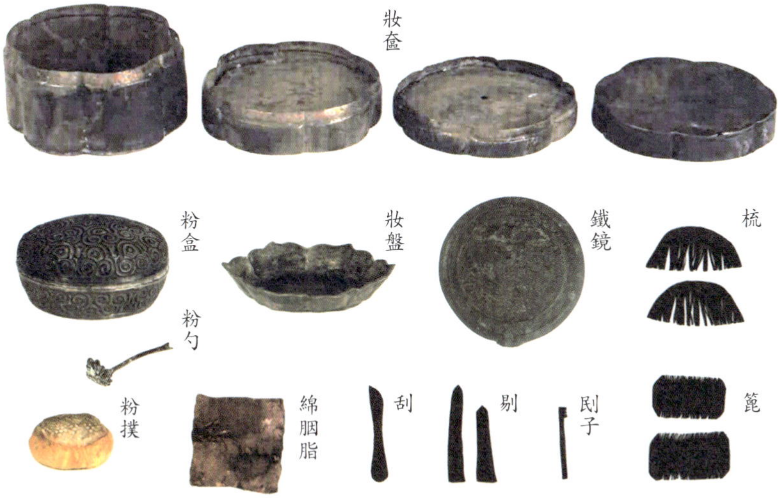

妝具一套

江西德安周氏墓出土／南宋咸淳十年（1274年）

結合出土文物與當時文獻記載來看，一套最齊整的梳妝用具包括以下物件：減妝（盛放梳妝用具的奩匣）、鏡子（鏡子可配備鏡台，時稱「照台」）、粉盒、胭脂盒、水盂（盛補鬢水，或用作洗畫眉墨的墨洗）、油缸（盛頭油的小缸）、梳篦、梳帚（大刷子，用以刷去梳垢）、刡子（小刷子，用以蘸頭油掠髮）。時代稍晚的元末明初吳王張士誠母曹氏墓中，出土的一組妝具恰是盡數皆備，而且仍繼承宋式風格。

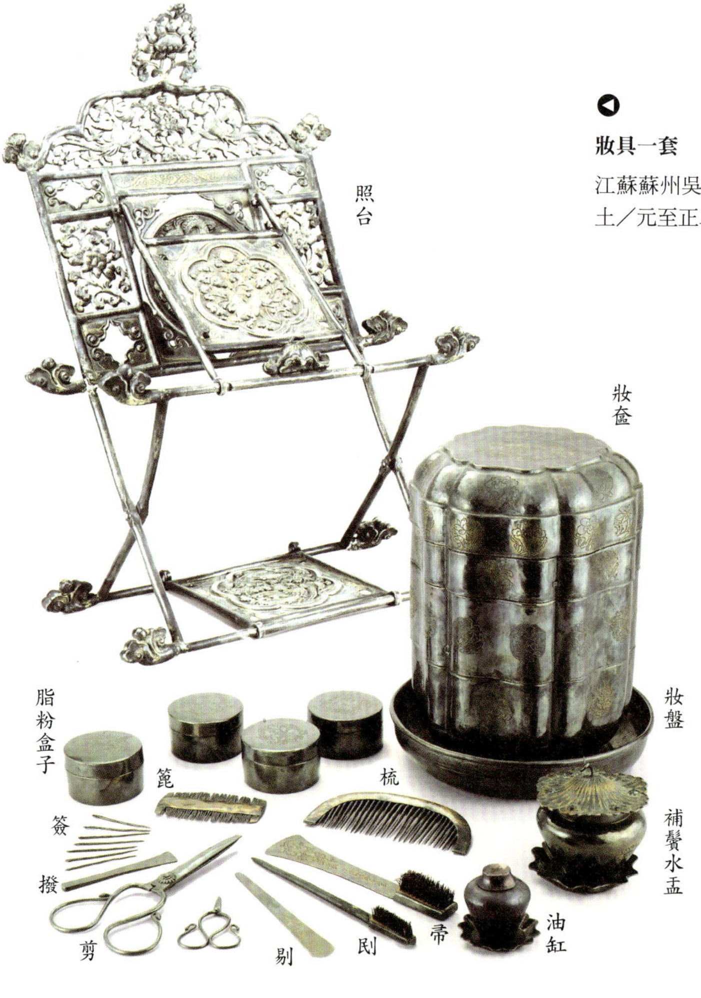

妝具一套

江蘇蘇州吳王張士誠母曹氏墓出土／元至正二年（1342年）

香水

月轉花枝清影疏。露華濃處滴真珠。
天香遺恨罥（ㄐㄩㄢˋ）花須。
沐出烏雲多態度，暈成娥綠費工夫。
歸時分付與妝梳。

——張元乾〈浣溪沙・薔薇水〉

宋人極重香道，女子梳妝時，也少不了要噴灑香水。

其中最珍貴的香水之一是薔薇水，這是來自中亞、西亞地區的特產，蒸餾提取自薔薇花。它早見在五代時，作為來自異邦的珍異貢物，盛在半透明的晶瑩琉璃瓶中，名喚「灑衣薔薇水」。①而直至宋代，人們仍驚異於它灑衣所帶來的芳香濃郁持久。此後隨著宋與海外貿易交流的加深，它逐漸走入世間，成為女子妝奩中的愛物。有宋詩寫美人晨妝時使用薔薇水的情景：「美人曉鏡玉妝台，仙掌承來傅粉腮。瑩徹琉璃瓶外影，聞香不待蠟封開。」（虞儔〈廣東漕王僑卿寄薔薇露因用韻〉）

盛裝香水所用的琉璃小瓶，雖未有明確的出土物，但應能借助當時佛塔地宮之中供奉舍利或盛裝香料的精巧小琉璃瓶來推想。

然而這種異域遠道而來的香水終究貴重，不能為尋常人家所用。宋人開始探索從各式香花中蒸餾提取花露、香水的方法。因本土的薔薇香味不及異域，有人取用當時南方已頗有種植的素馨、茉莉等異域芳香花卉來製作，但香味卻仍舊有所不及。②

①北宋・樂史《太平寰宇記》：「（五代周）世宗顯德五年，其（占城國）王釋利因得漫，遣其臣蒲訶散等來貢方物。中有灑衣薔薇水一十五琉璃瓶，言出自西域，凡鮮華之衣，以此水灑之，則不黦而復郁烈之香，連歲不歇。」

②北宋・蔡絛《鐵圍山叢談》：「異域薔薇花氣馨烈非常，故大食國薔薇水雖貯琉璃缶中，蠟密封其外，然香猶透徹，聞數十步，灑著人衣袂，經十數日不歇也。至五羊效外國造香，則不能得薔薇，第取素馨茉莉花為之，亦足襲人鼻觀，但視大食國真薔薇水，猶奴爾。」

琉璃瓶

安徽無為北宋舍利塔出土

琉璃瓶

河北定州靜志寺北宋塔基遺址出土

琉璃瓶

浙江瑞安慧光塔北宋地宮出土

又有採用本土一種名為「朱欒ㄌㄨㄢˊ」的柑橘樹所開之花來製作香水，從最終效果來看，似乎芬芳並不遜於薔薇。①

以巧法所製作的各樣香水，可用以調水潔面，或是和入脂粉，或是混入髮油，整個梳妝的過程都滿是芬芳。

①南宋．張世南《游宦紀聞》：「永嘉之柑，為天下冠。有一種名『朱欒』，花比柑橘，其香絕勝。以箋香或降真香作片，錫為小甑，實花一重，香骨一重，常使花多於香。竅甑之傍，以泄汗液，以器貯之，畢，則徹甑去花，以液清香，明日再蒸。凡三四易，花暴乾，置磁器中密封，其香最佳。」

整髮

梳頭

日日樓心與畫眉。鬆分蟬翅黛雲低。
象牙白齒雙梳子，駝骨紅紋小棹ㄓㄠˋ蓖。
朝暮宴，淺深杯。更闌生怕下樓梯。
徐娘怪我今疏懶，不及盧郎年少時。
——呂勝己〈鷓鴣天〉

打理秀髮，是梳妝的第一步。河北新密平陌北宋大觀二年（1108年）墓[①]的壁畫中，恰有兩張梳妝圖將這一過程展現得很清楚。

一幅壁畫中，美人大約還是晨起坐床之時，一綸長長青絲擰在左手之中，右手執一紅寬梳，正細細梳理著髮梢；而另一幅中，美人仍在床上坐，但面前已擺好了陳設高鏡台與各樣梳妝用具的「梳洗床」[②]，她正對鏡完成梳髮綰髻之後的戴冠動作，預備開始接下來繁瑣的面部化妝。

河南登封城南莊宋墓[③]西南壁也繪有一幅極生動

①鄭州市文物考古研究所、新密市博物館，〈河南新密市平陌宋代壁畫墓〉[J]，《文物》，1998，(12)。原壁畫已極為漫漶，這裡依照輪廓特殊修復處理。

②南宋・陸游《老學庵筆記》：「徐敦立嘗言，往時士大夫家婦女用梳洗床、火爐床。今猶有高鏡台，蓋施床，則與人面適平也。」

③鄭州市文物考古研究所、登封市文物局，〈河南登封城南莊宋代壁畫墓〉[J]，《文物》，2005，(8)。

梳髮圖與整冠圖

河南新密平陌墓壁畫局部／北宋大觀二年（1108年）

臨水理鬢圖

河南登封城南莊宋墓壁畫局部

的梳洗圖，女郎盤綰好髮髻，在準備潔面梳妝之前，還不忘以盆水為鏡，抬手對鬢髮做最後的打理。

梳髮除了要用到梳篦、刷刡等妝具，離不了頭油的輔助。南宋刻本《碎金》服飾篇「梳洗」一條專列著「面油、漆油」，而明本《碎金》此處則改作「面油，省頭木犀油」。「省頭木犀油」自是用以梳髮潤髮的頭油，則「漆油」也應屬頭油之類。南宋陳元靚所編撰的日用百科小書《事林廣記》中，更詳細記有「香髮木犀油」①、「宮制薔薇油」②等，都是調入了桂花、薔薇、茉莉、素馨等南方芳香花卉製成的頭油。

又有以藥材製作頭油的配方。趙磻老〈浣溪沙〉中有「懶畫娥眉倦整冠，筍芭來點鏡中鬟」

①南宋．陳元靚《事林廣記》記「香髮木犀油」配方：「岩桂花，凌晨摘半開者， 去莖蒂，令十分淨，每高量一斗，取真麻油一斤，輕手拌匀，以濕燥相停為度，納瓷甕中，厚用油帋封繫甕口，坐甕於釜內，以湯煮一餉久，持起頓燥十日後傾出，以手泚其清液收之，要封閉謹密，愈久愈香。以此油勾入黃蠟，為面脂尤馨。」

②南宋．陳元靚《事林廣記》記「宮制薔薇油」配方：「真麻油隨多少，以瓷甕盛之。令及半甕，取降真香少許投油中，厚用油紙封繫甕口，頓甑中。隨飯炊兩餉，持出頓冷處，三日後去所投香。凌晨旋摘半開柚花，俗呼為臭橙者，揀去莖蒂納甕中，令燥濕恰好，如前法密封十日。後以手其清液收之，其油與薔薇水絕類。取以理髮，經月常香，又能長鬢。茉莉、素馨油造法皆同，尤宜為面脂。」

句，其中點鬟所用的「筍苞」，指的應是一種「搽頭竹油」，詳細配方見於元代日用百科書《居家必用事類全集》[1]。此外，書中還羅列有「烏頭麝香油方」、「金主綠雲油方」等，都是以藥材調和香油所製，以求實現滋養、生髮、黑髮等治療功效。

以蘸有頭油的梳篦梳頭、刷𠚥掠鬢，能起到潤澤髮絲，使其柔順服帖、黑亮潤澤的作用，更能為精心打理的鬟髮、髻鬟定型。於是宋人在詞曲中不無誇張地寫道：「高鬟鬆綰鬢雲侵，又被蘭膏香染、色沉沉」（張元乾〈南歌子〉）、「蘭膏香染雲鬟膩，釵墜滑無聲」（陸游〈烏夜啼〉）、「纖手犀梳落處，膩無聲、重盤鴉翠；蘭膏勻漬，冷光欲溜，鸞釵易墜」（胡仔〈水龍吟〉）——塗了頭油的髮縷黑亮自不消說，卻又太過滑膩，導致綰髮的釵子也因此滑落下來。

①元《居家必用事類全集》記「搽頭竹油」配方：「每香油一斤。棗枝一根剉碎。新竹片一根截作小片。不拘多少。用荷葉四兩。入油同煎至一半。去前物加百藥煎四兩。與油再熬。入香物一二味。依法搽之。」

綰髻

燕姬越女初相見，
鬢雲翻覆隨風轉。
日日轉如雲，
朝朝白髮新。
江南古佳麗，
只綰年時髻。
信手綰將成，
從來懶學人。

——顏奎〈菩薩蠻〉

北宋初年，延續了很久的五代時期高髻風尚。這類高髻整體向上隆起，其上又可附加小髻或小鬟。直到太平興國七年（982年），真宗下令「婦人假髻並宜禁斷，仍不得作高髻及高冠」，這樣的風氣才有所消歇。

此後，關於女性髮髻式樣的記錄大多只是偶然見於詩詞之中，極少有唐人那般細緻的羅列。這或許是因為戴冠越發流行，束於頭頂的髮髻被冠子所遮掩，在其樣式上也就沒有太多可供發揮的空間與必要，不再像以往那般時時推陳出新。

直到北宋後期徽宗朝，流行的髮髻是所謂「盤福龍」或「便眠覺」，結髮於頭頂，式樣寬大而扁，實用功能大於裝飾意義。追求髮型時尚的女性則將關注的重點轉移到外露的額髮、鬢髮及頭後髮上。以下是一位宋代百歲老人袁褧的記載。他生於北宋，死於南宋，親見了宋徽宗時期汴京城中女性的各種髮型演變：

崇寧年間（1102~1106年）流行「大鬢方額」；政和（1111~1118年）、宣和（1119~1126年）年間，又流行起「急把垂肩」；在宣和之後，多梳「雲尖巧額」。①

一則隱喻北宋末年時局的笑話②，也提到了宮中教坊女伎的三種髮髻式樣：迎著額前豎立的「朝天髻」、偏墜一邊的「懶梳髻」、如小孩般滿頭小髻的「三十六髻」。

到了南宋時，隨著各樣新款裝飾類首飾的廣泛流行，髮髻作為首飾的「展示台」，再度有了一些新樣。其中以南宋後期理宗朝宮中流行的高髻「不走落」最為著名。

①南宋·袁褧《楓窗小牘》：「汴京閨閣，妝抹凡數變。崇寧間，少嘗記憶，作大鬢方額。政宣之際，又尚急把垂肩。宣和以後，多梳雲尖巧額，鬢撐金鳳，小家至為剪紙襯髮。」

②南宋·周密《齊東野語》卷十三《優語》：「宣和中，童貫用兵燕薊，敗而竄。一日內宴，教坊進伎，為三四婢，首飾皆不同。其一當額為髻，曰：『蔡太師家人也。』其二髻偏墜，曰：『鄭太宰家人也。』又一人滿頭為髻如小兒，曰：『童大王家人也。』問其故，蔡氏者曰：『太師覲清光，此名朝天髻。』鄭氏者曰：『吾太宰奉祠就第，此懶梳髻。』至童氏者，曰：『大王方用兵，此三十六髻也。』」

附1：宋代典型髮髻式樣舉例

朝天髻

【朝天髻】五代宋初

這是一種高高隆起的髮髻。《宋史·五行志》：「建隆初，蜀孟昶末年，婦女競治髮為高髻，號『朝天髻』。」

雙蟠髻

鸞髻

【雙蟠髻／鸞髻】北宋中期

據名稱推想，應是成雙盤綰的髮式。蘇軾〈南歌子〉：「紺綰雙蟠髻，雲欹小偃巾。」

雲鬟

【雲鬟】北宋中期

一種多鬟如雲的髮式。柳永〈夜半樂〉：「雲鬟風顫，半遮檀口含羞，背人偷顧。」徽宗〈宮詞〉：「內家新樣挽雲鬟。」

盤福龍

【盤福龍】北宋後期

一種寬扁的髮髻。《爐餘錄》：「髮髻大而扁，曰『盤福龍』，亦曰『便眠覺』。」

【墜髻／墮髻／懶梳髻】兩宋

繼承自古代的「墮馬髻」，髮髻傾垂在一側，形態慵懶隨意。張先〈菊花新〉：「墮髻慵妝來日暮。」柳永〈雨中花慢〉：「墜髻慵梳，愁蛾懶畫，心緒是事闌珊。」吳文英〈燕歸梁〉：「白玉搔頭墜髻鬆。」

墜髻

【同心髻】南宋前期

陸游《入蜀記》：「未嫁者，率為同心髻，高二尺，插銀釵至六隻，後插大象牙梳，如手大。」

同心髻

【螺髻】兩宋

形態如螺的髮髻。辛棄疾〈水調歌頭〉：「螺髻梅妝環列，鳳管檀槽交泰，回雪無纖腰。」

螺髻

【一窩絲】南宋

一種簡易盤綰的髮式，既可露髻簪戴各樣首飾，又適合作為戴冠用的基礎髮髻。陸游〈鷓鴣天〉：「梳髮金盤剩一窩。」魏鵬〈閨情〉：「春閨曉起淚痕多，倦理青絲髮一窩。」張鎡〈菩薩蠻〉：「輕浸水晶涼，一窩雲影香。」

一窩絲

不走落

【不走落】南宋後期

從宮中流行開來的高髻式樣，便於插戴各樣繁複的首飾。《宋史・五行志》：「理宗朝，宮妃……梳高髻於項，曰『不走落』。」

理妝

潔面

肌膚綽約真仙子，來伴冰霜。
洗盡鉛黃。
素面初無一點妝。

尋花不用持銀燭，暗裡聞香。
零落池塘。
分付餘妍與壽陽。

——周邦彥〈採桑子〉

在開始基礎的化妝之前，宋人已形成了一套系統的潔面、護膚步驟。河南登封高村宋墓壁畫中有一幅備洗圖表現得頗為直觀——盥洗盆架側立一侍女，一手提水桶，一手捧一小碗，桶中自是潔面所需的熱水，而碗中應盛有澡豆、皂角等清潔用品。

所謂「澡豆」，係以豆子磨成細末調和香料製成，具有去污增香的作用。北宋時代，甚至有一則

①北宋·沈括《夢溪筆談》。

②莊季裕《雞肋編》：「浙中少皂莢。澡面、浣衣皆用『肥珠子』。木亦高大，葉如槐而細生角，長者不過三數寸。子圓黑、肥大，肉亦厚，膏潤於皂莢，故一名肥皂。」

③編按：意指做小買賣的人。

王安石的笑話與澡豆相關：傳說王安石不修邊幅，面目黼黑，有醫者進澡豆勸他洗面，王安石卻說：「天生黑於予，澡豆其如予何？」（我天生就是這麼黑，澡豆對我而言沒用）[1]。

另一種被北宋人廣泛使用的清潔用品是皂莢，到了南宋，因浙中地區少見皂莢，又改為使用一種名為「肥珠子」的植物莢角來洗面清潔。[2]因其比皂莢更「肥」，南宋人俗稱其為「肥皂」。其後由其提煉製作的固體清潔品，仍延續此名，南宋人周密《武林舊事》中記錄臨安城中的「小經紀」[3]，就有專售「肥皂團」的行當。

在基礎的清潔品外，還有一些採用特殊藥材配方精加工、具有藥效的潔面品，當時稱作「洗面藥」。《東京夢華錄》中羅列北宋東京汴梁城中的

備洗圖

河南登封高村宋墓壁畫

店鋪時，就已有一家「張戴花」專賣這類洗面藥。南宋時流行一種洗面藥，在陳元靚《事林廣記》中名為「孫山少女膏」[1]。而在元人編著的《居家必用事類全集》中，甚至有一種「八白散」，書中稱其是「金國宮中洗面方」，是用與「白」相關的八味藥材，配合具有去污作用的皂角、綠豆等調製而成的洗面用品。

護膚

時人將護膚所用的面油美稱作「玉龍膏」，相傳其為宋太祖創制，因被貯存於雕有龍紋的玉盒之內而得名。[2]這類面油通常是用動物脂肪調和香料提煉而成，又因摻入了各種藥材，具有一定的「藥妝」特質。如北宋醫典《聖濟總錄》中列舉有「杏仁膏」、「羊髓膏」、「玉屑膏」等，潔面後塗於臉上，能起到祛除面部黃斑、提亮面色的效果。

除卻動物類油脂，又有植物油配成的面油，它通常由麻油、鮮花及香料配製而成，其配方、工藝都與用來梳髮的頭油一致或類似。如前文提到的「宮制薔薇油」、「香髮木犀油」等，略再加工（如調入黃蠟），就可以用來塗面。

南宋《事林廣記》中也專列有一種「太真紅玉膏」配方[3]，不添油脂，而是以各種藥粉調和蛋清製作，書中將其與唐代美人楊貴妃相關聯，聲稱這是貴妃用以保持面色紅潤的祕法。

此外值得一提的是，女性維持了一天的妝容，

①南宋・陳元靚《事林廣記》記「孫山少女膏」配方：「黃柏皮三寸，土瓜根三寸，大棗七個，同研細為膏，常早起化湯洗面用。旬日，容如少女。以治浴，尤為神妙。」

②宋・龐元英《文昌雜錄》卷一：「禮部王員外言：今謂面油為玉龍膏，太宗皇帝始合此藥，以白玉碾龍合子貯之，因以名焉。」

③南宋・陳元靚《事林廣記》記「太真紅玉膏」配方：「杏皮、麩皮、滑石、輕粉各等分為末，蒸過，入腦麝少許，以雞子清調勻，早起洗面畢，傅之，自日後色如紅玉。」

在臨睡卸妝後，依然可以塗上各種面膏，達到夜間美容養顏的功效。仍是在《聖濟總錄》中，列有「益母草塗方」、「防風膏」、「白附子膏」、「丹砂膏」、「白芷膏」等夜用面膏配方，寫明其使用方式是在臨睡前卸妝潔面過後，才塗抹於臉上，早晨再以溫水洗去。

元代《居家必用事類全集》中，更專列有一種「夜容膏」，是將各樣與「白」相關的藥草、香料提取物合在一起，調入雞蛋清，陰乾成為膏狀，就可於夜間調理肌膚，使人容光煥發。

傅粉

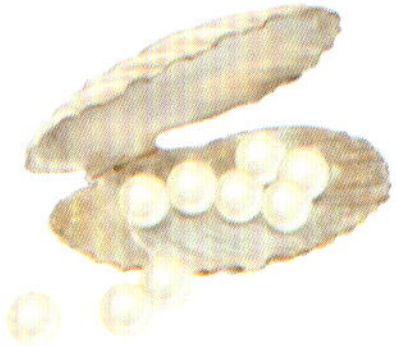

鉛華淡佇新妝束。
好風韻、天然異俗。
彼此知名，雖然初見，情分先熟。

爐煙淡淡雲屏曲。
睡半醒、生香透肉。

賴得相逢，若還虛過，生世不足。

——周邦彥〈玉團兒〉

宋代女性化妝，是從用粉將面部塗白開始。

常見的化妝粉多是鉛粉，是用鉛、錫、水銀等燒煉而成的白色粉末，在宋人眼中，它原是煉丹術的副產品①，又美稱為「雪丹」或「丹雪」，如晏幾道〈菩薩蠻〉詞：「香蓮燭下勻丹雪，妝成笑弄金階月。嬌面勝芙蓉，臉邊天與紅。」鉛粉潔白細膩，便於塗抹，因此流行廣泛且持久。

宋人甚至用「鉛華」來指代化妝，宋詞中有「鉛華淡淡妝成」（司馬光〈西江月〉）、「鉛華淡佇新妝束」（周邦彥〈玉團兒〉）。安徽六安花石嘴古墓中出土一件銀粉盒，其中殘存的化妝粉經科學檢驗，便是成分以白鉛礦為主的鉛粉。②

但這類化妝粉是以對人體有害的礦物製作，長期使用反而會讓面部黯淡呈青黑色，並不算女子妝奩中理想的選擇。於是當時人試圖透過特殊加工以減輕鉛粉的毒性。陳元靚《事林廣記》中記載一則「法制胡粉」，是將鉛粉放入空蛋殼，透過加熱讓鉛毒轉移到蛋殼之中，如此反復多次，當時認為能夠獲得更為安全的妝粉。③

此外，又有各種完全不含鉛粉的植物粉——或是以粱米研磨製成的米粉，或是花卉植物莖乾果實研製的花粉。這類粉還可進一步用芳香花卉熏過，如南宋女詞人吳文英〈醉蓬萊〉一詞中有「冰銷粉汗，南花熏透」句，熏粉所用的「南花」，大約便是當時來自南方的素馨、茉莉等花卉。

《事林廣記》中也記載有多種當時流行的高級

①北宋．葉廷珪《海錄碎事》引《二儀錄》：「秦穆公弄玉感蕭史，降於宮掖，與穆公煉雪丹。第一轉與弄玉塗之，名曰粉，今水銀粉。」

②王振東、毛正偉，等，〈花石嘴元墓出土化妝品的初步研究〉[J]，《岩礦測試》，2008，(4)。

③南宋．陳元靚《事林廣記》記「法制胡粉」配方：「胡粉不拘多少。以雞子一個，開竅子，去清、黃令盡，以填胡粉，向內令滿，以紙泥口，於飯甑上蒸之。候黑氣透雞子殼外，即別換，更蒸，候黑氣去盡。取用搽，經宿，永無青黑色，且是光澤。」

▲

盛鉛粉的小銀盒

安徽六安花石嘴古墓出土

複合化妝粉配方：一種「玉女桃花粉」[①]，以益母草灰與石膏、滑石、蚌粉、殼麝、胭脂等調配；一種「唐宮迎蝶粉」[②]，以清潔的粟米粉與芳香花卉同置，熏蒸沾染香氣即成。這類妝粉較鉛粉溫和，當時人甚至宣傳其有祛瘢瘡、護膚的效用。

在各種民間文獻記載之外，宋代貴族女性的妝奩中還有一類更為奢侈珍貴的高級化妝粉，係以珍珠磨製再調和香料的複合粉。其所使用的珍珠還可細分為淡水珠與海水珠。陝西藍田宋丞相呂大防孫女呂倩容之墓中，曾出土一件盛有白色化妝粉的青瓷小盒，經科學分析，確認盒中所盛是以淡水珍珠研磨加工製成的珍珠粉。[③]

福州宋代黃昇墓中也出土了二十塊小粉餅，每塊直徑不過三公分左右，是在特製的模子中壓印而成，輪廓呈圓形、方形、花形，面上壓印出各樣四季花卉，極細緻精巧。由粉餅的元素分析可知，這些妝粉大約是海蚌殼或海水珍珠所研的珍珠粉調和香料而成。[④]

關於當時妝粉的具體使用方式，考古發掘所見的各類文物也提供了線索。如江西德安南宋周氏墓出土的銀粉盒：一件內部盛滿白粉，內附一個銀片打製的荷葉紋小勺。小勺可將結塊的粉餅敲碎、切割，取出供一次梳妝所需的量，與香水、香料、脂膏等調和，最後用一塊絲綿粉撲拍在臉上。

黃昇墓中出土的一塊粉撲更加精緻，面為絲綿製作，背上則以一片片絲羅綴作一朵盛開的繁花。這塊粉撲出土時還沾有粉漬，顯然是墓主生前的實用物[⑤]。宋人將這類粉撲稱作「香綿」，如「卻尋霜粉撲香綿」。（周紫芝〈鷓鴣天〉）

①南宋．陳元靚《事林廣記》記「玉女桃花粉」配方：「益母草……端午間採曬，燒灰用稠米飲，搜團如鵝卵大，熟炭火煅一伏時，火勿令焰，取出搗碎再搜煉兩次。每十兩別煩石膏二兩，滑石、蚌粉各一兩，胭脂一錢，共碎為末，同殼麝一枚入器收之，能去風刺，滑肌肉，消瘢黯，駐姿容，甚妙。」

②南宋．陳元靚《事林廣記》記「唐宮迎蝶粉」配方：「粟米隨多少，淘淅如法，頻易水浣、浸，取十分清潔。傾頓瓷體內，令水高寸許，以用綿蓋鉢面，隔去塵汙，向烈日中曝乾。研為細粉，每水調少許，著器內。隨意摘花，採粉覆蓋熏之。人能除游風，去瘢黯。」

③Yu, ZR, Wang XD, Su BM, et al. First Evidence Of The Use Of Freshwater Pearls As A Cosmetic In Ancient China: Analysis Of White Makeup Powder From A Northern Song Dynasty Lv Tomb (Lantian, Shaanxi Province, China), [J]，*Archaeometry*，2016，59 (4)。

④福建省博物館，《福州南宋黃昇墓》[M]，北京：文物出版社，1982。經光譜分析可知，粉餅所含的元素主要為鈣、矽、鎂，還有微量的鉛、鐵、錳、鋁、銀、銅等。一般認為，珍珠中微量化學元素的含量和其生長環境密切相關，海水珍珠生長的鹹水水域具有弱還原性，容易富集矽、鈉、鎂等元素；淡水珍珠生長的淡水水域具有氧化性，造成前述元素相對欠缺，而錳元素相對富集。

⑤粉撲上的殘粉經過檢驗，主要成分為二氧化硅，與妝奩中盛裝的粉餅不同，大約是一種滑石粉。

印花小粉餅與花形絲綿粉撲

福建福州黃昇墓出土／南宋淳祐三年（1243年）

銀粉盒（內分別附有絲綿粉撲、荷葉紋小銀勺）

江西德安南宋周氏墓出土

胭脂

海棠珠綴一重重。

清曉近簾櫳。

胭脂誰與勻淡，偏向臉邊濃。

看葉嫩，惜花紅。

意無窮。

如花似葉，歲歲年年，共佔春風。

——晏殊〈訴衷情令〉

搭配白色妝粉使用的，還有紅紫色系的胭脂。

凡是含有紅色素的花卉，都可提取汁液製作胭脂。其中以傳統的、從紅藍花中提取的紅色最為主流——紅藍花生長時呈黃色或橙色，需要反復精細加工，絞去黃色汁液後，收取餘下的紅色部分。這種紅色極鮮明，在宋代被稱作「真紅」。[1]

宋人羅願的《爾雅翼》在記述紅藍花的同時，也提到了當時紅花提取好後的兩種胭脂製法：「又

①宋．羅願《爾雅翼》：「今中國謂『紅藍』，或只謂之『紅花』。大抵三月初種花，出時，日日乘涼摘取之，每頃一日須百人摘。五月種晚花，七月中摘，深色鮮明，耐久不黦，勝於春種者。花生時，但作黃色茸茸然，故又一名『黃藍』。杵碓水淘，絞取黃汁，更搗以清酸粟漿淘之，絞如初，即收取染紅。然後更搗而暴之，以染紅色，極鮮明。……今則盛種而多染，謂之『真紅』，賽蘇方木所染。」

為婦人妝色，以綿染之，圓徑三寸許，號綿燕支。又小薄為花片，名金花煙支，特宜妝色。」所謂「綿胭脂」，是浸染在成張的絲綿薄片上，使用時取一張綿片蘸取紅色即可。

宋人的低吟淺唱中已有其蹤影：「胭脂勻罷紫綿香」（晁端禮〈浣溪沙〉）、「香綿輕拂胭脂」（張元乾〈春光好〉）。一則宋人軼事中也提到了綿胭脂：北宋名臣范仲淹在京城購買了綿胭脂，贈與他所愛的一位身處鄱陽的樂伎。隨綿胭脂一起寄去的還有詩一首：「江南有美人，別後長相憶。何以慰相思，贈汝好顏色。」①

這般「好顏色」的實物，同樣見於江西德安南宋周氏墓中——一塊浸滿胭脂的絲羅，出土時盛在一個菱花形銀質小妝盤之中，其上還有一痕指印，顯是周氏生前曾拈起使用過的。至於另一種「金花胭脂」，則是更為純粹昂貴的高檔品，直接將紅花提煉所得的紅泥壓作薄片，剪作小花形，使用時取一小片，稍浸脂粉調和，便能得到適宜的紅色。

①宋．姚寬《西溪叢話》：「公守鄱陽，喜樂籍，未幾召還到京，以綿胭脂寄其人。題詩『……』，至今墨跡在鄱陽士大夫家。」

銀妝盤（內盛一塊綿胭脂）

江西德安南宋周氏墓出土

因女性對胭脂的需求頗大，北宋宮廷內侍省「掌造禁中及皇屬婚娶名物」的「後苑造作所」中，專門設有「綿胭脂作」與「胭脂作」，是製作胭脂的作坊，用以供應皇親貴戚女眷使用。[1]南宋時民間也已產生了專營胭脂的店鋪，如吳自牧《夢粱錄》「鋪席」條記錄「杭城市肆名家有名者」，其中列有位於修義坊北的「張古老胭脂鋪」與位於官巷北的「染紅王家胭脂鋪」，正是當時售賣胭脂的名店。

此外，大約在南宋至元以來，出現了一種「胭脂粉」，如元雜劇《王月英元夜留鞋記》楔子：「小娘子祗揖，有胭脂粉，我買幾兩呢。」區別於片狀的胭脂，這是一種染成紅色的妝粉，染紅的材料除了植物胭脂，也可使用朱砂、銀朱、密陀僧之類的礦物顏料。

南宋墓葬出土的妝奩中粉盒往往不只一件，大約正是為基礎的白色妝粉和色澤不同的紅色胭脂粉而分設。元代《居家必用事類全集》中「閨閣事宜」一節記有多樣調和妝粉的方法，「常用和粉方」便分列基礎的白妝粉與摻入朱砂的紅妝粉、此外又有白色的「雞子粉」、紅色的「麝香十和粉方」、「利汗紅粉方」等。

①《宋會要輯稿》職官條。

附2：宋代流行妝面舉例

【醉妝】

一種在兩腮濃施胭脂，但留白額部、鼻梁、下巴等處的妝樣。孫光憲《北夢瑣言》：「（蜀王衍）宮人皆衣道服，簪蓮花冠，施胭脂夾臉，號『醉妝』。」

醉妝

【紅妝】

面部施以朱粉、較為穠麗的妝容。歐陽修〈阮郎歸〉：「玉肌花臉柳腰肢。紅妝淺黛眉。」米芾〈醉太平〉：「高梳髻鴉。濃妝臉霞。」賀鑄〈減字木蘭花〉：「鸞鏡佳人。得得濃妝樣樣新。」

紅妝

【淡妝】

淺淡傅粉、以纖秀清麗為主的妝容。司馬光〈西江月〉：「寶髻鬆鬆綰就，鉛華淡淡妝成。」辛棄疾〈眼兒媚〉：「淡妝嬌面，輕注朱唇，一朵梅花。」楊皇后〈宮詞〉：「好生躬儉超千古，風化宮嬪只淡妝。」

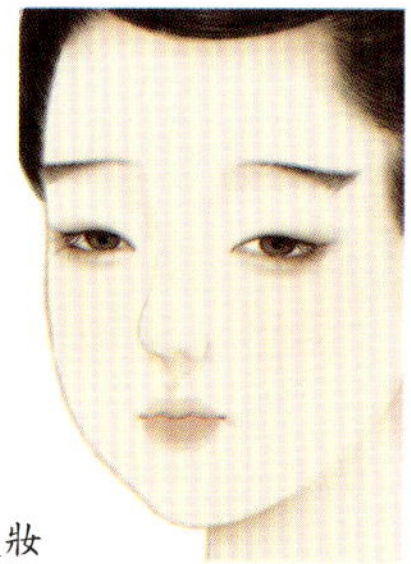

淡妝

【淚妝】

在眼角處略施脂粉的妝容，像哭泣過後含著愁緒。張耒〈贈人〉：「淚妝更看薄胭脂。」《武林舊事》卷三：「婦人淚妝素衣。」《宋史・五行志》：「（宮妃）粉點眼角，名『淚妝』。」

淚妝

描眉

柳街燈市好花多。

盡讓美瓊娥。

萬嬌千媚，的的在層波。

取次梳妝，自有天然態，愛淺畫雙蛾。

斷腸最是金閨客，空憐愛、奈伊何。

洞房咫尺，無計枉朝珂。

有意憐才，每遇行雲處，幸時恁相過。

——柳永〈西施〉

自唐末開始，女性畫眉基本上不再使用以往流行的青黑色黛石，轉為使用人工製作的漆黑色墨塊。[1]宋朝仍繼承著這一時尚，女子先削去天生的眉毛，再以墨重畫上一雙心儀的眉樣。[2]

畫眉用墨，可以是直接移用書寫之墨。士大夫家族用墨，更多是名家專法所製，墨塊上鈐(ㄑㄧㄢˊ)印專名。如安徽合肥北宋馬紹庭夫婦墓出土「歙州黃

①五代宋初．陶谷《清異錄》：「自昭、哀來，不用青黛掃拂，皆以善墨火煨染指，號薰墨變相。」

②南宋．朱翌《猗覺寮雜記》：「今婦人削去眉，畫以墨。蓋古法也。又南宋．趙彥衛《雲麓漫鈔》：前代婦人以黛畫眉，故見於詩詞，皆云『眉黛遠山』。今人不用黛而用墨。」

九華朱觀墨

安徽合肥北宋馬紹庭夫婦墓出土

葉茂實製「寸玉」墨

江蘇常州武進村前鄉南宋墓四號墓出土

山張谷男處厚墨」、「九華朱觀墨」各一錠，其中朱觀墨似油煙墨，原是隨葬於夫人呂氏棺中[①]；江蘇常州武進村前鄉南宋墓四號墓也出土了葉茂實製「寸玉」墨一錠。[②]

這類精製墨錠系以桐煙或松煙調膠，混合各樣珍異藥材、香料而成，若女子用以畫眉，眉也帶有淡淡香味，便是宋詞中所謂「香墨彎彎畫」（秦觀〈南歌子〉）；甚至後世還有金章宗令後宮以北宋張遇所製、名貴的「麝香小龍團」墨來畫眉的傳說（明・周嘉胄《香乘》）。

南宋時代，也出現了專供女子畫眉的特製墨，名為「畫眉七香丸」。周密《武林舊事》記南宋都城臨安特有的「小經紀」而「他處所無者」，便有「畫眉七香丸」，這大約是一種混合了七種香料的畫眉墨丸。

若是農家女子難以買到都會中生產的畫眉墨，也可以點起油燈，收集油煙自製畫眉墨，如南宋時有詩稱「畫眉無墨把燈燒，豈識宮妝與翠翹」（華岳〈田家十絕〉）。

在南宋的實用工具書《事林廣記》中，恰列有一項「畫眉集香圓」的具體製法[③]，它應是「畫

①胡東波，〈合肥出土宋墨考〉[J]，《文物》，1991，(3)。元・陸友《墨史》：「朱觀，九華人，善用膠作軟劑，出光墨。滕元發作郡日，令其手製，銘曰『愛山堂造』者最佳。」

②元・陸友《墨史》：「葉茂實，太末人，善製墨。周公瑾言其先君明叔佐郡日，嘗令茂實造軟帳，煙尤輕遠。其法用暖閣冪之，以紙帳約高八、九尺，其下用盈貯油，炷燈煙直至頂。其膠法甚奇，內紫礦、秦皮、木賊草、當歸、腦子之類，皆治膠之藥。蓋膠不治則滯而不清，故其墨雖經久或色差淡，而無膠滯之患。」

③南宋・陳元靚《事林廣記》中所記「畫眉集香圓」配方：「真麻油一盞，多著燈心搓緊，將油盞置器水中，焚之，覆以小器，令煙凝上，隨時掃下。預於三日前用腦、麝別浸少油，傾入煙中，調勻，黑可逾漆。一法：旋剪麻油燈花，用，尤佳。」

眉七香丸」的低配版本：選用日常生活中常見的芝麻油與燈芯作主要材料，將多條燈芯搓為一股，放入麻油燈碗內點燃，上扣一個小容器收集燃起的油煙，隨時將油煙掃下收集，再用龍腦、麝香等香料調油，與油煙混合調勻，製作出球丸。

書中稱其畫眉的效果比烏漆還黑。若實在想省卻這些工序，甚至還可以直接剪下燈火中燒焦的燈芯畫眉。

畫眉的油墨若是未乾就容易沾染，當時甚至因此有了一種特別的寄情方式——女子將未乾的眉痕印在絲絹上，寄與思念的情郎。北宋時歐陽修有詞〈玉樓春〉一首，專寫「印眉」：

半輻霜綃親手剪。
香染青蛾和淚卷。
畫時橫接媚霞長，印處雙沾愁黛淺。
當時付我情何限。
欲使妝痕長在眼。
一回憶著一拈看，便似花前重見面。

金人蔡珪亦有〈畫眉曲〉：

小閣新裁寄遠書，書成欲遣更踟躕。
黛痕試與雙雙印，封入雲箋認得無。

附3：宋代典型眉式一覽

需注意的是，以下的名稱與眉式對照，都是顧名思義的推測。

【小山眉】

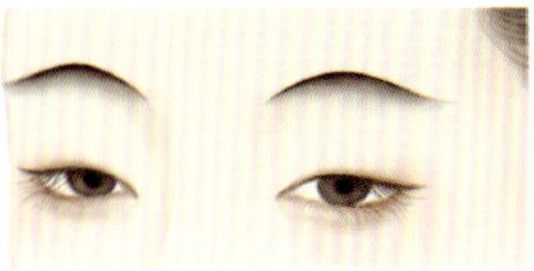

又名「遠山眉」，眉形取意於水墨畫中的一脈遠山，眉峰分明，眉山腳下略暈開，如籠罩雲煙。這原是五代宮中女性愛畫的眉式之一（前蜀人顧敻〈遐方怨〉：「嫩紅雙臉似花明，兩條眉黛遠山橫。」）由一位名為竇季明的宦官自宮中傳出，在北宋立國後依舊流行不減。其他如柳永的〈少年遊〉：「層波瀲灩遠山橫，一笑一傾城。」晁端禮的〈菩薩蠻〉：「遠山眉映橫波臉。臉波橫映眉山遠。」

【開元御愛眉】

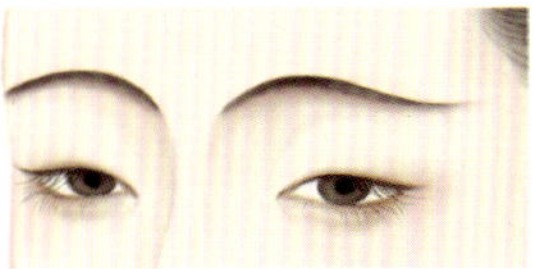

原於盛唐開元年間流行，是唐玄宗所喜愛的眉式，為連娟細長的彎眉。五代宮廷之中尚存，流行延續至北宋前期。

【月棱眉】

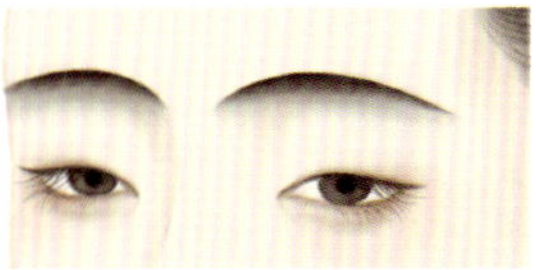

形如一鈎初升新月，上端輪廓分明，下端暈染開來。王周〈採桑女〉：「誰誇羅綺叢，新畫學月眉。」北宋中期的流行眉式較長而眉距短，此後在詩詞中則多將彎而窄的眉稱作「月眉」。

【倒暈眉】

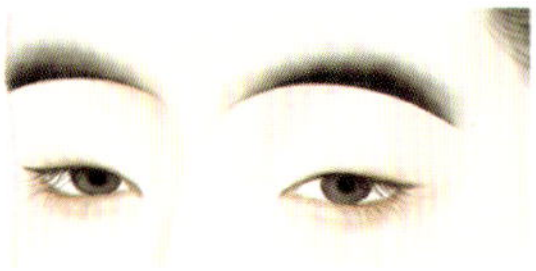

北宋中期的流行眉式，形態與月棱眉相反，下端輪廓分明，上端暈染開來。因眉距極端，幾乎相連，又稱「倒暈連眉」。仁宗朝時流行於宮中，神宗朝熙寧年間已遍及民間。晏幾道〈蝶戀花〉：「倒暈工夫，畫得宮眉巧。」蘇軾〈常潤道中，有懷錢塘，寄述古〉：「剩看新翻眉倒暈，未應泣別臉消紅。」又如〈次韻答舒教授觀余所藏墨〉：「倒暈連眉秀嶺浮，雙鴉畫鬢香雲委。」

【蛾眉】

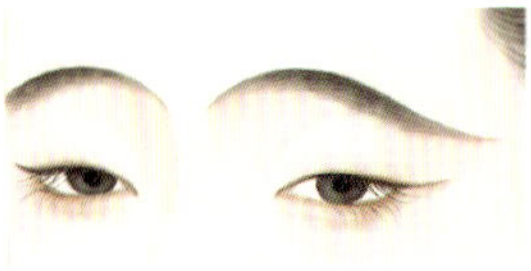

所謂「蛾眉」，起源頗古，既可以作為女性眉式的泛稱、美稱，又可以指一種具體的眉式。後者形如飛蛾的觸鬚。潘閬〈宮詞〉：「學畫蛾眉獨出群，當時人道便承恩。」

【涵煙眉】

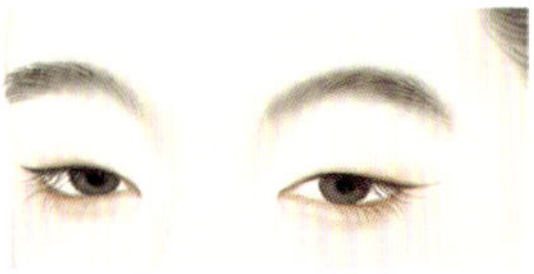

描繪極淡薄、朦朧如煙影的眉式。流行於北宋中後期。趙鼎臣〈無題〉：「拂眉煙度柳，梳鬢月侵雲。」李若水〈次韻倪巨濟詩換怪石〉：「紛紛兒輩只輕肥，不愛籠煙小黛眉。」

【葉眉】

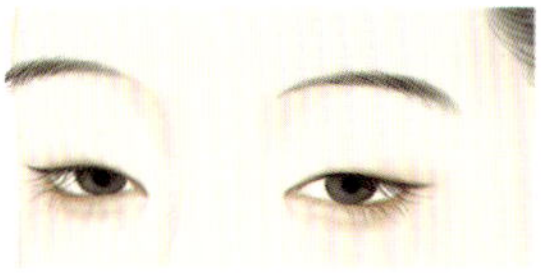

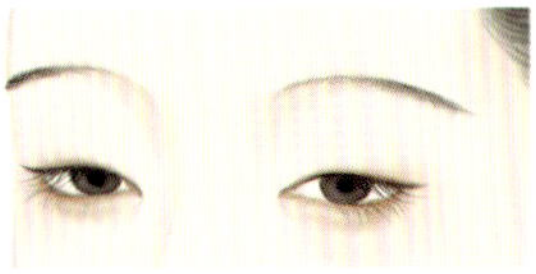

取意於柳葉，葉柄細長，葉片稍寬，又名「柳眉」。從北宋中後期一直流行至南宋，變得愈加纖細。晏幾道〈浣溪沙〉：「妝鏡巧眉偷葉樣，歌樓妍曲借枝名。」周邦彥〈蝶戀花〉：「小葉尖新，未放雙眉秀。」

【纖眉】

北宋後期，女性再度流行起纖細的眉式。徽宗〈宮詞〉：「淺拂胭脂輕傅粉，彎彎纖細黛眉長。」趙長卿〈瑞鷓鴣〉：「擾擾親曾撩綠鬢，纖纖巧與畫新眉。」

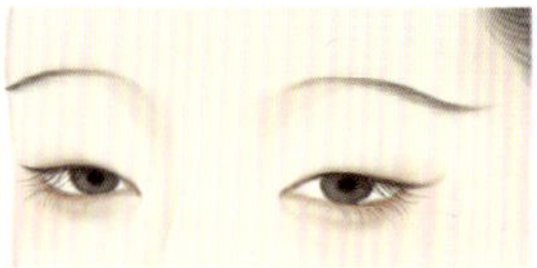

【八字眉】

北宋後期復興的傳統眉式，直到南宋依舊流行。形如皺眉悲啼一般，又名「啼眉」、「愁眉」。周邦彥〈蝶戀花〉：「愁入眉痕添秀美。無限柔情，分付西流水。」周紫芝〈於潛道中戲作〉：「徐娘雖老風流在，學得啼眉時世妝。」又如魏鵬〈閨情〉：「紅綾拭鏡照窗紗，畫就雙眉八字斜。」

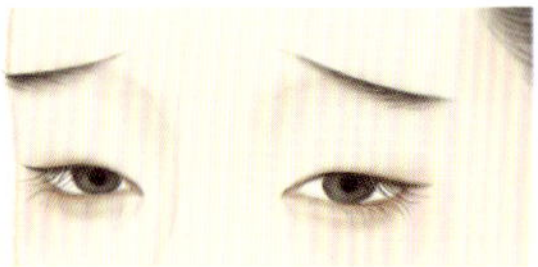

【拂雲眉】

又名「橫煙眉」、「橫雲眉」。眉頭尖細，眉尾橫向拂寬，是南宋流行的眉樣，自宮中傳出。蔣捷〈賀新郎〉：「待把宮眉橫雲樣，描上生綃畫幅。怕不是、新來妝束。」

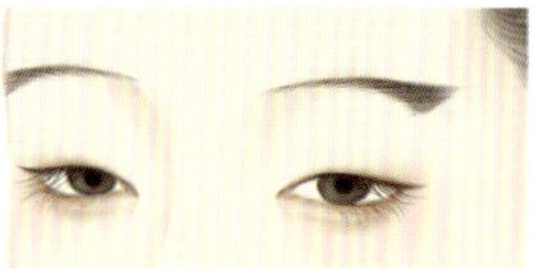

【垂珠眉】

南宋中後期流行的眉式。形為細眉尾部壓一顆圓珠，可能是用來搭配當時流行的「淚妝」。陸淞〈瑞鶴仙〉：「但眉峰壓翠，淚珠彈粉。」

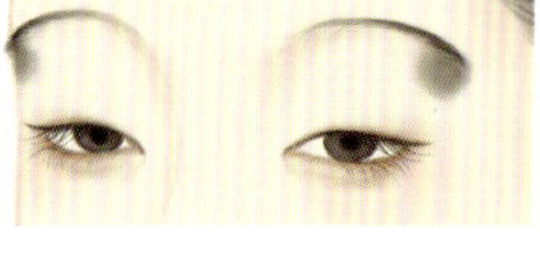

【分梢眉】

南宋中後期出現的眉式，纖細長眉的眉尾另畫出兩點小小的分梢。陳允平〈小重山〉：「眉尖愁兩點，倩誰描。」

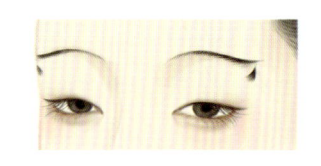

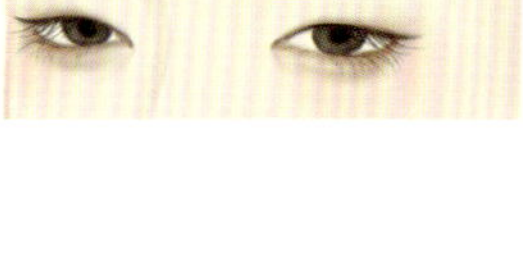

【線眉】

細長如線的眉式，流行於南宋後期。可能仿效自當時流行的佛教傳說人物「盧眉娘」，傳說其「眉如線且長」。

點唇

曉妝初過，沉檀輕注些兒個。
向人微露丁香顆，
一曲清歌，暫引櫻桃破。

羅袖裛殘殷色可，
杯深旋被香醪涴。
繡床斜憑嬌無那，
爛嚼紅茸，笑向檀郎唾。

——李煜〈一斛珠〉

宋代女子繪唇妝的方式和前代相比，並未有太大變化。她們在繪飾粉妝時，往往將嘴唇部位一併塗去，再另行點畫唇妝。這時供唇妝所用的妝品大體可分為兩類：

一類仍延續著唐朝時的做法，使用紅花、紫草、朱砂等提取顏色，調和蠟、膠與香料，製作出固體膏狀的「口脂」或「唇膏」，盛裝在小盒或小管中，使用時只需以指尖挑起一點，就能點注於唇上，繪出心儀的唇形。

宋詞中多見這類描寫，如「濃香別注唇膏點」（王安中〈蝶戀花〉）、「私語口脂香」（周邦彥〈意難忘〉）、「面藥香融傳口脂」（趙長卿〈瑞鷓鴣〉）。及至元代，則多稱其為「蠟胭脂」，如元雜劇《兩世姻緣》中有一曲〈後庭花〉唱道：「點胭脂紅蠟冷，整花朵心偏耐。」從情境上看，自然是點唇。

另一類則直接使用現成的胭脂，在臉上勻胭脂後，便可順帶點注唇色。這類做法也見於當時詩詞，如「檀唇深注胭脂紫」（華鎮〈食櫻桃思越中風俗〉）、「粉面朱唇，一半點胭脂」（辛棄疾〈江城子〉）。

附4：宋代典型唇式一覽

【珠唇／櫻唇】

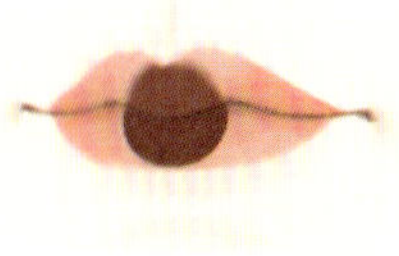

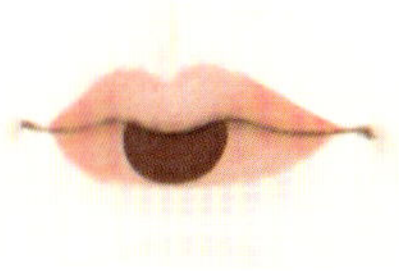

唇上只一點或半點紅，形態如珠如櫻桃。張先〈師師令〉：「不須回扇障清歌，唇一點、小於朱蕊。」晏幾道〈阮郎歸〉：「舞腰浮動綠雲穠，櫻唇半點紅。」華岳〈憶江南〉：「螺髻鬆鬆沾玉潤，櫻唇淺淺印珠紅。」白玉蟾〈不赴宴贈丘妓〉：「櫻唇一點弄嬌紅。」

【深注唇／檀唇】

以深色口脂點染的唇色，往往與紅妝相配。歐陽修〈南鄉子〉：「好個人人，深點唇兒淡抹腮。」蘇軾〈江城子〉：「膩紅勻臉襯檀唇。」蘇軾〈成伯席上贈所出妓川人楊姐〉：「坐來真個好相宜，深注唇兒淺畫眉。」趙師俠〈朝中措〉：「鉛華淡薄，輕勻桃臉，深注櫻唇。」

【半注唇】

一種見於宋代壁畫中的唇式，唇色上淺下深。申純〈玉樓春〉：「低眉斂翠不勝春，嬌轉櫻唇紅半吐。」

【淺注唇】

與淺淡面妝相適應，唇妝也多配以輕淡的顏色。賀鑄〈蝶戀花〉：「眉暈半深唇注淺。」辛棄疾〈鷓鴣天〉：「玉人好把新妝樣，淡畫眉兒淺注唇。」

面花

珠簾繡幕卷輕霜。

呵手試梅妝。

都緣自有離恨，故畫作，遠山長。

思往事，惜流光，恨難忘。

未歌先斂，欲笑還顰，最斷人腸。

——黃庭堅〈訴衷情〉

眉間的花子、臉畔的斜紅、嘴角的面靨，在唐朝都是女性面上妝飾的重點，既可用顏料繪製花樣，又可另貼絹紙翠羽、金珠寶石製成的小花鈿。前者在晚唐以來就已少見，後者則持續流行到了宋代，宋人往往籠統稱之為「面花」。

在兩宋宮廷之中，面花甚至已逐漸升格為一種命婦禮服的配套定制。這是一種特製的珠翠面花，在點翠底座上綴飾珍珠連成花樣，供盛裝的后妃女官們貼飾在眉心、臉頰、雙靨上。

而在民間，面花的材質更不斷地推陳出新，依舊廣受歡迎。先後有以黑光紙、魚腮骨、金翠珠寶、琉璃等製作的面花。周密《武林舊事》羅列南宋都城臨安特有的「小經紀」時，也列有一項「面花兒」，可見面花仍為都會仕女所愛。

由於香道興盛，當時甚至出現了直接以香料製作的面花。北宋時已見宋詞中有「香靨融春雪」（柳永〈促拍滿路花〉）、「盈盈笑動籠香靨」（張先〈踏莎行〉）等語，之後南宋人陳敬《香譜》中詳細記載了「熟腦面花」[①]、「假薔薇面花」[②]兩種「香靨」的具體製法，大抵都是調和了各樣珍貴香料，再壓印為小花形來貼面。

要將各式面花貼於面部，需使用黏貼的膠類。

①南宋・陳敬《香譜》中「熟腦面花」製法：「取腦已淨，其杉板謂之『腦本』，與鋸屑同搗碎，和置瓷碗內，以笠覆之，封其縫，熱灰煨熣，其氣飛上，凝結而成塊，謂之『熟腦』，可做面花、耳環、佩帶等用。」

②南宋・陳敬《香譜》中「假薔薇面花」製法：「甘松、檀香、零陵、丁香各一兩，霍香葉、黃丹、白芷、香墨、茴香各一錢，腦麝為衣。右為細末，以熟蜜和拌，稀稠得所，隨意脫花，用如常法。」

附5：宋代面花式樣舉例

【珠翠面花】

等級最高的花鈿，多為后妃女官宮人盛裝所配。

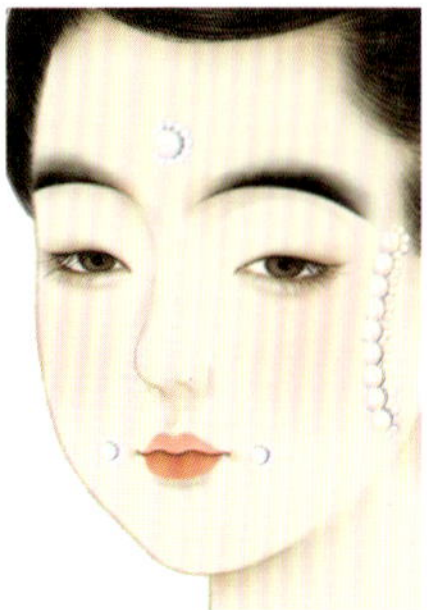

珠翠面花

【黑光靨／魚媚子】

流行於北宋初年，用黑光紙剪出圓靨，或以魚腮骨鏤刻出花形，用以裝飾面部。

《宋史．五行志》：「淳化三年，京師里巷婦人競剪黑光紙團靨，又裝鏤魚腮中骨，號『魚媚子』，以飾面。」

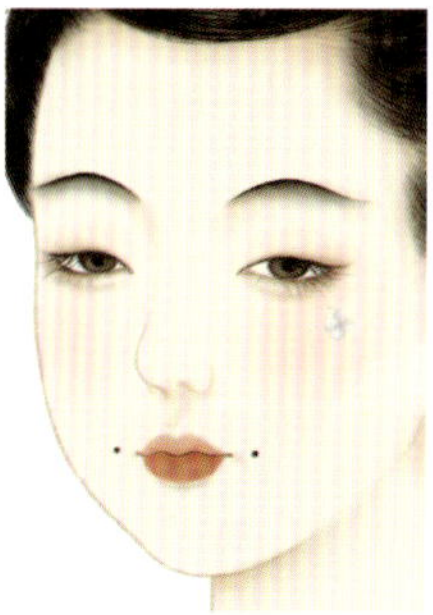

黑光靨／魚媚子

【梅妝】

傳說面靨最初是落梅印在臉上所形成，至宋代仍流行在額間點上梅花形的面花。

梅妝

【金靨】

五代宋初的奢侈妝飾，以金箔剪出花形裝飾面部。

金靨

【琉璃面花】

南宋中後期，隨著琉璃首飾的流行，面花也流行起琉璃式樣。

琉璃面花

宮黃

誰將擊碎珊瑚玉。裝上交枝粟。

恰如嬌小萬瓊妃。塗罷額黃、嫌怕污燕支。

夜深未覺清香絕。風露落溶月。

滿身花影弄淒涼。無限月和風露、一齊香。

——范成大〈虞美人〉

在宋代宮中，還維持著一種古老的上妝方式——在眉間額際塗飾黃粉，稱作「額黃」。偶見於文人吟詠，仍稱此為「宮樣」或「宮黃」，如「侵晨淺約宮黃」（周邦彥〈瑞龍吟〉）、「腮粉額黃宮樣畫」（郭仲循〈玉樓春〉）。具體推想，這類黃粉大約類似於如今化妝的「陰影色」，用以進一步修飾額部的輪廓。

特別篇

壽酒同斟喜有餘，
朱顏卻對白髭須。
兩人百歲恰乘除。
婚嫁剩添兒女拜，
平安頻拆外家書。
年年堂上壽星圖。
——辛棄疾〈浣溪沙・壽內子〉

宋朝的婚嫁之服

兩宋的服飾制度一體相承，不過就目前所見的歷史文獻記載和出土服飾文物來看，仍是以南宋時期的較為豐富。因此在前頁圖中呈現的是南宋時期官宦之家的新娘形象。一場南宋臨安城中的婚姻，並非只是現代人對古人刻板理解的「盲婚啞嫁」包辦婚姻，風氣仍是較為開明的。

經媒人說親、男女雙方長輩同意後，不會直接選定吉日成婚，其間還有一次男女當事人雙方「相親」的程序。①由男家擇日備好酒禮，宴請女家。宴上兩親相見，若兩位新人彼此滿意，男方就可以給未來的新娘頭上插上一枚金釵——「插釵」過後，才算定下姻緣。若新人不滿意，婚事不成，男方要贈送女方彩緞二匹，稱作「壓驚」。②

到了婚事議定，準備聘禮的階段。新人的衣裝就需開始準備了。新娘的諸般首飾衣裳，均是由未來的夫家準備。③首先，富貴之家應當準備「三金」作為聘禮。所謂「三金」，指三件新娘最重要的首飾：「金釧ㄔㄨㄢˋ、金鋜ㄔㄨㄛˋ④、金帔墜者是也」。

①南宋．吳自牧《夢粱錄》：「然後男家擇日備酒禮詣女家，或借園圃，或湖舫內，兩親相見，謂之『相親』。」

②「插釵」延續的仍是北宋汴京舊俗。不過在北宋時則是由男方親人或媒婆相看新娘，男女雙方並不見面。南宋．孟元老《東京夢華錄》：「若相媳婦，即男家親人或媒婆往女家看中，即以釵子插冠中，謂之『插釵子』；或不入意，即留一、兩端彩段與之壓驚，則此親不諧矣。」

③《夢粱錄》：「且論聘禮，富貴之家當備三金送之，則金釧、金鋜、金帔墜者是也。若鋪席宅舍，或無金器，以銀鍍代之。否則貧富不同，亦從其便，此無定法耳。更言士宦，亦送銷金大袖，黃羅銷金裙，緞紅長裙，或紅素羅大袖緞亦得。珠翠特髻，珠翠團冠，四時冠花，珠翠排環等首飾。」

④編按：鋜字在《康熙字典》中有「ㄓㄨㄛˊ」、「ㄔㄨㄛˋ」兩種讀音，此處注音標示依教育部異體字字典。

金釧即金手鐲，金鋜即金戒指，兩項都是古來習見的首飾。而「金帔墜」，是宋朝以來配合「霞帔」而產生的新式樣，僅有官宦之家的女子可以使用。若是一般人家無力贈送金器，也可用鍍金的銀器替代。

接著，是新娘出嫁時用的首飾衣裳。仕宦之家所備，先有「銷金大袖，黃羅銷金裙，紅長裙」，首飾有「珠翠特髻、珠翠團冠、四時冠花、珠翠排環」等。一般人家也可以從便略減，如「銷金大袖」可換成「紅素羅大袖」。婚禮之前三日，還有「催妝花髻、銷金蓋頭」等，也是新娘裝束的組成部分。

同時，女家也應為新郎準備禮服。一套禮服由幞頭、綠袍（借穿當時六品到九品官員所用的綠色公服）、靴、笏等物構成。除此之外，當時的男子間也流行著戴花的習俗，因此還需準備金銀雙勝、御羅花等小飾物供新郎在幞頭上插戴。

講到這裡，可以試著想像大約八百年前的一場婚禮——在南宋臨安城中的某處官宦之家，新郎剛將新娘親迎歸家。頭飾花勝、身著官服、披掛彩帛的新郎，正以一條挽作同心結的長巾，引著頭蒙銷金蓋頭、身著盛裝的新娘來到父母堂前。新娘身著乾紅銷金大袖、黃羅銷金長裙，肩掛墜有金墜子的霞帔。等到男家的雙全女親以秤桿或機杼挑開新娘的蓋頭，進而可見到她髮插金釵、簪四時花卉，頭戴珠翠特髻或團冠。

后妃公主的禮服

◀

宋高宗皇后像

台北故宮博物院藏

①這裡結合了《宋史・輿服志》、《建炎以來朝野雜記》及宋人《師友談記》、《武林舊事》等筆記中的記載。

提到禮服，這裡先從記載最為詳細、規定也較穩定的皇后衣物講起。場合越正式，需要穿著的服裝也越多。結合各種歷史文獻①，可將一位宋朝皇后應用於各種場合的衣裝整理列如右頁表1。

表1：一位宋朝皇后的衣裝

禮服	首飾花一十二株，小花如大花之數，並兩博鬢。冠飾以九龍四鳳。	褘衣，深青織成，翟文赤質，五色十二等。青紗中單，黼領，羅縠褾(ㄅㄧㄠˇ)襈(ㄓㄨㄢˋ)，蔽膝隨裳色，以緅(ㄗㄡ)為領緣，用翟為章，三等。大帶隨衣色，朱裡，紕(ㄆㄧ)其外，上以朱錦，下以綠錦，紐約用青組，革帶以青衣之，白玉雙佩，黑組，雙大綬，小綬三，間施玉環三，青韈、舄(ㄒㄧˋ)，舄加金飾。受冊、朝謁景靈宮服之。 朱衣、禮衣（此兩者記載不詳）；鞠衣，黃羅為之，蔽膝、大帶、革舄隨衣色，餘同褘衣，唯無翟文，親蠶服之。（北宋制，南宋僅禮衣）。
常服	龍鳳珠翠冠	真紅羅大袖（真紅羅生色領子）、真紅羅長裙、真紅羅霞帔（藥玉墜子）
半常服	白角團冠或鏤金雲月冠，前後惟白玉龍簪	真紅羅背子（真紅色領子）、黃背子（衣無華彩）
居家服	冠子或特髻	黃紗衫子（明黃生色領子）、粉紅紗衫子（粉紅生色領子）、熟白紗襠褲、白絹襯衣、粉紅紗抹胸、明黃紗裙子、真紅羅裹肚、粉紅紗短衫子

需要注意的是，表中條目包含了從內到外的一整套服裝。如禮服「褘衣」中也會襯穿常服的「大袖」、半常服「背子」和作為內衣的日常衣衫。各層級服裝是層層遞減的狀態。

皇后最高級的禮服稱作「褘衣」。在高級妃嬪受封號、公主出嫁等情形，也會穿用在此基礎上略作減等的「褕翟衣」。式樣均為大袖、交領，搭配大帶、革帶、玉佩等構件。

《宋史．嘉禮》記載北宋徽宗親自制定公主冠禮制度，需要依次穿上「裙背」、「大袖長裙」、「褕翟之衣」三等服裝。

南宋．周密《武林舊事》卷二〈公主下降〉中宋理宗之女時周漢國公主出嫁的服裝，基本式樣同於皇后的禮服，附加的奢華裝飾也符合一位公主的身分：

> 真珠九翬四鳳冠、褕翟衣一副、真珠玉佩一副、金革帶一條、玉龍冠、綬玉環、北珠冠花篦環、七寶冠花篦環、真珠大衣背子、真珠翠領四時衣服。

次一等的常服，則是「大袖長裙」。這裡所說的「常服」，並不是指日常服裝，而是區別於在國家重大典禮時穿著的「禮服」，作為運用於各種其他禮儀場合的正式服裝。

大袖或稱「大衫」、「大衣」，源於晚唐時期女性流行的時尚衣裝「披衫」，式樣為對襟、長身、大袖。在宋朝時才逐漸被升格為較為正式的禮服。霞帔，源於唐代女子流行圍繞在領肩上的帔帛。只是帔帛輕盈飄柔，代表著日常衣裝的平易近人；而霞帔卻代表著隆重的禮儀服裝制度，兩折裝飾精美的長帶平展地掛於肩上，垂在身前身後，與唐代的帔帛區別已經非常明顯。

為了讓霞帔能夠平展地下垂，使穿著者儀態更加莊重，在身前的霞帔之下，還會掛上一枚金質或玉質的墜子來壓腳。

大衫霞帔的制度，應是從宋朝的宮廷開始。如《宋史．輿服志》記載：

> 常服：后妃，大袖、生色領、長裙、霞帔、玉墜子。

《建炎以來朝野雜記．拾遺》引用「乾道邸報臨安府浙漕司所進成恭后御衣衣目」（成恭皇后即南宋孝宗趙昚第二任皇后夏氏），詳細記錄了皇后常服的具體條目：

真紅羅大袖（真紅羅生色領子）、真紅羅長裙、真紅羅霞帔（藥玉墜子）；真紅羅背子（真紅色領子）、黃紗衫子（明黃生色領子）、粉紅紗衫子（粉紅生色領子）、熟白紗襠褲、白絹襯衣、明黃紗裙子、粉紅紗抹胸、真紅羅裹肚、粉紅紗短衫子。

再次一等的「背子」，則可以作為一種半正式場合下的正裝。如北宋時李廌《師友談記》描述宮中御宴的情景：

皇后、皇太后皆白角團冠，前後惟白玉龍簪而已。衣黃背子衣，無華彩。太妃及中宮皆鏤金雲月冠，前後亦白玉龍簪，而飾以北珠，衣紅背子，皆以珠為飾。

至於穿在最內層的，是各種日常衣物，包括抹胸、裹肚、衫子、襠褲、裙子等在內的四時衣裝，和民間女性所穿差異不大。

官眷百姓的禮服

到了官宦之家甚至庶民階層，就沒有了「褘衣」或「翟衣」。宮廷之中的常服「大袖」成為最高格的禮服。

隨著輿服制度限制的鬆散、朝廷相應管理的缺乏，作為正式禮服的大衫在宋朝的運用，可以說要比高等級的翟衣等大禮服廣泛得多，上至皇后，下至倡優，都存在使用大衫的情形。官民家眷禮服的主要區別在於是否會使用到霞帔。

官員家眷有資格使用霞帔，例如福建南宋黃昇墓與江西德安周氏墓，均出土有完整的大衫、霞帔實物。

大衫形制較具特色的是，在身後衣片上縫綴了一塊三角形兜子，用以盛裝霞帔的尾端。霞帔的兩條繡滿花紋的長帶，從大衫背後下擺底部的兜子開始向上延伸，繞過雙肩後垂下，交匯成一個尖角，下墜一枚圓形、心形或水滴形的墜子。當時霞帔墜子高等的用玉，普通的用金銀；但還沒有形成嚴格的制度，紋飾式樣都很豐富。

至於民間女子，在穿著大衫時並不搭配霞帔，而是使用一種「直帔」或「橫帔」。

這在宋人記錄中反映得很明確。如朱熹《朱子語類》：「命婦只有橫帔、直帔之異爾。」〈令人羅氏墓表〉：「常所服禮衣橫帔，如民間法。」高承《事物紀原》：「今代帔有二等，霞帔非恩賜不得服，為婦人之命服；而直帔通用於民間也。」

由於文物資料缺乏，「直帔」（橫帔）的形象相較「霞帔」而言更加難以確證。

如今對照宋人畫作與俑像來看，應當仍是繼承了唐代流行的帔帛式樣。

「橫」與「直」則屬於一物二名：「橫帔」，就其區別於霞帔豎垂的狀態；「直帔」，就其區別於霞帔兩折的狀態。

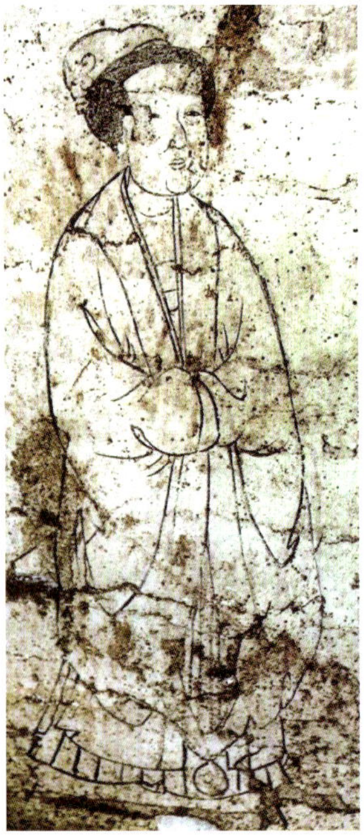

▲穿大衫霞帔的女性

福建松溪鄉山元墓壁畫

▼穿大衫橫帔的民間女性

河南登封唐莊宋墓壁畫

表2：宋朝各階層女性的禮服

穿著者身分／服裝層次	公主降嫁	官宦之家娶婦嫁女	民間婚嫁
第一層（日常服裝）	真珠翠領四時衣服	四時衣服（包括抹胸、裹肚、衫子、襠褲、裙子等）	
第二層（半正式服裝）	真珠背子		
第三層（常服）	真珠大衣	背子	
第四層（禮服）	真珠九翬四鳳冠、褕翟衣等	大衣、霞帔	大衣、直帔

穿大衫橫帔的民間女性

元．程棨摹樓璹《蠶織圖》局部，美國賽克勒美術館藏

參考文獻

古籍

[1] [宋] 薛居正，等，《舊五代史》[M]，北京：中華書局，2015。

[2] [元] 脫脫，等，《宋史》[M]，北京：中華書局，1977。

[3] [元] 脫脫，等，《金史》[M]，北京：中華書局，1975。

[4] [金] 宇文懋昭，《大金國志》[M]，掃葉山房本.。

[5] [宋] 徐夢莘，《三朝北盟會編》[M]，上海：上海古籍出版社，2019。

[6] [宋] 李心傳，《建炎以來繫年要錄》[M]，上海：上海古籍出版社，2018。

[7] [宋] 李心傳，《建炎以來朝野雜記》[M]，北京：中華書局，2000。

[8] [宋] 李燾，《續資治通鑑長編》[M]，中華書局，1978。

[9] [清] 徐松，《宋會要輯稿 15》[M]，上海：上海古籍出版社，2014。

[10] [宋] 司馬光，《書儀》[M]，國家圖書館藏本。

[11] [宋] 黎靖德，《朱子語類》[M]，北京：中華書局，1986。

[12] [宋] 孟元老，等，《東京夢華錄（外四種）》[M]，北京：中華書局，1962。

[13] [宋] 周密，《武林舊事》[M]，北京：中華書局，2007。

[14] [宋] 潛說友，《咸淳臨安志》[M]，杭州：浙江古籍出版社，2012。

[15] [五代] 趙崇祚，《花間集》[M]，宋紹興十八年刻本。

[16] [五代] 馬縞，《中華古今注》[M]，《叢書集成初編》本。

[17] [五代] 孫光憲，《北夢瑣言》[M]，北京：中華書局，2002。

[18] [宋] 佚名，《尊前集》[M]，南昌：江西人民出版社，1984。

[19] [宋] 胡仔，《苕溪漁隱叢話》[M]，北京：人民文學出版社，1962。

[20] [宋] 江休復，《醴泉筆錄》[M]，清道光刻本。

[21] [宋] 劉斧，《青瑣高議》[M]，北京：中華書局，1959。

[22] [宋] 陶谷，《清異錄》[M]，《叢書集成初編》本。
[23] [宋] 王德臣，《麈史》[M]，上海：上海古籍出版社，1986。
[24] [宋] 袁褧，《楓窗小牘》[M]，《叢書集成初編》本。
[25] [宋] 程顥，《家世舊事》[M]，《全宋筆記》本。
[26] [宋] 楊億，《楊文公談苑》[M]，《全宋筆記》本。
[27] [宋] 錢世昭，《錢氏私志》[M]，《全宋筆記》本。
[28] [宋] 李廌，《師友談記》[M]，北京：中華書局，2002。
[29] [宋] 曾慥，《類說》[M]，文淵閣四庫全書本。
[30] [宋] 王栐，《燕翼詒謀錄》[M]，北京：中華書局，1981。
[31] [宋] 高承，《事物紀原》[M]，北京：中華書局，1989。
[32] [宋] 洪邁，《容齋隨筆》[M]，孔凡禮，點校。北京：中華書局，2005。
[33] [宋] 程大昌，《演繁露》[M]，北京：中華書局，2018.12。
[34] [宋] 洪巽，《暘谷漫錄》[M]，《筆記小說大觀》本。
[35] [宋] 張邦基，《墨莊漫錄》[M]，上海：上海古籍出版社，1992。
[36] [宋] 趙彥衛，《雲麓漫鈔》[M]，上海：上海古籍出版社，1992。
[37] [宋] 陸游，《老學庵筆記》[M]，北京：中華書局，1979。
[38] [宋] 趙令畤，《侯鯖錄》[M]，北京：中華書局，2002。
[39] [宋] 岳珂，《桯史》[M]，西安：三秦出版社，2004。
[40] [宋] 周煇，《清波雜誌》[M]，北京：中華書局，1994。
[41] [宋] 陸游，《南唐書》[M]，上海中華書局，據汲古閣本校刊本。
[42] [宋] 徐大焯，《燼餘錄》[M]，國家圖書館藏本。
[43] [宋] 曹勛，《北狩見聞錄》[M]，文淵閣四庫全書本。
[44] [宋] 樓鑰，《攻媿集》[M]，文淵閣四庫全書本。
[45] [宋] 劉一止，《苕溪集》[M]，文淵閣四庫全書本。
[46] [宋] 梁克家，《淳熙三山志》[M]，文淵閣四庫全書本。
[47] [宋] 鄧椿，《畫繼》[M]，北京：人民美術出版社，1964。
[48] [宋] 洪邁，《夷堅志》[M]，北京：中華書局，2006。
[49] [宋] 范大成，《攬轡錄》[M]，《叢書集成初編》本。
[50] [宋] 周煇，《北轅錄》[M]，《叢書集成初編》本。
[51] [宋] 陳元靚，《事林廣記》[M]，北京：中華書局，1999。
[52] [宋] 張雲冀，《重編詳備碎金》[M]，日本天理大學圖書館藏本。
[53] [明] 佚名，《碎金》[M]，明內閣大庫洪武本。
[54] [明] 佚名，《明本大字應用碎金》[M]，國家圖書館藏本。
[55] [明] 陶宗儀，《說郛》[M]，北京：中國書店，1986。

今人論著

[1] 巫鴻，李清泉，《寶山遼墓材料與釋讀》[M]，上海：上海書畫出版社，2013。

[2] 贛州市博物館，《慈雲祥光：贛州慈雲寺塔發現北宋遺物》[M]，文物出版社，2019。

[3] 陝西省考古研究院，等，《藍田呂氏家族墓園》[M]，北京：文物出版社，2018。

[4] 宿白，《白沙宋墓》[M]，北京：文物出版社，1957。

[5] 鄭州市文物考古研究所，《鄭州宋金壁畫墓》[M]，北京：科學出版社，2005。

[6] 肖衛東，等，《瀘縣宋代墓葬石刻藝術》[M]，成都：四川民族出版社，2016。

[7] 福建省博物館，《福州南宋黃昇墓》[M]，北京：文物出版社，1982。

[8] 德安縣博物館，《德安南宋周氏墓》[M]，南昌：江西人民出版社，1999。

[9] 隆化民族博物館，《洞藏錦繡六百年：河北隆化鴿子洞洞藏元代文物》[M]，北京：文物出版社，2015。

[10] 張玲，《那更羅衣峭窄裁：南宋女裝形制風格研究》[M]，北京：中國傳媒大學出版社，2020。

[11] 鎮江博物館，《鎮江出土金銀器》[M]，北京：文物出版社，2012。

[12] 湖南省博物館，《湖南宋元窖藏金銀器的發現與研究》[M]，北京：文物出版社，2009。

[13] 喻燕姣，《湖南出土金銀器》[M]，長沙：湖南美術出版社，2009。

[14] 齊東方，《中國美術全集：金銀器玻璃器》[M]，合肥：黃山書社，2010。

[15] 揚之水，《奢華之色：宋元明金銀器研究》[M]，北京：中華書局，2016。

[16] 揚之水，《中國古代金銀首飾》[M]，北京：紫禁城出版社，2014。

[17] 揚之水，《定名與相知：博物館參觀記》[M]，桂林：廣西師範大學出版社，2018。

[18] 鄧小南，《祖宗之法：北宋前期政治述略》[M]，北京：生活·讀書·新知三聯書店，2014。

後記（一）

拾上落花妝舊枝

近人說宋，總是述及其富足、繁榮、風雅、精微，似乎這段歷史輕輕巧巧便可讀過。我卻實在覺得宋史真難讀，因為常見沉痛血淚，難以曠達釋懷。讀兩宋之際靖康、建炎以來一段史事時，更覺字字驚心。一度想以此寫一系列故事，卻因為精神實在不堪重負作罷，最終完成的只有《握畫筆的少年》、《浣衣裳的帝姬》兩個殘篇。

雕欄玉砌已不再，故夢山河已改，這樣比較起來，倒是宋代文學的生命更久長，幽香細細，不曾斷絕。想要悠閒無為、不落多少愛憎地讀宋詞，我選擇讀《花間》一路婉約柔麗的小令短詞，此後又喜李易安寫情狀物的安穩妥帖。讀史所獲的憤慨，倒是逐漸被「舊時天氣舊時衣」的淡淡感傷所安慰了——我讀史時那自以為沉浸其中的悲慨，到底也只是隔著歲月、無關緊要的「空中語」。

我原就對古代文學作品中瑣瑣細細的名物感興趣。隨著讀宋詞越來越多，也時常遇到許多新鮮事物，需要對應宋人筆記或考古文物才能知曉大概。兩宋時代的名物研究，早已有揚之水先生的諸本著作如高山一般橫亙在前（《奢華之色：宋元明金銀器研究》、《中國古代金銀首飾》）。而「中國妝束」書系的這本宋代卷，與衣飾名物相關的內容，大致也是沿著揚之水先生開創的路徑淺淺略作一些效顰文字。寫作過程中時常擔心：我所學本不在此道，又能夠寫出多少新見呢？於是我生出了畏難怕事的退縮之心。

可是，哪怕「無心再續笙歌夢」，飛花卻仍舊，啼鵑也仍舊。記得我有一回與舊友共讀小山詞，讀到「記得小蘋初見，兩重心字羅衣」（晏幾道〈臨江仙〉）一句，友問「兩重心字」圖樣如何，我驚憶起自己所見一例「兩重心字」的實例，竟是來自遙遠北地的五國城遺址，原是一面宋金時代的銅鏡背後所鐫。不知它昔年是誰人所用，會是隨「二帝北狩」的哪個汴京舊宮人嗎？還是哪個對汴京貨大感驚喜的金人妻房？一路兜兜轉轉，我的思緒又回到原點，想到自己擱筆的故事集，胸中塊壘難以澆滅，依舊避無可避。

我要去實實在在尋找宋人的真實。但在實際寫作過程中，仍有不少棘手的地方。

首先，在正史敘述與詩詞文學之外，還有篇幅極為浩繁的宋人筆記，我大多只是草草翻閱，必然有不少遺漏之處。

其次，相對唐朝（尤其盛唐以前）而言，宋代考古材料中服飾相關的內容實在是太少。北宋前期直至哲宗朝一段，都缺乏年代明確的相關材料。直到此後的哲宗朝、徽宗朝，才有了大量墓葬出土壁畫、俑像乃至服飾實物展現最終以「宣和妝束」為特色的繁榮女裝時尚。至南宋，前期又是一大段材料空白，直到中後期的理宗朝才又有多座墓葬發現女裝實物。

本書中的穿衣部分的〈韻致衣裝成語讖〉及首飾部分的北宋管氏、南宋黃昇、周氏、陳氏諸篇早在四、五年前就已成文。後續諸篇卻因為掌握材料不足，陸陸續續拖沓了許久。

不過其間卻陸續有新考古發現、新文物修復成果出現。如中國社科院考古所的王亞蓉先生一行成功修復了大量北宋前期的繪畫（《慈雲祥光：贛州慈雲寺塔發現北宋遺物》），其中就不乏宋初女性的形象，填補了這段服裝史的空白。此後，又陸續有了幾座宋初紀年壁畫墓與寺廟地宮發掘，有了一些零星的文物對照。至此，我終於對宋初女性妝束有了比較明確的認知——自然是和晚唐五代風格一脈相承，若干服裝構件、層次都沒有大的變化。

女性服飾上的「唐宋變革」，大概可說是發生在北宋中期，妝束審美漸次從宮廷貴族向士族化、平民化發展。這一段雖考古材料仍較為缺乏，但也還有一些傳世的繪畫或寺觀造像可填補。北宋中期的服飾之變也得以大致完成。

至於南宋，前期主要仍要依靠大量傳世的南宋人物畫。一部分如《大德寺五百羅漢圖》等是有時代紀年的，另一些如《歌樂圖》等無明確年代，我憑藉個人經驗將這些畫作進行了大致的分期斷代。

南宋後期除宋畫之外，更有多座墓葬出土的服飾實物給予直觀展現，其中一部分也有考古報告出版，如《福州南宋黃昇墓》、《德安南宋周氏墓》，其餘一部分墓葬雖未出版考古報告，但出土物也多在各家博物館出陳展覽。南宋女性服飾的製作工藝，也已經有學者進行了詳盡的分析研究，如張玲《那更羅衣峭窄裁：南宋女裝形制風格研究》一書。

寫到南宋的首飾部分，而後也陸續增補了周氏、田氏等人物的首飾組合推測。其中周氏頭上所戴的絹花未見實物，因此使用了我所喜愛的一種宋代園藝月季「粉妝樓」的形象；田氏頭上的金質假鬟也改為由長簪撐起的真髮。

北宋段氏、南宋楊君樾的形象是反復思索後才保留在書中的。她們的形象並非復原重構，而是依據散亂文物進行的想像。其中段氏的時代處在北宋前期的文物資料缺乏期，不得不勉強補入；而楊君樾的墓誌銘中記載了她的人生故事，頗為動人，因此也一併收錄。

前一本書《大唐女子時尚圖鑑》出版後，有讀者抱怨妝容、髮型部分相較衣飾部分來說太單薄。這裡也略加申辯，實在是相關文字記載不多，考古材料也仍舊太缺乏，有待來日的緣故。宋代這本索性將妝容、髮型等內容合在梳妝一章來講，可用的文獻材料倒是相較唐代更多一些。

總的來說，這仍舊是一本介紹宋代富足、繁榮、風雅、精微的書。明月曾照彩雲歸，從宋代遺存至今的諸多文物與文字，細節無一不展現著宋時女子衣飾妝髮、日常生活中的精緻。想起宋人《青瑣高議》錄一惜花道人詩：「敲開敗籜露新竹，拾上落花妝舊枝。」我費心勞力地從這些故紙錦灰中的舊事中拾幾片殘花，勉強成此蕞爾一編，妝點的也仍是千百年前的舊枝。

不過，既然本系列也是作為女性史的一部分，我依舊忍不住「話分兩頭」，希望讀者能注意到，其中能夠發掘不少具有現代意義的題目：《花間》這類描寫女性的文學作品中，為何女性反而是缺位的？宋代女性的才藝是迎合男性？還是滿足自身精神需求？為何文人會熱衷記載亡國前的女性妝束時尚？以及最後也最重要的—— 在讚美宋代精美雅致的同時，也應當正視纏足、理學等給宋代女性帶來的身體、精神上的痛苦。

因為我自身對宋代的材料掌握得不算全面、熟悉，加上病體纏延，這本書前後拖延了大概也有近五年之久。感謝插畫師末春的長期配合與堅持，經歷了無數次不厭其煩的商定細節、改易畫稿，才有了書中這些精美直觀的插圖呈現。責編一琳也為本書的出版付出了大量心血。書稿寫作期間，也還有不少師友提供了幫助、建議，在此致以衷心感謝。

本書文字只是我尋找真實、追問歷史的一點不算結果的結果，難免會有錯訛之處，還望讀者指正與包涵。

左丘萌

2023年立春

後記（二）

「中國妝束」系列最早的插圖開始繪製於2017年，唐本獨立先出版後，宋本在拓充的過程中，我逐漸意識到早前繪製的作品已不太適合，可能是在這個題材上我比過去畫得更成熟了些，如果用早先畫的插圖來出版的話，會有些遺憾甚至感到羞愧，所以2021~2022年又陸陸續續將先前畫的大部分都重繪製了一遍，畫完自覺比舊版好很多，投入的時間也驗證了自己的進步。

回想參與這本書的創作，對於我個人的繪畫創作方向是有很深的影響的，過去只將中國傳統繪畫作為素材收集的我，開始真正感受到它的魅力，雖然在藝術價值的評斷排序中，人物題材的地位遠不及山水題材，但我個人無疑對人物畫是最有感受力的，當然我這裡也專指以女性人物為主體的傳世作品。

從淺顯鑑賞古人塑造的女子容貌和形體姿態（這是非常直覺的、最先被感知的部分）到以研究繪畫技法為出發點去觀察運筆的細節、色彩的鋪陳、畫面的構圖、空間的關係、氛圍的渲染等，再到瞭解一些歷史背景的相關資訊，能歸納到一些相近時代作品的特性，以及定位其在美術史流變中的位置。將現階段我所能感知到的、運用到

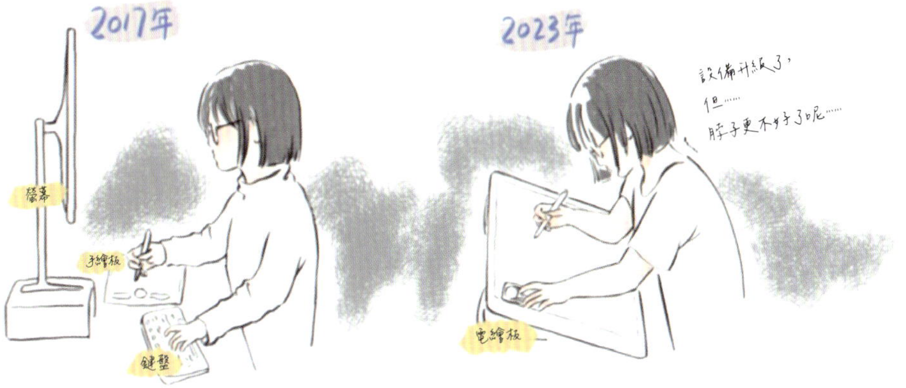

▲ **創作過程**

我自己作品的創作實踐中，學習而不單純的模仿古人的畫作，也要避免為了效率而偷懶——畫成市面上已有的「古風」的風格樣式，形成自己的創作語言，也期待自己的作品在同主題的畫作中能被人清晰的識別出來。

不過我不擅長分析和總結自己的技法，雖然用CG創作已經很多年了，但對筆刷的運用也時常不得要領，技法上的東西我甚至很難複製我自己，總之，就是還在用比較笨的方法在畫畫，這讓為圖書創作插圖所需要的效率打了些折扣，而我也需要學習，在一件需要反復打磨、修改且並不能即時得到正反饋的事情中，習得耐心做下去的能力。

在宋本重新創作所跨的時間區間中，我個人常處在一個心理能量很低的狀況，不過近年也有了一些與以往很不一樣的嘗試，比如我開始了運動，通過相對物理的方式來感知自己，也嘗試冥想，學習放鬆和寬慰自己。雖然並不確信這些能否帶來質的變化，但至少我有希望自己變得更好的願望。好好生活才能延長創作生命啊！

在正好與疫情重疊的漫長時間裡，畫這本書成了諸事不確定中最明確有序的事情，與左丘萌、一琳的聯繫也成了我為數不多的與外界溝通交流的機會，依舊有幸參與其中，也對創作中國妝束的續冊心懷期待。

附：〈宋新娘〉的創作過程

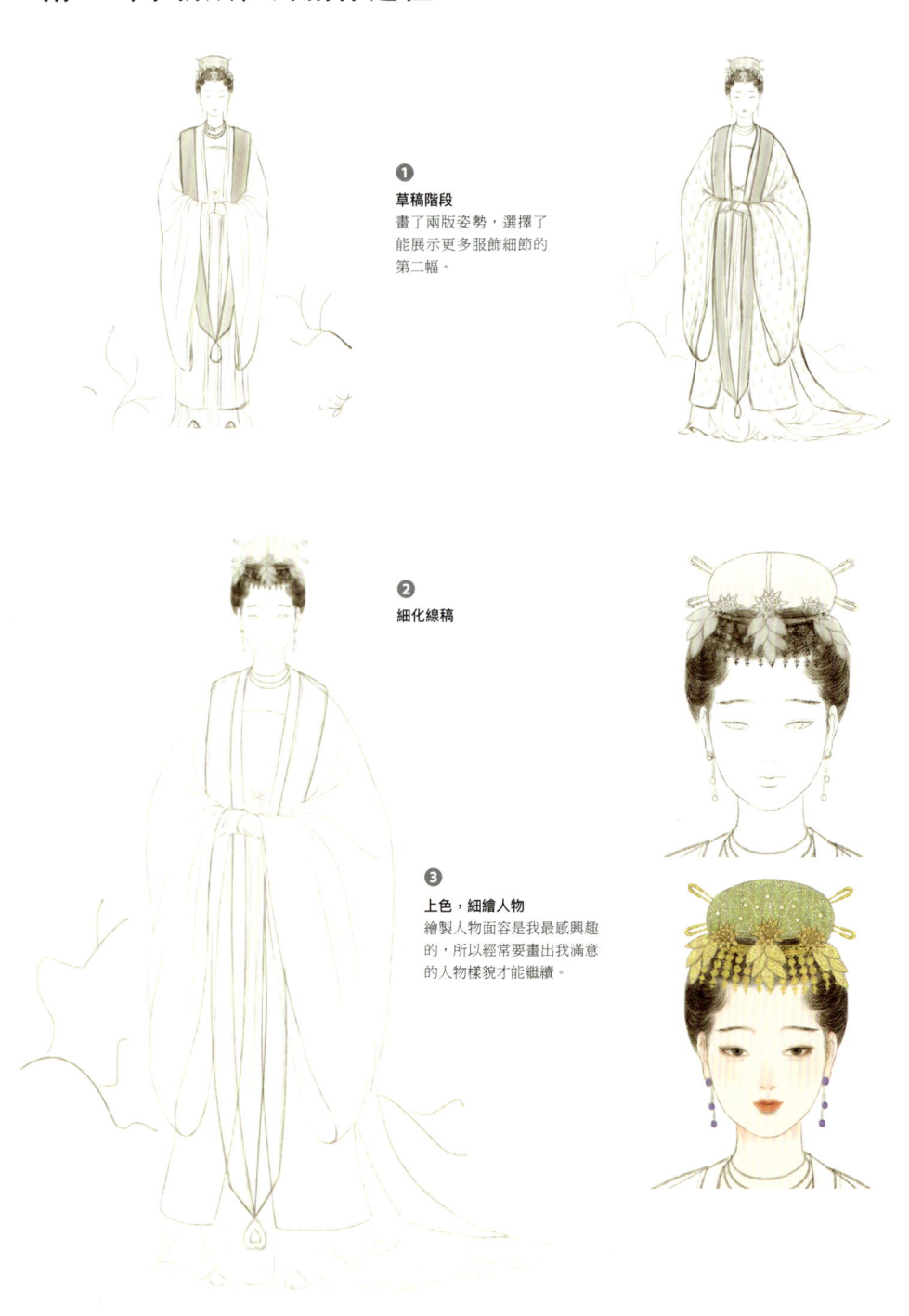

❶

草稿階段

畫了兩版姿勢，選擇了能展示更多服飾細節的第二幅。

❷

細化線稿

❸

上色，細繪人物

繪製人物面容是我最感興趣的，所以經常要畫出我滿意的人物樣貌才能繼續。

❹
整體上色
用類似於絹本工筆中的渲染方式。

❺
繪製完成
最後加繪國畫風格的花和霧山做人物背景。

末春

2023年3月5日

雅宋女子時尚圖鑑

從素妝、冠飾到羅衣，帶你重返風雅年代，細觀兩宋女子的衣妝品味

作　　者　左丘萌
繪　　者　末　春
封面設計　郭彥宏
內頁排版　簡至成、戴洛棻

行銷企劃　蕭浩仰、羅聿軒
行銷統籌　駱漢琦
營運顧問　郭其彬
業務發行　邱紹溢
編輯協力　李世翎
責任編輯　劉淑蘭
總 編 輯　蔣豐雯

出　　版　豐富文化／漫遊者文化事業股份有限公司
地　　址　台北市103大同區重慶北路二段88號2樓之6
電　　話　(02) 2715-2022
傳　　真　(02) 2715-2021
服務信箱　service@azothbooks.com
網路書店　www.azothbooks.com
漫遊者臉書　www.facebook.com/azothbooks.read

發　　行　大雁出版基地
地　　址　新北市231新店區北新路三段207-3號5樓
電　　話　(02) 8913-1005
訂單傳真　(02) 8913-1056

初版一刷　2025年9月
定　　價　台幣980元
ISBN　978-626-97132-6-4

雅宋女子時尚圖鑑 : 從素妝、冠飾到羅衣, 帶你重返風雅年代, 細觀兩宋女子的衣妝品味/ 左丘萌著. -- 初版. -- 臺北市 : 豐富文化, 漫遊者文化事業股份有限公司出版, 大雁出版基地發行, 2025.09
304 面 ; 23X17 公分
ISBN　978-626-97132-6-4(平裝)

1.CST: 服飾 2.CST: 化粧 3.CST: 女性 4.CST: 宋代
538.182　　114011586

南宋女性服裝層次示意

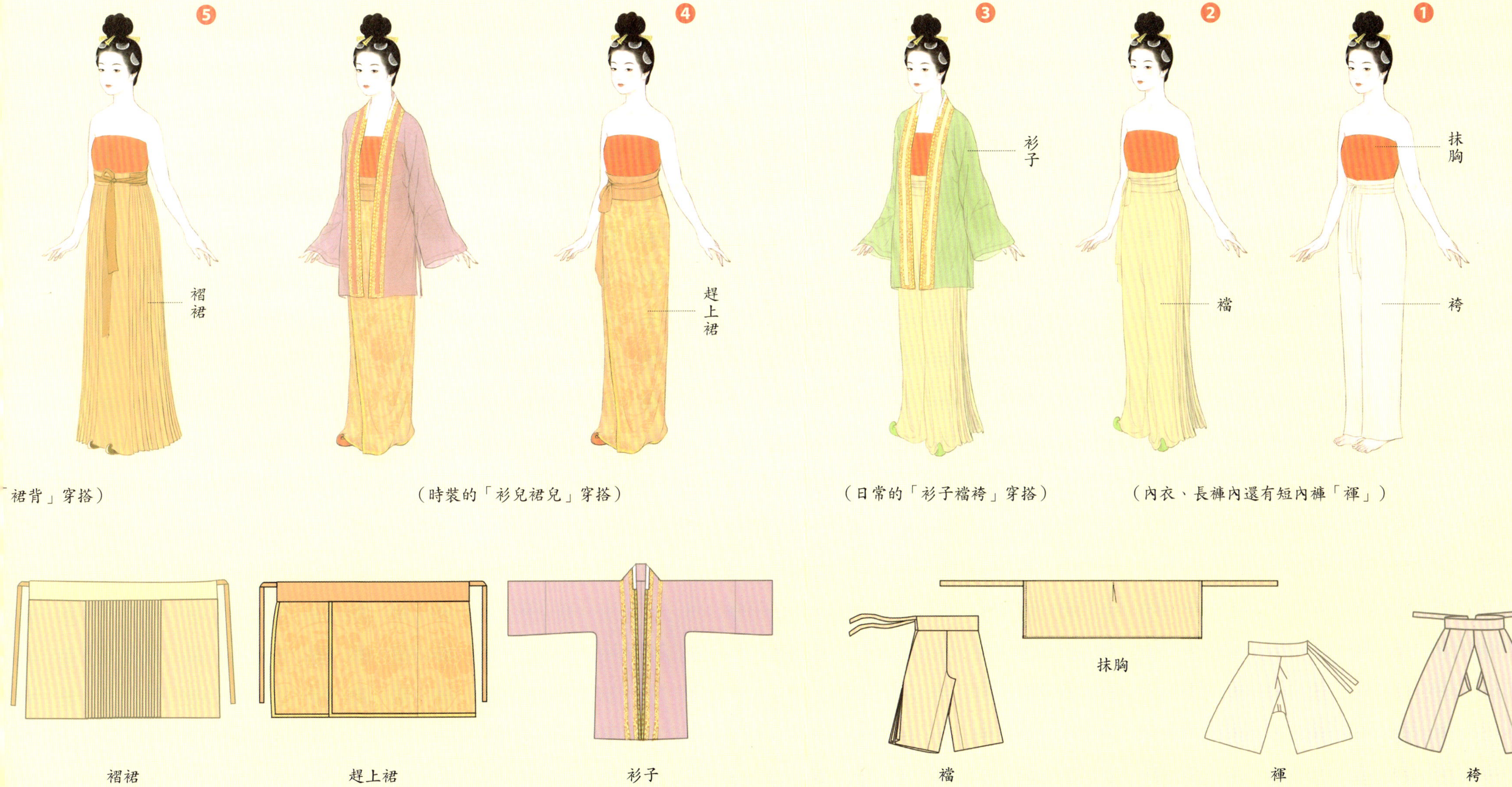

1
抹胸
袴
2
襠
3
衫子
4
趕上裙
5
褶裙
（內衣、長褲內還有短內褲「褌」）
（日常的「衫子襠袴」穿搭）
（時裝的「衫兒裙兒」穿搭）
「裙背」穿搭）
褶裙
趕上裙
衫子
襠
抹胸
褌
袴

南宋・度宗咸淳十年
一二七四年

南宋・理宗淳祐三年
一二四三年

宋朝女性妝容步驟

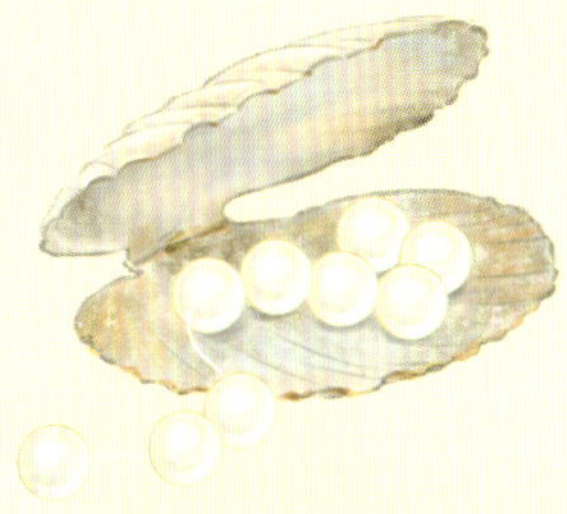

❶ 傅粉

❷ 塗胭脂

（禮服部分本書未深入講解，僅作大致示意）

❻

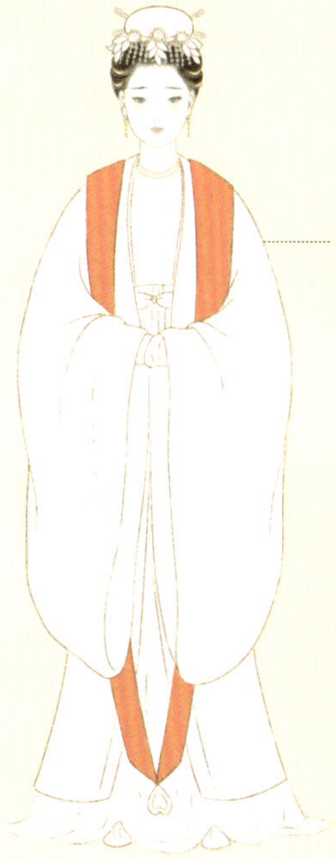

（正式的「大衣長裙」穿搭）

（半正

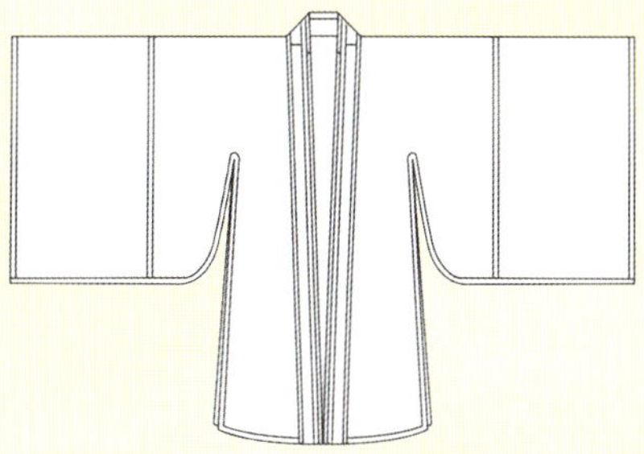

大衣／大袖

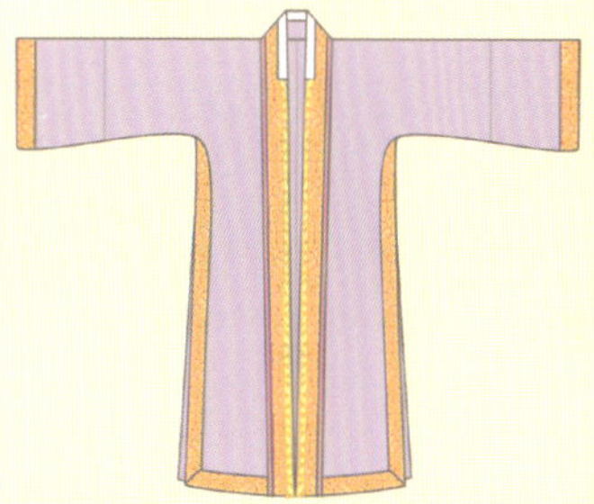

背子

北宋・徽宗崇寧年間
一一〇二—一一〇六年

北宋・徽宗大觀年間
一一〇七—一一一〇年

北宋・徽宗宣和年間
一一一九—一一二六年

南宋・高宗朝
一一二七—一一六二年

南宋・孝宗朝
一一六三—一一八九年

南宋・理宗端平二年
一二三五年

❻ 額黃

❺ 面花

❹ 點唇

❸ 描眉

宋朝女子妝束圖鑑

北宋・真宗朝
九九八—一〇二二年

北宋前期

北宋・仁宗朝
一〇二三—一〇六三年

北宋・神宗朝
一〇六八—一〇八五年

北宋・哲宗朝
一〇八六—一一〇〇年